本书得到国家社科基金资助，系国家社会科学基金项目《社会资本理论视域下的环境法治 绩效解释研究》（15XFX020）的最终研究成果。

中国环境法治绩效的二元结构及其消解：

基于社会资本理论的解释

ZHONGGUO HUANJING FAZHI JIXIAO DE ERYUAN
JIEGOU JIQI XIAOJIE:
JIYU SHEHUI ZIBEN LILUN DE JIESHI

徐忠麟　宋金华◎著

中国政法大学出版社

2022·北京

图书在版编目（CIP）数据

中国环境法治绩效的二元结构及其消解：基于社会资本理论的解释/徐忠麟，宋金华著.
北京：中国政法大学出版社，2022.7
　ISBN 978-7-5764-0563-7

　Ⅰ.①中… Ⅱ.①徐… ②宋… Ⅲ.①环境保护法－研究－中国 Ⅳ.①D922.684

　中国版本图书馆CIP数据核字(2022)第122581号

出　版　者	中国政法大学出版社
地　　　址	北京市海淀区西土城路25号
邮寄地址	北京100088信箱8034分箱　邮编100088
网　　　址	http://www.cuplpress.com（网络实名：中国政法大学出版社）
电　　　话	010-58908285(总编室) 58908433（编辑部）58908334(邮购部)
承　　　印	北京中科印刷有限公司
开　　　本	720mm×960mm　1/16
印　　　张	15
字　　　数	245千字
版　　　次	2022年7月第1版
印　　　次	2022年7月第1次印刷
定　　　价	69.00元

摘　要

ABSTRACT

　　为处理好经济高速发展带来的生态环境问题，中国借鉴其他国家环境治理的先进经验，结合生态环境保护的实践需要，一直孜孜探寻环境法治的中国路径。近年来，中国环境法律体系日趋完善，环保执法力度日臻加大，环境司法体系日益健全。从环境法治自身建设的视角来看，中国环境法治建设取得了显著绩效，基本形成了中国特色社会主义环境法治体系；但从环境法治促进经济社会发展特别是促进生态文明建设的视角来看，中国环境法治绩效不高，中国生态文明建设水平与先进国家差距较大、绿色生产和绿色生活推进艰难、生态环境仍有待进一步改善。中国环境法治绩效在不同视角下得出相反结论，这表明中国环境法治绩效呈现二元结构。

　　中国学者特别是环境法学者从不同角度对环境法治问题作了深入研究，推动中国环境法学理论从第一代迈向第二代，推动环境法学特别是环境司法不断创新，这一过程中，中国却出现了"环境状况恶化——强化规制立法和规制权力——环境状况继续恶化——继续强制规制立法和规制权力"的恶性循环。这表明，以传统法学方法特别是以规范法学为主的法学方法研究环境法治，难以解释和消解环境法治绩效的二元结构。而社会资本理论作为当前社会科学的前沿热点理论，可以弥补现行法学研究的局限，并作为一种新的研究范式，从新的视角解释与消解环境法治绩效的二元结构。

　　西方国家20世纪八九十年代兴起的社会资本理论，是解释经济、政治、社会现象的一种全新且颇具说服力的理论范式。该理论认为社会资本是与物质资本、人力资本并列的重要资本，是物质资本和人力资本的黏合剂，是个人、组织与制度的中间物，对制度的成功具有强大制约，对提高社会效率和制度绩效具有重要作用。社会资本理论在社会学领域发展繁荣后，迅速向经济学、政治学、管理学、法学等社会科学领域扩张，成为社会科学领域不少学者关注研究并广泛用于解释和说明各自学科领域问题的综合性概念和研究方法。

作为社会资本核心构成的网络、规范、信任三要素，是解释中国环境法治绩效的基本视角。其中，解释中国环境法治绩效的网络包括环境立法网络、环境执法网络、环境司法网络、环境法治监督网络；解释中国环境法治绩效的规范包括环境文化规范、环境习俗规范、环境软法规范；解释中国环境法治绩效的信任包括环境法治的人际信任、社会信任、政治信任。

从社会资本理论视角解释，导致中国环境法治绩效二元结构的重要原因是社会资本缺失，即中国环境法治存在网络缺陷、规范冲突和信任不足问题。中国环境法治网络缺陷在立法网络中，表现为纵向网络突出而横向网络特别是公民参与网络不足，影响了环境法律制度的权威和社会公众的认同；权威关系异化，致使权力机关和行政机关在环境立法网络中错位；强关系突出而弱关系不足，影响了环境立法的民主协商或理性商谈。中国环境法治网络缺陷在执法和司法网络中，表现为封闭性不足和"结构洞"过多，影响了环境执法的严格与环境司法的公正；权威关系不足与权威关系过度并存，影响了环境执法与环境司法的公信力；纵横向网络与强弱关系的结构不尽合理，影响了环境执法与环境司法的绩效。中国环境法治网络缺陷在法治监督网络中，表现为纵向网络中的强关系突出，容易排斥圈外人而失去监督的作用；横向网络中的弱关系不足，致使环境法治的监督作用难以有效发挥；"结构洞"过多，致使信息难以在网络内传递而减弱监督效果。中国环境法治规范的冲突，表现为环境文化规范内部、环境习俗规范内部、环境软法规范内部及其与环境法律规范之间存在冲突，影响了环境法治促进经济社会发展特别是促进生态文明建设的绩效。中国环境法治信任的不足，表现为环境法治观念、环境法律制度和环境法治运行中的人际信任、社会信任和政治信任不足，影响了环境法治促进经济社会发展特别是促进生态文明建设的绩效。

从社会资本理论视角分析，消解中国环境法治绩效的二元结构，需要从优化网络、整合规范、建构信任三个方面投入和积累中国环境法治的社会资本。优化中国环境法治的网络，需要通过加强环境立法横向网络的构建、矫正环境立法网络异化的权威关系、强化环境立法网络的弱关系，来推动环境立法网络的优化；需要通过强化环境执法和司法网络的封闭性建设、防止环境执法和司法网络的"结构洞"、加强环境执法和司法的横向网络和弱关系建设，来推动环境执法和司法网络的优化；需要通过强化环境法治公开和社会监督、弱化纵向网络中的强关系，搭建环境法治监督网络的信息桥、强化横向网络中的弱关系，加强环境法治监督协同、减少环境法治监督网络的"结构洞"，来推动环境法治监督网络的优化。整合中国环境法治的规范，需要在环境文化规范自身融合创新的基础上，从环境法治观念、环境法律制度、环境法治运行三个层面推动环境文化规范与环境法治的整合；需要在对环境习俗规范现代价值梳理和选择的基础上，从"自上而下"和"自下而上"两种不同路径推动环境习俗规范与环境法治的整合；需要在对环境软法规范系统化和规范化的基础上，从环境法治观念、环境法律制度、环境法治运行三个层面推动环境软法规范与环境法治的整合。建构中国环境法治的信任，需要从环境法治观念、环境法律制度、环境法治运行三个层面，围绕满足个体公民和组织中的决策者在心理上对环境法治的需求和预期，建构人际信任；结合当代中国社会正从传统人格信任向现代系统信任转型的现状，建构社会信任；紧扣提升社会公众对环境立法机关、执法机关、司法机关等国家机关的信赖，建构政治信任。

目　录

　　随着中国经济的高速发展，生态环境问题日益突出。为加强生态环境保护，建立现代生态环境治理体系，中国致力于探讨通过法律和法治的方式加强生态环境保护，并孜孜探寻环境法治的中国路径。1973 年，国务院颁布了新中国第一个环境保护行政法规——《关于保护和改善环境的若干规定》；1978 年，《中华人民共和国宪法》第一次规定"国家保护环境和自然资源，防治污染和其他公害"；1979 年 9 月，全国人大常委会通过《中华人民共和国环境保护法（试行）》，拉开了中国环境保护法律体系建设的大幕。此后，中国环境法律体系日趋完善，环保执法力度日臻加大，环境司法体系日益完善。可以说，从环境法治自身建设的视角来看，中国环境法治建设取得了显著绩效；但从环境法治促经济社会发展特别是促进生态文明建设的视角来看，中国的生态文明建设水平仍与先进国家有一定差距，中国的绿色生产和绿色生活推进仍很艰难，中国的生态环境有待进一步改善，表明中国环境法治在促进生态文明建设方面的绩效还不高。因此，中国环境法治绩效在不同的视角得到了相反的结论，中国环境法治绩效呈现二元结构。

　　中国学者特别是环境法学者从不同角度对中国环境法治问题作了深入研究，推动中国环境法学的理论研究从第一代迈向第二代，并推动环境法学的实践特别是环境司法不断创新，这一过程中，中国却出现了"环境状况恶化——强化规制立法和规制权力——环境状况继续恶化——继续强制规制立法和规制权力"的恶性循环。这表明以传统法学方法特别是以规范法学为主的法学方法研究环境法治，难以解释和消解环境法治绩效的二元结构问题。而社会资本理论作为当前社会科学的前沿热点理论，可以弥补现行法学研究的局限，作为一种新的范式并从新的视角解释与消解环境法治绩效的二元结构。

　　西方国家 20 世纪八九十年代兴起的社会资本理论，是解释经济、政治、社会现象的一种全新且颇具说服力的理论范式。该理论认为社会资本是与物质资本、人力资本并列的重要资本，是物质资本和人力资本的黏合剂，是个人、组织与制度的中间物，对制度的成功具有强大制约，对提高社会效率和制度绩效具有重要作用。因而，从社会资本视域全面研究中国环境法治绩效的二元结构具有重要的理论和实践价值。

理论价值方面，社会资本理论的研究范式，可以对中国环境法治绩效二元结构问题作出全新的理论解释，可以为中国环境法治的理论发展进行全新的论证。将社会资本理论引入环境法治绩效研究领域，为环境法治的研究提供了新的理论工具，创造了新的研究方法，开辟了新的研究视域，对于完善环境法治理论、环境与资源保护法学理论甚至对整个法学理论的研究具有方法论意义。

实践价值方面，社会资本理论的分析方法，可以结合中国环境法治的具体场域，反思中国环境法治绩效问题，解释中国环境法治绩效二元结构形成的原因，提出消解中国环境法治二元结构的社会资本路径。从社会资本角度分析环境法治的实践问题，为解释与消解中国环境法治绩效的二元结构提供了新向度，找到了新方法，对于推动中国环境法治实践甚至中国法治实践具有重要意义。

本书在论证引进社会资本理论研究中国环境法治二元结构的必要性之后，针对中国法学界特别是环境法学界对社会资本理论比较陌生的实际，从历史沿革和基本内涵等方面，对这种全新且颇具说服力的理论范式进行简要介绍，并选定社会资本的核心构成要素即网络、规范和信任作为新的视角，对中国环境法治绩效的二元结构作了新解释，认为社会资本的缺失，即中国环境法治的网络缺陷、规范冲突、信任不足，是导致中国环境法治绩效呈现二元结构的重要原因，对此，需要从优化网络、整合规范、建构信任等方面积累社会资本，探寻消解中国环境法治绩效二元结构的新路径。

全书的框架结构安排主要如下：

第一章提出问题。在界定绩效、法律绩效、法治绩效和环境法治绩效概念的基础上，本书运用"绩效目标——绩效行为——绩效结果"的绩效分析框架，在明确中国环境法治绩效预期目标的基础上，梳理分析了中国环境法治绩效行为，将中国环境法治绩效行为与环境法治建设结果、中国环境法治建设结果与对生态文明建设的促进作用进行对比分析，指出中国环境法治绩效存在二元结构：从环境法治自身建设视角来看，中国环境法治绩效较好，环境立法、环境执法、环境司法取得显著成效，基本形成了中国特色社会主义环境法治体系；但从促进生态文明建设视角来看，中国环境法治绩效不高，中国生态文明建设水平与先进国家差距很大、绿色生产和绿色生活推进艰难、生态环境恶化的趋势仍未得到有效控制。

第二章范式界定。在论证引入社会资本解释中国环境法治绩效的必要性后，本书从历史沿革和基本内涵等方面对作为研究中国环境法治绩效新范式的社会资本理论范式进行简要介绍。主要从产生、发展与繁荣，向相关学科的扩张等方面梳理了社会资本理论的历史沿革，从社会资本的定义、属性、构成和类型划分等方面介绍了社会资本理论的基本内涵。

第三章视角选择。在界定解释中国环境法治绩效的社会资本的定义后，本书选择社会资本核心构成要素的网络、规范、信任作为中国环境法治绩效的新视角，并从环境立法网络、环境执法网络、环境司法网络、环境法治监督网络四个方面介绍了解释环境法治绩效的网络，从环境文化规范、环境习俗规范、环境软法规范三个方面介绍了解释中国环境法治绩效的规范，从环境法治的人际信任、社会信任、政治信任三个方面介绍了解释中国环境法治绩效的信任。

第四章原因分析。在指出社会资本的缺失，即网络缺陷、规范冲突、信任不足是导致中国环境法治绩效呈现二元结构的重要原因后，本书从环境立法网络缺陷、环境执法和司法网络缺陷、环境法治监督网络缺陷三个方面分析了网络缺陷对中国环境法治绩效二元结构的影响；从环境文化规范的冲突、环境习俗规范的冲突、环境软法规范的冲突三个方面分析了规范冲突对中国环境法治绩效二元结构的影响；分析了人际信任不足、社会信任不足、政治信任不足对中国环境法治绩效二元结构的影响。

第五章对策思考。在指出中国环境法治绩效二元结构的消解应从优化网络、整合规范、建构信任三个方面投入和积累社会资本后，本书重点从环境立法网络的优化、环境执法和司法网络的优化、环境法治监督网络的优化三个方面提出了优化中国环境法治网络的对策思考；从环境文化规范的整合、环境习俗规范的整合、环境软法规范的整合三个方面提出了整合中国环境法治规范的对策思考；从建构人际信任、社会信任、政治信任三个方面提出了建构中国环境法治信任的对策思考。

第一章

问题提出：中国环境法治绩效的二元结构

"绩效是一个多维结构，测量结果因测量因素的不同而不同。"

——Michael Armstrong，Angela Baronl：《Performance Mangement》

"新中国成立以来，中国环境法治建设从无到有，从紧跟世界环境法前行的步伐到引领世界环境法治建设实践，探索出一条适合中国国情的环境法治道路，取得了巨大的成就。"

——吕忠梅、吴一冉："中国环境法治七十年：从历史走向未来"

中国环境法治已伴随中华人民共和国的成长走过了 70 多个年头。70 多年来特别是改革开放和市场经济体制确立以来，中国环境法治建设不断发展壮大，环境法律体系日趋完善，环保执法力度日臻加大，环境司法功能日益彰显。但与中国环境法治发展形成反差的是，我国生态文明建设仍然面临诸多矛盾和挑战，生态环境稳中向好的基础还不稳固，从量变到质变的拐点还没有到来，生态环境质量同人民群众对美好生活的期盼相比，同建设美丽中国的目标相比，同构建新发展格局、推动高质量发展、全面建设社会主义现代化国家的要求相比，都还有较大差距。[1]中国环境法治的日益发展为何会与生态环境的保护形成反差？这表明中国环境法治建设在促进经济社会发展特别是生态文明建设时遇到了难题，这涉及环境法治的绩效问题，需要我们深入研究环境法治的绩效概念，并在此基础上对中国环境法治绩效作出判断、分析原因，寻求解决办法。

---

〔1〕 参见习近平："在十九届中央政治局第二十九次集体学习时的讲话"，2021 年 4 月 30 日。

第一节　环境法治绩效的界定

环境法治绩效的概念界定，要从法律绩效和法治绩效的概念界定着手。但法律绩效与法治绩效都不是原生概念，而是绩效概念经过发展进入法律领域后衍生的新概念。法律绩效是法律与绩效的结合，法治绩效则在法律绩效基础上由法治与绩效结合产生。因而，要界定法律绩效与法治绩效的概念，先要从界定绩效的概念着手。

一、绩效与法律绩效的概念界定

（一）绩效的概念界定

根据《现代汉语词典》的解释，"绩效"一词指"成绩、成效"。成绩指工作或学习的收获，是对结果的主观评价；而成效是指功效或效果，是工作或学习造成的客观后果和影响。[1]在英文中，绩效有多个对应的单词，最主要的有"performance""achievement"两个，而更为准确和常用的是"performance"，其本意指履行、执行、表现、表演、行为、完成，引申的含义为成绩、成就、成果、性能等。综合中英文的解释，结合"绩效"的字面意思，笔者认为绩效的内涵应当包括业绩与效能两个层面，既体现了工作或学习所取得的业绩，又能从效能或效率角度分析取得工作或学习业绩投入与产出比，以更好地比较、衡量和把握某项工作或学习的成绩与效能的关系。

"绩效"一词最早在企业中使用，是指通过一系列指标体系，来衡量评价一个企业的整体发展状况和具体表现，绩效管理也成为企业管理中的流行词语。但绩效的具体内涵包括哪些？理论界的概括非常广泛，而且其内涵随着人们对其内涵认识的发展深化而不断充实与丰富。总的来看，国外不少文献通常将其与生产力、质量、效果、结果、责任等概念相互联系。如20世纪60年代美国会计总署构建的绩效评估"3E"结构，即经济性（Economy）、效率性（Efficiency）和效果性（Effectiveness）被广为认可，后随着实践的深入又

---

[1]　参见中国社会科学院语言研究所词典编辑室编：《现代汉语词典》，商务印书馆2005年版，第172页。

增加了公平性（Equity），构成了当前政府绩效评估的"4E"结构模式。[1]此后，美国1993年的《政府绩效与结果法案》把绩效归结为产出（output）和结果（outcome）两个方面。英国2003年的《绩效审计手册》再次确认了"3E"标准，"经济性"是指在保证质量的前提下，使资源消耗降到最低水平；"效率性"反映的是产出与资源消耗的关系，指在保证质量的前提下，一定的投入要实现最大的产出或一定的产出使用最小的投入；"效果性"是实际效果与预期效果的关系。[2]国内更多文献则指一种泛化的效率概念，[3]绩效是"系统表征管理领域中的成就和效果"的一种概念工具，是与效率、效益、生产力、质量、效果、责任等体现"成就和效果"内涵词汇紧密相关的一种综合。[4]

"绩效是一个多维结构，测量结果因测量因素的不同而不同。"[5]作为一个跨学科的范畴，绩效在不同学科领域的涵义也有一定差异。在企业管理领域，一般认为绩效是组织为实现其目标而展现在不同层面上的有效输出，且组织绩效建立在个人绩效的基础上。[6]"绩效治理可以看成一种手段，是利用绩效管理、绩效标准、奖励和惩罚来激励公共组织。"在公共管理领域，一般指部门或公职人员为实现经济社会管理目标，在其职能范围内采取行动所取得的成绩和效果，从外延上可分为经济性、效率性、效果性和公平性标准。[7]根据绩效所评价主体的不同，不少学者从个体、团体、组织三个层面研究绩效，对绩效所包含的内容、影响因素及其测量方法也有所不同。[8]总的来看，在

---

〔1〕 参见郑方辉、尚虎平："中国法治政府建设进程中的政府绩效评价"，载《中国社会科学》2016年第1期。

〔2〕 参见罗美富等主编：《英国绩效审计》，中国时代经济出版社2005年版，第15页。

〔3〕 参见中国行政管理学会联合课题组："关于政府机关工作效率标准的研究报告"，载《中国行政管理》2003年第3期。

〔4〕 参见刘旭涛：《政府绩效管理：制度、战略与方法》，机械工业出版社2003年版，第96~97页。

〔5〕 Michael Armstrong, Angela Baronl: *Performance Management*: *The New Realities*, Gardners Books, 1998, p.15.

〔6〕 See Michael C. Jensen, Kevin J. Murphy, "Performance Pay and Top- management Incentives", *Journal of Political Economy*, Vol. 98, No. 2, 1990, pp.225-264.

〔7〕 参见郑方辉、尚虎平："中国法治政府建设进程中的政府绩效评价"，载《中国社会科学》2016年第1期。

〔8〕 参见仲理峰、时勘："绩效管理的几个基本问题"，载《南开管理评论》2002年第3期。

个体绩效方面，一般认为是员工工作的结果、员工工作的行为或者能力，工作的过程及其达到的结果；在团队绩效方面，一般认为是团队对既定目标的实现情况、团队成员的满意度以及协作能力；在组织绩效方面，一般认为包括目标完成的状况、保有稀缺且有价值资源的能力、组织成员之间及其与组织的互动行为。

从理论文献的视角梳理，国内外学者有关绩效概念的主要观点包括结果论、行为论、结果-行为论、综合论、能力论、动态论等。最早出现的观点是"结果论"，认为绩效就是"完成所分配的生产任务"，后有学者进一步发展认为绩效是特定时间内的特定工作所形成的显性与隐性的成绩、产出或结果；持"行为论"观点的学者认为，绩效是员工在工作中表现出来的、与组织目标关联的、可以观测的硬性与价值行为；持"结果-行为论"观点的学者认为，绩效是工作的行为与结果相结合的产物；持"综合论"观点的学者认为，绩效与员工的特征、能力和行为都存在密切联系；持"能力论"观点的学者认为，绩效是表面和潜在两个层面的工作能力；持"动态论"观点的学者认为，根据工作程序化程度的不同与工作结果的具体程度、受外界影响程度的不同，提出了一种"两维四象限"的解释，分析了结果和行为两种绩效内涵的适应条件。[1]

综合国内外学者对绩效内涵、外延、逻辑关系和结构模型等经典阐述，借鉴引用相关学者观点，可以把绩效视作组织或个人的"职能行为与结果"，是一种"自为主体基于特定目标的行为在多因素影响下的结果"。这一界定的要点有三：一是假设绩效主体是能为特定目标自主行动的自为体；二是强调绩效行为的目标与其结果的关联性；三是关注影响绩效行为与结果的各项因素。因此，可以概括出一个"绩效目标——绩效行为——绩效结果"的绩效分析框架（两个破折号所代表的逻辑链条可加入影响因素）。[2]

（二）法律绩效的概念界定

正如前文所述，绩效是一个多学科的概念，绩效与政治学、行政学、行政管理学等学科相结合，形成了"政府绩效""组织绩效""政策绩效""管

---

〔1〕　参见徐阳："地方政府绩效评估：概念、要素与模式"，载《重庆社会科学》2017 年第 7 期。

〔2〕　参见卢扬帆："国家治理绩效：概念、类型及其法治化"，载《行政论坛》2018 年第 1 期。

理绩效""公共部门绩效"等常用概念。但"法律绩效"这一概念并不常见，只有少数学者指出法律绩效表示法律实施后所达到的成就与效果。[1]要更好地界定法律绩效的概念，首先要从与法律绩效相关的概念入手。

在与法律绩效紧密相关的法学概念中，主要有"法律效力""法律实效""法律效果""法律效益""法律效率"等几个概念，通过对这些概念的比较，可以让我们更好地理解法律绩效的含义。法律效力有广义和狭义之分，广义的法律效力泛指法律约束力和法律强制力；狭义的法律效力是指法律的生效范围。[2]法律实效"又称法律的成效，是指发生法律效力的法律规范在实际上被执行、适用和遵守"。[3]"法的实效一般是指具有法律效力的制定法在社会生活中被执行、适用、遵守的实际情况，即法的实际有效性。"[4]"为了与法律效力区分开来，这种现实的（实际的）效力被称为法的实效。"[5]法律效果是指法律通过实施而实现自己的社会目的、价值或社会功能及其程度，表明的是法律的社会目的得以实现。[6]这三者的关系可以理解为：法律效力是法律实效的根据，法律实效是法律效力的实际结果，二者都是法律效果产生的前提；而法律效果是法律效力特别是法律实效的社会目的，有时法律虽取得实效，但可能没有实现法律效果，即没有实现法的社会目的和立法者的初衷。法律效益一般指某一法律规范、某一法律部门甚至整个法律体系的社会效益（包括其经济效益），是法律效力发生实效后产生的社会影响，是对社会产生的有益效果，"是指法律的实施是否给人们或社会带来某种有效的利益和好处，是否满足了人们或社会的某种需要或目的"[7]；法律效率是"法律效益与法律成本之比。它同法律效益成正比，而同法律成本成反比"。[8]总的来看，法律效力是法律规范本身具有的特性；法律实效、法律效果、法律效益是法律实现的效果及效果的性质；而法律效率是法律实现的效益与法律成

---

〔1〕 参见汪全胜：《法律绩效评估机制论》，北京大学出版社 2010 年版，第 6 页。

〔2〕 参见沈宗灵主编：《法理学》，高等教育出版社 1994 年版，第 345~346 页。

〔3〕 参见沈宗灵主编：《法理学》，高等教育出版社 1994 年版，第 350~351 页。

〔4〕 张文显主编：《法理学》，高等教育出版社 2003 年版，第 228 页。

〔5〕 ［德］魏德士：《法理学》，丁晓春、吴越译，法律出版社 2005 年版，第 149 页。

〔6〕 参见张骐："法律实施的概念、评价标准及影响因素分析"，载《法律科学（西北政法学院学报）》1999 年第 1 期。

〔7〕 参见沈宗灵主编：《法理学》，高等教育出版社 1994 年版，第 351 页。

〔8〕 参见郭道晖主编：《当代中国立法》，中国民主制出版社 1998 年版，第 307 页。

本的比例。

　　综合分析上述相关法学概念，结合绩效的内涵来看，法律绩效应当也包含了上述相关概念的内容。"法律效力是法律绩效的基本前提；法律实效、法律效果、法律效益、法律效率则是法律绩效的具体表现方式，是法律绩效的系统表征。"[1]据此分析，首先，法律绩效要确保法律效力即法律的约束力和强制力，在国家强制力保障实施的法律中明确法律追求的目标，并通过法律效力的正当发挥来实现法律的"职能行为"和保证法律所要追求的"结果"；其次，法律绩效最终要通过法律实效即法律在社会生活中的实际效果来体现，法律的绩效目标、绩效行为和绩效结果最终要依据法律实效予以评判；再次，法律绩效还要体现在法律效果上，即法律绩效还要追求法的社会目的和立法者初衷等目标和结果；最后，法律绩效的好坏及程度还要通过法律效率和法律效益来体现，即法律绩效的评估要充分考虑法律效益与成本的比例。

　　同时，法律是以国家名义来调整各种社会关系的规范系统，而国家的主要职能都是由政府行使，法律追求的目标、法律的"职能行为和结果"主要依靠政府来实现。从广义或泛义的政府范围来看，政府也可以泛指国家的立法机关。事实上，各地的实际做法中往往也会把法律绩效或法治绩效的考核纳入政府绩效评价中。因而从上述常用的相关绩效概念来看，法律绩效与政府绩效的内涵最为接近，我们可以根据政府绩效的相关含义进一步深入理解法律绩效的概念。

　　政府绩效的概念较多，有学者搜集了已有的 28 个政府绩效概念，编制成"政府绩效概念表"（见表 1–1[2]）后，运用原子图谱法予以解析并对政府绩效作了界定：政府绩效是指政府在公共受托责任和国家行政目标的指引下，在一定时期投入一定成本从事行政管理、社会公共服务的过程中所获得的行政效率、行政效益和行政效果以及实现其目标的程度。[3]有学者以"政府绩效管理"为主题词，在中国学术期刊网络出版总库（China Academic Journal Network Publishing Database，简称 CAJD）检索了 2006 年~2015 年的 1195 条

---

〔1〕　汪全胜：《法律绩效评估机制论》，北京大学出版社 2010 年版，第 6 页。

〔2〕　该图表参见尚虎平、李逸舒："一种概念界定的工具：原子图谱法——以'绩效'、'政府绩效'、'政府绩效评估'概念为例"，载《甘肃行政学院学报》2011 年第 4 期。

〔3〕　参见尚虎平、李逸舒："一种概念界定的工具：原子图谱法——以'绩效'、'政府绩效'、'政府绩效评估'概念为例"，载《甘肃行政学院学报》2011 年第 4 期。

有效数据记录，分析了政府绩效研究的热点主题主要有政府绩效管理体系结构与制度要件、外部合法性与宏观改革等，如绩效目标、绩效指标、绩效标准、绩效沟通、绩效评价方法、绩效预算、绩效管理与服务型政府建设等。[1]

表1-1 "政府绩效"概念的厘清

编号	提出者	概 念	聚集点
1	杨雄胜等（2005）	把绩效用于政府行为和行为效果的衡量，反映的就是政府绩效	政府行为、行为效果
2	Curristione（2015）	指与所追求的目标相关的活动的结果，其目标在于提高政府实现其目标的程度。在传统的公共部门中，绩效的目标在于保证遵循既定的规则、控制投入、遵守公共部门的道德	活动结果、目标、遵循、规则、控制投入、道德
3	Ranson & stewart（1994）	公共部门绩效主要包括以下几个维度：经济维度、民主维度、法律维度、职业维度	经济、民主、法律、职业、维度
4	臧乃康（2001）	不单纯是一个政绩层面的概念，还包括政府成本、政府效率、政治稳定、社会进步、发展预期的含义在内	政绩、成本、效率、政治稳定、社会进步、发展预期
5	尚虎平（2008）	政治和谐进步、经济和谐发展、社会和谐昌盛、文化和谐繁荣、生态和谐自然的管理结果	政治和谐进步、经济和谐发展、社会和谐昌盛、文化和谐繁荣、生态和谐自然的管理
6	刘笑霞（2008）	指政府在履行其公共受托责任、实现其目标方面的程度。从横向来看，涉及经济、政治、社会、文化等多个维度；从纵向来看，政府绩效可划分为微观、中观和宏观这三个层面，即公务员个人绩效、政府职能部门的绩效与各级政府整体的绩效	公共受托责任、实现目标、程度、经济、政治、社会、文化、微观、中观、宏观

---

〔1〕 参见盛明科："中国政府绩效管理的研究热点与前沿解析——基于科学知识图谱的方法"，载《行政论坛》2017年第2期。

续表

编号	提出者	概　念	聚集点
7	卓越（2006）	政府部门的积极履行公共责任过程中，在讲求内部管理与外部效应、数量与质量、经济因素和伦理政治因素、刚性规范和柔性规范机制相统一的基础上，获得的公共产出最大化	履行公共责任、过程、内部、外部、数量、质量、经济、伦理、刚性、柔性、统一、产出、最大化
8	何力平（2005）	从政府绩效的内涵范围看，有广义政府绩效和狭义政府绩效；从政府绩效的不同性质看，有统治绩效、管理绩效和服务绩效；从政府绩效的运行过程看，有决策绩效、执行绩效和监督绩效；从政府绩效的保证条件看，有命令绩效、自觉绩效、技术绩效和制度绩效；从政府绩效的外在形式看，有量化绩效和非量化绩效	广义、狭义、统治绩效、管理绩效、服务绩效
9	中国行政管理学会联合课题组（2003）	所谓政府绩效，西方国家又称"公共生产力""国家生产力""公共组织绩效""政府业绩""政府作为"等	公共生产力、国家生产力、公共组织绩效、政府业绩、政府作为
10	陈振明（2003）	指政府在社会经济管理活动中的效率、效果、效益和效能，是政府在行使其职能、实施其意志的过程中体现出的管理和服务能力	政府、效率、效果、效益、效能、职能、意志、管理、服务、能力
11	奥斯特罗姆（2004）	官僚机构绩效是收益剩余，是官僚机构向公民提供的产出总价值与生产该产出的总成本之差额	收益剩余、总价值、总产出、成本、差额
12	Wholey & Hatry（1992）	政治官员和市民也需要被告知绩效，不仅是关于成本和工作量的信息，也包括服务质量和项目成果信息	成本、工作量、服务质量、项目成果
13	郭巍青、卢坤建（2009）	政策科学范畴的绩效，一方面为政策推动的结果，是一种客观的存在；另一方面又是权威当局与社会民众心目中认定之满意程度，是一种主观的判断；是比较对照政策与期望水准而得的结果判断，是相对的、而非绝对的	政策推动、客观存在，民众满意、期望水平、相对

续表

编号	提出者	概　念	聚集点
14	胡宁生 （1998）	指政府部门的工作成就或政府管理活动所产生的积极效果	政府部门、工作成就、管理活动、积极效果
15	李文艳、陈通 （2004）	行政管理活动的基本品质需求和评价政府行为的核心内容，增长、公平、民主、自由、稳定、进步是政府绩效评估的基本价值尺度	行政管理活动、核心内容、增长、公平、民主、自由、稳定、进步
16	林琼、凌文辁 （2002）	政府行政管理活动中所取得的业绩、成就和实际效果。公共服务的质量好坏是衡量政府绩效的重要标准	行政管理、业绩、成就、实际效果、公共服务、质量
17	刘文俭、王振海 （2004）	指政府在社会管理中的业绩、效果、效益及其管理工作效率和效能，是政府在行使其功能、实施其意志的过程中体现出的管理能力。政府的高绩效包括效能、效率、成本和责任	政府、社会管理、业绩、效果、效益、效率、效能、功能、意志、管理能力、成本、责任
18	刘旭涛、许铭桂 （2004）	指政府作为一个整体，在管理和服务等政府行为中所取得的业绩、成就和影响等	政府、整体、管理、服务、业绩、成就、影响
19	唐钧 （2004）	指政府行使各项职能的绩效表现。一方面是政府"产出"的绩效，即政府在提供公共服务和进行社会管理方面的绩效表现；另一方面是政府"过程"的绩效，即政府在行使职能的过程中的绩效表现	政府、行使职能、产出、公共服务、社会管理、过程
20	徐双敏 （2003）	是对公职人员的绩效、各职能部门的绩效、政府绩效三部分绩效总和的简称。我们在研究政府绩效时，不仅是指其效率、还包括效益、公正等内容	公职人员、职能部门、绩效、效率、效益、公正
21	颜如春 （2003）	政府在社会管理活动中的结果、效益及其管理工作效率、效能，是政府在行使其功能、实现其意志过程中体现出的管理能力	社会管理、结果、效率、效能、功能、意志、管理能力

编号	提出者	概　　念	聚集点
22	臧乃康（2004）	对政府生产过程、生产状况、生产成本、生产效率的一种判断和反映，是政府成本扣除后的透支或盈余状况的集中反映，是评判政府治理水平和运作效率的重要依据。运用"绩效"概念衡量政府活动的效果，所指的不单纯是一个政绩层面的概念，还包括政府成本、政府效率、政治稳定、社会进步、发展预期等含义在内	生产过程、生产状况、生产成本、生产效率、成本、透支、盈余、治理水平、运作效率、政绩、政治稳定、社会进步、发展预期
23	周仁标（2001）	行政绩效是行政系统评价行政机关及其工作人员工作实绩并实施奖惩的客观依据	行政系统、行政机关、工作人员、实绩、奖惩
24	刘莉莉（2008）	各级政府为实现组织的可持续发展，在法定权限内，履行行政职责，为公民提供公共服务和公共产品以推动社会发展获取政治合法性时，所耗费的各种成本及所体现出的效率、效益、效能和公正度	政府、可持续发展、法定权限、职责、公共服务、公共产品、政治合法性、成本、效率、效益、效能、公正度
25	刘惠冉（2008）	指政府活动所产生的效果，这一效果包括丰富的内涵，它不仅仅指政绩，还包括政府的工作效率、社会对政府的满意度、社会进步发展的程度等政府履行其职能的最终成效	政府、效果、政绩、效率、满意度、社会进步、职责、成效
26	吴江（2007）	运用"绩效"概念衡量政府活动的效果，不单纯是一个政绩层面的概念，还包括政府成本、政府效率、政治稳定、社会进步、发展预期等含义在内	政绩、成本、效率、政治稳定、社会进步、发展预期
27	江易华（2005）	政府绩效是指政府作为一个整体，在管理和职务等政府行为中所取得的业绩、成就和影响等	整体、管理、职务、业绩、成就、影响
28	胡税根（2005）	它是一个多维度的概念，在公共领域常被视为"责任度量工具"。从表面意义上说，政府绩效指行政官员在行使人民赋予的权力、履行岗位职责以推动社会发展时所取得的成绩和所获得的效果	多维度、责任度量、行使权利、履行职责、成绩、效果

综合政府绩效的相关研究来看，政府绩效可以界定为政府通过法律、行政、经济等手段进行社会管理取得的业绩、效果、效益及其管理工作的效能，是政府围绕其各项管理目标实施其职能行为过程获得的结果。从总体上来看，政府绩效也可以概括出一个如同前文的"绩效目标——绩效行为——绩效结果"的绩效分析框架。"从绩效治理的目的来讲，实施政府绩效在于提供一套适用于政府范围的以'产出'和'结果'为基础的责任机制、绩效和结果治理法规、战略规划和绩效指标的评价与管理系统……目标的达成以及结果治理的系统过程，代表了一个组织（政府）整合各种资源以接近目标的行为和程度。"[1]

由此可以看出，政府绩效在总体上表现为产出与结果，具有"绩效目标——绩效行为——绩效结果"的绩效分析框架；在具体内容上体现为行政效率、行政效益和行政效果等方面，具有与法律效率、法律效益、法律效果、法律实效等法学概念类似的思维方式。法律作为政府管理或治理的重要手段，特别是在全面依法治国、全面建设法治政府的背景下，政府绩效的理论研究与实践操作应当把法律绩效纳入其中，法律绩效的理论研究与实践操作也应当充分借鉴运用政府绩效的思维和方法。

二、法治绩效及其评价

（一）法治绩效的概念界定

法治绩效与法律绩效紧密相关，前文对法律绩效的概念分析为理解法治绩效奠定了基础。但法治绩效与法律绩效也存在明显的不同。从字面上看，法律绩效是法律与绩效结合生成的一种新型绩效，而法治绩效是法治与绩效结合生成的又一新型绩效，因而有必要从法治的含义视角来分析法治绩效与法律绩效的不同以及从法治与绩效相结合的角度来深入理解法治绩效概念的内涵。

关于法治的含义，古希腊时期亚里士多德的法治定义至今仍影响深远并具有很强的现实意义，他认为"法治应包含两重意义：已成立的法律获得普

---

〔1〕 许佳君、李方方："地方政府绩效治理的合法性悖论与政策网络控制逻辑"，载《河南师范大学学报（哲学社会科学版）》2017年第6期。

遍的服从，而大家所服从的法律又应该本身是制订得良好的法律。"[1]近代以来，西方学者对法治的定义和内涵作了全面发展，美国著名法学家富勒指出"法治的实质必定是：在对公民发生作用时（比如将他投入监狱或宣布他据以主张财产权的证件无效），政府应忠实地运用预先宣布的应由公民遵守并决定其权利和义务的规则，如果法治不是这个意思，它就毫无意义"。[2]综合西方学者的主要观点，可以概括出法治具有以下几种内涵：一是国家治理和政府行政中必须服从的一些原则；二是社会普遍存在的信法守法的观念；三是通过规则约束政府行为并维护个体自由权利的制度；四是实施法律规范的原则、方法和制度的总体。[3]法治理论引入中国以后特别是改革开放以后，引起了学术界关于法治与人治问题的三次比较集中的大讨论，[4]有学者结合法治理论在当代中国的发展和三次集中大讨论的情况，认为法治的外延是关于法治思想、法治原则与法治制度三者相互关联而形成的有机整体，其构成要件主要包括法治的观念要件、实体要件和形式要件；[5]有学者对各种法治概念分析认为，法治"既是一种理想目标，也是一种现实化的客观运动"。[6]

　　综合中西方学者对法治的各种定义，笔者认为，法治与法律或法律制度的重要区别之一在于：法治更强调一个动态的范畴，法治要求把法律或法律制度的要求贯彻落实于社会生活实践之中。因此，法治绩效与法律绩效至少

---

〔1〕　[古希腊]亚里士多德：《政治学》，吴寿彭译，商务印书馆1965年版，第199页。

〔2〕　See Lon L. Fuller, *The Morality of Law*, Yale University Press, 1969, p.209.

〔3〕　参见汪太贤、艾明：《法治的理念与方略》，中国检察出版社2001年版，第17~20页。

〔4〕　第一次大讨论发生于20世纪50~60年代，受当时的政治背景影响，人治思想盛行并占压倒性优势，法治主张虽有提起讨论但争论不足；第二次大讨论发生于20世纪70年代末80年代初，当时民主法制正值重建之时，关于人治与法治的争论激烈且影响深远，形成了法治论、人治法治结合论和取消论三种主要观点；第三次大讨论发生于20世纪90年代，经过广泛讨论达成了建设社会主义法治国家的共识并使依法治国方略写入党的文件和国家宪法之中。参见张恒山主编：《共和国六十年法学论争实录·法理学卷》，厦门大学出版社2009年版，第74~104页。

〔5〕　法治的观念是人们关于法治的认知、评价和情感体验，是一种带有基本倾向的法律意识，主要内容有权利观念、良法观念、法律权威观念、普遍守法观念；法治的实体要件是指独立于法律规范本身而存在，由法治的观念要件所决定的法律在规范社会基本结构的过程中所必须遵循的法律原则以及由这些原则所决定的一系列法律制度的总称；法治的形式要件是构成法治的形式基本元素，包括法治的外部完整统一与内部和谐一致、法律规范的普遍有效性、法律规范的一般性、法律程序的正当性、法学阶层的出现等内容。详见李龙主编：《依法治国方略实施问题研究》，武汉大学出版社2002年版，第121~147页。

〔6〕　参见王人博、程燎原：《法治论》，山东人民出版社1998年版，第103页。

还存在以下两点不同，或者说法治绩效较法律绩效至少还应多包含以下两方面的内容：一是法律绩效主要衡量立法主体决策的质量与水平；而法治绩效还要衡量执法和司法主体的执行、判断能力和水平。二是法律绩效主要为立法服务，其评价的主要是立法的目的是否实现和实现程度以及法律要求的绩效行为和绩效结果与绩效目标的匹配度，法律绩效评价的结果更多的是决定法律的保留、修改或废止；而法治绩效还要为执法、司法、守法甚至法律监督等法治运行的各个环节服务，其评价的内容还包括执法、司法等方面目的与行为、结果的匹配度，其结果还要反馈并可用于改进执法、司法等法律实施活动。

在明确法治绩效与法律绩效关系的基础上，套用绩效特别是政府绩效的概念逻辑，法治绩效也可以界定为一定国家、地区或组织的法治职能行为与结果。运用"绩效目标——绩效行为——绩效结果"的框架分析，法治绩效就是立法、执法、司法等法治的具体运行过程中取得的结果与相关法治目标之间的匹配程度，即法治建设中的各种行为和结果对法治目标的实现程度。至于如何评判这种实现程度，即法治绩效评价问题，是国内外法治建设中十分关注和重点研究的问题。

（二）法治绩效的评价

准确把握法治绩效的评价，首先要从绩效的评价谈起。绩效评价也称绩效评估、绩效测评，对绩效评估的界定一般有以下三种代表性的观点：一是认为绩效评价由绩效测量和项目评价构成，是"一些特定的评估活动的总称，包括将项目与活动的成就与预期目标或绩效标准相比较的日常测量活动，也包括将项目或政策的重要方面进行客观可信的定期的系统评价活动"[1]；二是认为绩效评价包括"发展目标、收集资料以便描述、报告或分析绩效"[2]；三是认为绩效指标是用于衡量具体绩效水平的，如效益、效率、生产力、服务质量、客户满意度和成本，绩效评价就是"定义、衡量和运用这些指标的过

---

〔1〕 孟华：《政府绩效评估：美国的经验与中国的实践》，上海人民出版社 2006 年版，第 8 页。

〔2〕 Paul Epstein, et. al, "Engaging Citizens in Achieving Results that Matter: A Model for Effective 21st Century Governance"，转引自汪全胜：《法律绩效评估机制论》，北京大学出版社 2010 年版，第 7 页。

程"。[1]综合以上观点和前文提出的"绩效目标——绩效行为——绩效结果"的绩效分析框架，绩效评价可以理解为，在充分收集相关信息后，基于一定绩效行为的预期目标，对一定绩效行为活动的成就也即绩效结果所作出的分析、评估和评定。绩效评价的对象是绩效结果，即绩效行为活动的成就；绩效评价的根据是一定绩效行为的预期目标；绩效评价的目的是对绩效行为活动成就即绩效结果与绩效行为预期目标是否匹配及匹配程度进行评估。

　　法治绩效评价直接来源于法律绩效评价。而法律绩效评价的研究并不多，学界多称之为"立法后评估""立法实施效果评估""立法回头看""法律跟踪问效评估"。有学者认为，法律绩效评价就是立法跟踪评估，就是提供一个有效平台，以对法律的可操作性、可接受性以及规避执行的原因等方面开展的全面调查并及时发现问题和解决问题；[2]有学者认为，法律绩效评估是一个重要过程，立法机关在这个过程中对法律实施情况进行调查研究，了解法律实施后取得的成效，并发现法律实施中存在的问题，分析法律中各项制度设计的合法性、可操作性和针对性，以便及时修改完善法律制度，更好地发挥法律的作用。[3]与法律绩效评价紧密相关的概念还有法律评价、法律评估。张文显教授认为法律评价是社会成员对法律活动、法律规范、法律制度、法律作用等法律现象作出的价值判断以及在此基础上作出的价值设定与选择，反映主体需要与法律之间的某种肯定或否定关系；[4]黄竹胜教授认为法律评价是"社会主体对法律现象的认识活动形式，是社会主体基于自身需要而对法律现象的功能、价值、作用、含义等所作的事实、价值和审美判断与评定"。[5]谢晖教授最早提出法律评估的概念，认为法律评估是以法律的实效为实证基础，是对法律的效力期待与法律实效的关系比例所作的定量与定性分析和评判。[6]从以上学者的观点来看，法律评价的范围要更广，包括了对法律活动、法律规范、法律制度、法律作用等方面的评价；而法律评估注重的

---

　　[1] 参见［美］西奥多·H. 波伊斯特：《公共与非营利组织绩效考评：方法与应用》，肖鸣政等译，中国人民大学出版社 2005 年版，第 4 页。

　　[2] 参见薛刚凌："立法跟踪评估应制度化规范化"，载《法制日报》2005 年 8 月 15 日，第 5 版。

　　[3] 参见直言："立法后评估'回头看'应成为一项制度"，载《检察日报》2005 年 8 月 10 日，第 6 版。

　　[4] 参见张文显：《法哲学范畴研究》，中国政法大学出版社 2001 年版，第 242 页。

　　[5] 参见黄竹胜："法律评价的重新解释"，载《法学论坛》2002 年第 4 期。

　　[6] 参见谢晖："论法律实效"，载《学习与探索》2005 年第 1 期。

是对法律作用的评估，侧重法律的实际效果与法律的应有效果的比例关系，更符合绩效评价对绩效结果与绩效目标的分析范式。因而，法律绩效评价大体与法律评估相当，是对一定法律实施效果与预期目标的分析、评估和评定，包括事实判断和价值判断等。

法治绩效评价的研究在国外始于 20 世纪 60 年代。当时，国际上出现了开展法治发展状况与水平的绩效评估趋势。1968 年美国学者伊万（W. M. Evan）建立了 70 条具体指标体系；20 世纪 70 年代斯坦福大学教授梅里曼（J. H. Merryman）从立法、行政、司法等六个方面设计了法治指标体系；2005 年世界银行的《国别财富报告》明确提出"法治指数"概念并将其完善后作为衡量一国法治状况的重要标准和评估体系。[1] 2010 年起，美国非营利性机构"世界正义工程"从对政府权力的制约、无腐败、公开政府、基本权利、秩序与安全、监管执行、民事司法、刑事司法八个方面构建了"世界正义工程法治指数"，用于评价世界各国的法治发展状况，并于 2011 年首次评估了中国法治状况。[2]

法治绩效评价在国内始于地方政府开展的实践。2005 年，香港特别行政区建立了我国首个法治指数，确立了依法的政府、不许有任意权力、法律面前人人平等、公正地施行法律、司法公义人人可及和程序公义等基本原则来评估该区的法治发展状况和水平；2007 年，中国内地首个法治指数即杭州市余杭区出台的《"法治余杭"量化考核指标体系》，包含 9 个二级指标和 50 多个三级指标。此后，江苏省发布多个针对本省县（市、区）的法治考核评价指标体系，[3] 其中《江苏省 2012-2013 年法治县（市、区）创建综合考核内容及评分标准》包含 6 个二级指标和 17 个三级指标；全国其他城市也发布了多个法治评价指标体系，如 2009 年的《成都市创建全国法治城市考核评估指

---

〔1〕 参见刘爱龙："我国区域法治绩效评估体系建构运行的特征、困境和出路"，载《法学评论》2016 年第 6 期。

〔2〕 参见刘爱龙："我国区域法治绩效评估体系建构运行的特征、困境和出路"，载《法学评论》2016 年第 6 期。

〔3〕 自 2006 年以来，江苏省先后实施了《法治江苏合格县（市、区）考核实施暂行办法》《法治江苏合格县（市、区）创建工作考核实施办法》《江苏省 2008-2009 年法治县（市、区）创建工作先进单位考核内容及评分标准》《江苏省 2010-2011 年法治县（市、区）创建考核内容及评分标准》《江苏省 2012-2013 年法治县（市、区）创建综合考核内容及评分标准》，转引自刘爱龙："我国区域法治绩效评估体系建构运行的特征、困境和出路"，载《法学评论》2016 年第 6 期。

标与测评操作体系》包含创建测评的地方立法、法治政府建设、司法公正等 8
个二级指标和 77 个三级指标，2010 年的《法治昆明综合评价指标体系》包
含"法治的社会环境指标"、"法治的制度环境指标"和"法治的人文环境指
标" 3 个一级指标、13 个二级指标和 33 个三级指标。[1]

　　总体来看，不同区域的法治发展模式决定法治绩效评估体系，主要有三
种典型的地方法治模式，即"程序型法治"模式、"自治型法治"模式和
"市场型法治"模式。[2]以湖南为代表的"程序型法治"的绩效评估体系侧
重法治的程序主义，以广东为代表的"自治型法治"的绩效评估体系侧重法
治的自治主义，以浙江为代表的"市场型法治"的绩效评估体系侧重法治的
市场主义。在指标体系的设计中，一般都分为一、二、三级指标，第一级是
目标层，第二级是准则层，第三级是指标层，但各地在具体指标的设计上千
差万别，呈现出五花八门的法治绩效评估具体指标体系。

　　从国内各地的实践来看，地方法治绩效评估的指数一般称为"法治指
数"、"法治建设评价指标体系"或"法治建设绩效评价指标体系"等，其所
指的法治绩效概念包含了"法治建设成效"和"法治的经济社会效益"两层
含义，前者的指标主要是用来衡量法治建设的行为和结果即法治水平，旨在通
过提升法治水平来实现法治的目标；后者的指标主要用来衡量法治在促进当地
经济社会发展和人权保障等方面的效能，旨在提升法治行为在推进地方经济社
会发展中的结果和目标。"'法治'意指一种治国方略或社会调控方式……意指
良好的法律秩序……代表着某种具有价值规定的社会生活方式。"[3]由此可见，
法治既是"过程"也是"结果"，因而法治绩效也应强调"过程与结果的客
观统一"，要从法治自身和法治推动社会发展两个层面对法治建设的投入、产
出、过程及效果进行全方位评价，既要从法治建设自身的情况来评价法治绩
效，如是否实现了科学立法、严格执法、公正司法、全民守法的法治目标以
及实现的程度，也要从法治建设是否对经济社会发展起到了促进作用以及促
进程度的角度来评价。"而这正是绩效评价的核心理念，它主张'地方法治建
设'应实现成本节约、过程规范、结果有效和社会满意的目的，实际上是推

---

〔1〕　参见刘爱龙："我国区域法治绩效评估体系建构运行的特征、困境和出路"，载《法学评论》
2016 年第 6 期。
〔2〕　参见周尚君："国家建设视角下的地方法治试验"，载《法商研究》2013 年第 1 期。
〔3〕　张文显：《法理学》，高等教育出版社 2003 年版，第 332~334 页。

进了法治发展水平与法治建设工作成效两类评估的有机融合。"[1]

综上所述，如何评价法治绩效是复杂的，国内外现有的法治绩效评价指数和相关体系角度不一，衡量标准相差较大。笔者认为，复杂的问题不应当从复杂的视角去研究并构建复杂的评价体系，复杂的问题可以抽象出简单的方法去认识和理解。本着这一原则，法治绩效的评价可以根据绩效评价和法律绩效评价的分析范式，从绩效行为结果与绩效行为的预期目标两个简单方面去理解和分析：一是从法治建设自身视角去评价其效益、效率和效果，即从法治所投入的人力、物力和财力与包含法治环节、体系及其运行机制等在内的法治建设结果与法治的预期目标是否匹配及匹配程度视角评价法治绩效；二是从法治建设促进的社会发展目标视角去评价其效益、效率和效果，即从法治建设的实际结果与法治追求的预期目标，从对物质文明、政治文明、精神文明、社会文明、生态文明等方面的促进的实际结果与预期目标是否匹配及匹配程度方面评价法治绩效。

三、环境法治绩效的界定及评价

（一）环境法治绩效的概念界定

在绩效、法律绩效、法治绩效的概念界定清楚后，界定环境法治绩效的概念，重点应关注的核心内容就是环境法治。在生态文明建设提升到中国特色社会主义事业总体布局"五位一体"的高度后，环境法治与生态法治在学界经常混用，其内涵基本相同。经梳理相关研究，学者们对环境法治与生态法治建设的实践问题关注较多并作了不少研究。有学者认为环境法治的基本要求有三：一是较为完善的环境法律体系；二是严格执行环境法律的规定；三是严格追究环境法律责任；并认为环境法治理念是环境法治建设的重要内容。[2]有学者从建立符合生态理性要求的法律体系、高效运行的生态环境管理体制以及完善生态环境司法机制和公众参与机制等方面阐述生态法治也即环境法治的内涵。[3]有学者从环境立场及立法产物体现更多科学发展观的理念、环境执法力度明显加大等方面论述了中国转型时期的环境法治，并探讨

---

〔1〕 卢扬帆："地方法治的绩效及其评价机制初探"，载《学术界》2017年第8期。

〔2〕 参见王树义、周迪："生态文明建设与环境法治"，载《中国高校社会科学》2014年第2期。

〔3〕 参见吕忠梅："中国生态法治建设的路线图"，载《中国社会科学》2013年第5期。

了环境立法在指导思想、制度建构等方面的困境与出路，分析了环境执法在法律法规依据、环保部门权威、法律责任追究等方面存在的问题与对策。[1]

党的十八届四中全会通过的《中共中央关于全面推进依法治国若干重大问题的决定》把中国特色社会主义法治体系概括为法律规范体系、法治实施体系、法治监督体系、法治保障体系、党内法规体系，并提出了社会主义法治建设的"新十六字方针"，即科学立法、严格执法、公正司法、全民守法；党的十九届四中全会通过的《中共中央关于坚持和完善中国特色社会主义制度 推进国家治理体系和治理能力现代化若干重大问题的决定》进一步从上述方面强调推进法治中国建设。从这个视角分析，环境法治也可以从环境法律规范、环境法治实施、环境法治监督、环境法治保障、党内环境法规以及环境立法、执法、司法和守法等方面来界定。环境法律规范和党内环境法规是国家立法和党内立法的结果，总体上属于环境立法的范畴；环境法治实施的主要环节包括环境执法、司法和守法；环境法治监督和保障也都是围绕环境立法、执法、司法来开展监督和保障的。因而，在综合考虑相关学者观点的基础上，鉴于环境法治绩效主要是对国家的环境法治职能行为取得效果的评价，从立法、执法、司法层面来界定环境法治，会更集中地体现党的十八届四中全会和党的十九届四中全会精神，能更好地概括环境法治的动态过程和环境法治追求的结果，也能更好地界定和评价环境法治绩效。

在明晰环境法治的界定思路后，基于前文建立的"绩效目标——绩效行为——绩效结果"的框架分析，环境法治绩效可以按照这一分析框架予以界定，即环境法治绩效是一定国家、地区或组织环境法治的职能行为与结果的关系。由于环境法治的职能行为主要包括环境立法、执法、司法，环境法治绩效的内涵主要是指环境立法、执法、司法等环境法治具体运行过程中取得的结果与相关环境法治预期目标之间的匹配程度。

（二）环境法治绩效的评价

借鉴前文通过把复杂问题简单化来界定法治绩效评价的思维方式，环境法治绩效评价也可以把复杂问题简单化，即把环境法治绩效简单理解为表征环境法治绩效行为结果与绩效行为预期目标的关系。具体可以从两个方面理解和分析：一是立足环境法治建设自身视角，从环境立法、执法、司法等方

---

[1] 参见王灿发："我国环境法治转型的新变化"，载《人民论坛》2006年第22期。

面取得的环境法治建设结果与环境法治建设的预期目标是否匹配及匹配程度方面，来评价环境法治绩效；二是立足促进社会发展目标视角，从环境立法、执法、司法等方面取得的环境法治建设结果与促进社会发展预期目标特别是生态文明建设预期目标是否匹配及匹配程度方面，来评价环境法治绩效。

从第一个方面来看，环境法治绩效主要体现在环境法治自身的运行环节之中，即国家投入一定的人力、物力和财力后，是否在环境立法、执法、司法等方面取得成效，环境立法、执法、司法、守法是否形成一个完备、高效、严密的环境法治体系。具体可以结合中国法治建设的规划目标来明确环境立法、执法、司法的预期目标，判断中国环境法治的立法、执法、司法建设现状与预期目标是否匹配及匹配程度，从而对中国环境法治绩效作出一个合理的评价。

从第二个方面来看，环境法治绩效主要体现在对社会发展的促进作用方面，即国家投入一定的人力、物力和财力并提高由环境立法、执法、司法构成的环境法治整体水平后，能否对社会发展发挥真正的促进作用。党的十八把生态文明作为"五位一体"的总体布局提出后，生态文明成为与物质文明、政治文明、精神文明、社会文明横向并列的一种文明形态；也有学者认为生态文明与原始文明、农业文明、工业文明是纵向递进发展的关系。[1]因而，对于环境法治而言，能否对社会发展发挥真正的促进作用，更多应体现在对生态文明建设的促进作用方面。具体可以在对中国环境法治建设整体水平作出合理界定后，结合中国生态文明建设的现状和预期目标，判断中国环境立法、执法、司法等方面取得的环境法治建设结果与生态文明建设预期目标是否匹配及匹配程度，从而对中国环境法治绩效作出一个合理的评价。

需要进一步说明的是，本书研究的主要目的不是对中国环境法治绩效作出定量评价，因而不管从哪个方面来评价环境法治绩效，其目的都不是构建具体的"环境法治指数"、"环境法治建设评价指标体系"或"环境法治建设绩效评价指标体系"等来量化环境法治建设的绩效。本书研究的主要目的是对中国环境法治绩效作出一个判断性的定性评价，并根据这一判断性的定性评价，对中国环境法治绩效的现状、问题寻求解释的方法，研究提升中国环

---

〔1〕 参见徐忠麟："生态文明与法治文明的融合：前提、基础和范式"，载《法学评论》2013年第6期。

境法治绩效的路径。因而，本书中的环境法治绩效评价，不拘泥于环境法治建设中的具体数据分析，而是从宏观层面梳理中国环境立法、执法、司法等环境法治建设的现状和生态文明建设的基本情况，并以此为基础分析中国环境立法、执法、司法等环境法治建设行为与中国环境法治预期目标之间的关系，以及中国环境法治建设结果与生态文明建设基本情况的关系，从而对中国环境法治绩效作出一个判断性评价。

第二节　中国的环境法治绩效分析

基于前文在绩效、法治绩效和环境法治绩效方面界定的"绩效目标——绩效行为——绩效结果"的绩效分析框架，从宏观判断的定性评价视角考虑，中国环境法治绩效的总体判断，要在明确中国环境法治绩效预期目标的基础上，梳理分析中国环境法治绩效行为，将中国环境法治绩效行为与环境法治建设结果、中国环境法治建设结果与对经济社会发展特别是对生态文明建设的促进作用进行对比分析。

一、中国环境法治绩效的预期目标

环境法治绩效的评价，可以从环境法治自身建设结果和促进社会发展结果两个层面进行，而促进社会发展结果集中体现在促进生态文明建设方面，因而，环境法治绩效的预期目标也可以从环境法治自身建设目标和生态文明建设目标两个视角分析。

（一）中国环境法治建设的预期目标

中国环境法治建设的预期目标是什么？现有的官方政策文件并没有作出专门规定，学术界也没有进行专门论述，而是散见于相关文章的宏观概括性表述中。笔者认为，中国环境法治的预期目标首先要从官方的相关政策文件中去寻找依据，具体可以从两个方面的政策文件中寻找并确定。

一是从有关全面依法治国的政策文件中寻找。党的十八大报告在提出2020年全面建成小康社会的目标中，把依法治国基本方略全面落实、法治政府基本建成、司法公信力不断提高、人权得到切实尊重和保障作为人民民主不断扩大这一重要指标中的重要内容。党的十八届四中全会通过的有关全面依法治国的决定中指出，全面依法治国的总目标是建设中国特色社会主义法治体系和建设社会主义法治国家，即要在中国共产党的领导下，坚持中国特色社会主义制度，贯彻中国特色社会主义法治理论，形成以法律规范体系、法治实施体系、法治监督体系、法治保障体系、党内法规体系为基本内容的中国特色社会主义法治体系。该决定还提出要坚持依法治国、依法执政、依法行政共同推进，坚持法治国家、法治政府、法治社会一体建设，实现科学立法、严格执法、公正司法、全民守法的法治建设新"十六字方针"，促进国家治理体系和治理能力现代化。该决定还从完善中国特色社会主义法律体系、推进依法行政、保证公正司法、增强全民法治观念、加强法治工作队伍建设等方面提出了全面依法治国的具体目标和举措。[1]党的十九大报告提出，我国到2035年基本建成法治国家、法治政府、法治社会，各方面制度更加完善，国家治理体系和治理能力现代化基本实现；到21世纪中叶，中国建成富强民主文明和谐美丽的社会主义现代化强国，实现国家治理体系和治理能力现代化。[2]党的十九届四中全会通过的有关推进国家治理体系和治理能力现代化的决定，在重申到2035年和新中国成立一百年两个阶段的国家治理体系和治理能力现代化目标的同时，明确了建党一百年时各个方面制度更加成熟、更加定型的近期目标。该决定还提出建设中国特色社会主义法治体系和法治国家，是坚持和发展中国特色社会主义的内在要求，并从宪法实施的体制机制、立法体制机制、社会公平正义法治保障制度、法律实施的监督等方面对中国法治建设作出了部署，特别是从实行最严格的生态环境保护制度，建立健全资源高效利用制度、生态保护和修复制度、生态环境保护责任制度提出了通过建设生态文明制度体系实现促进人与自然和谐共生的目标。[3]2021年1月，中共中央印发的《法治中国建设规划（2020—2025年）》进一步细化了2025年和2035年法治中国的建设目标：到2025年，党领导全面依法治国体制机制更加健全，以宪法为核心的中国特色社会主义法律体系更加完备，职责明确、依法行政的政府治理体系日益健全，相互配合、相互制约的司法权运行机制更加科学有效，法治社会建设取得重大进展，党内法规体系更加完

---

〔1〕 参见本书编写组编著：《〈中共中央关于全面推进依法治国若干重大问题的决定〉辅导读本》，人民出版社2014年版，第4~34页。

〔2〕 参见本书编写组编著：《党的十九大报告辅导读本》，人民出版社2017年版，第28页。

〔3〕 参见本书编写组编著：《党的十九届四中全会〈决定〉学习辅导百问》，学习出版社、党建读物出版社2019年版，第4~24页。

善，中国特色社会主义法治体系初步形成；到 2035 年，法治国家、法治政府、法治社会基本建成，中国特色社会主义法治体系基本形成，人民平等参与、平等发展权利得到充分保障，国家治理体系和治理能力现代化基本实现。

二是从有关生态环境保护方面的政策文件中寻找。党的十八大以来，我国先后出台《关于加快推进生态文明建设的意见》《生态文明体制改革总体方案》等 40 多项涉及生态环境保护的政策和改革方案。习近平总书记在全国生态环境保护大会上肯定中国生态文明制度建设取得成绩的同时，进一步强调要用最严格制度最严密法治保护生态环境，并指出"我国生态环境保护中存在的突出问题大多同体制不健全、制度不严格、法治不严密、执行不到位、惩处不得力有关"。[1]中央办公厅和国务院办公厅 2020 年 3 月印发的《关于构建现代环境治理体系的指导意见》（以下简称《现代环境治理意见》），把坚持依法治理作为构建现代环境治理体系的基本原则，明确要求健全法律法规标准、严格执法、加强监管、补齐环境治理体制机制短板，并从完善监管体制和加强司法保障等方面对加强环境治理和加大环境法治建设作出了具体部署。

综合上述相关文件，结合学术界的有关研究，从立法、执法、司法等环境法治运行的基本环节来看，中国的环境法治建设预期目标可以提炼概括为如下几个方面：

一是生态环境法律规范体系完备。法律规范是法治的前提。没有完备的环境法律规范，也就没有健全的环境法治。为此，党的十八届四中全会把完备的法律规范体系作为中国特色社会主义法治体系的首要内容，党的十九届四中全会也从完善立法体制机制方面提出了完善法律规范体系的要求。中央全面深化改革委员会出台的 40 多项涉及生态环境保护的改革方案中也都强调要建立健全环境法律制度，特别是《现代环境治理意见》进一步明确要求健全生态环境法律法规标准。因而，完备的生态环境法律规范体系是中国环境法治建设的首要预期目标。

二是生态环境执法体系严密。"法律的生命在于实施，法律的权威也在于实施。"[2]而"法治实施体系包括执法、司法和守法等诸多环节"[3]，因而

〔1〕　参见习近平："推动我国生态文明建设迈上新台阶"，载《求是》2019 年第 3 期。

〔2〕　本书编写组编著：《〈中共中央关于全面推进依法治国若干重大问题的决定〉辅导读本》，人民出版社 2014 年版，第 15 页。

〔3〕　周强："形成高效的法治实施体系"，载《求是》2014 年第 22 期。

生态环境执法是环境法治的首要环节，也是环境法治的关键，大多数环境法律规范都要靠行政机关以及法律授权和委托的组织来贯彻落实，环境法律规范的贯彻情况决定一个国家环境法治的水平。党的十八届四中全会专门对推进依法行政特别是从配置执法力量、推进综合执法、严格持证上岗、执法与司法衔接等方面对深化行政执法体制改革提出了明确要求；党的十九届四中全会再次对保证依法行使行政权、完善国家行政体制、优化政府职责体系等方面提出了包括环境执法在内的行政执法体系和执法能力现代化的要求，中央出台的生态环境保护改革方案中也都强调要加大生态环境执法改革力度；特别是《现代环境治理意见》从环境治理领导责任体系、环境治理监管体系等方面对建立健全严密的生态环境执法体系提出了要求，明确了具体思路和举措。此外，为贯彻落实《生态环境保护综合行政执法事项指导目录》，国务院办公厅 2020 年 2 月月底还专门下发了通知，就进一步推进生态环境保护综合执法改革以及统筹配置行政执法职能与执法资源作出详细要求。[1]

三是生态环境司法体系健全。司法是社会正义的重要防线，在中外法治国家建设的历史进程中，构建以审判为中心的司法体系和司法改革一直是主旋律。党的十八届四中全会和十九届四中全会都浓墨重彩地对公正司法提出了建设目标和举措，强调要完善司法权力运行机制，深化司法管理体制和综合配套改革，努力实现公正高效权威司法建设目标。中共中央办公厅、国务院办公厅（以下简称中办、国办）还印发专门文件，制定 84 项措施贯彻落实深化司法体制改革的实施方案。[2]生态环境司法作为环境正义的重要象征，是生态环境体系建设的重要保障，也是生态文明建设中的重要改革领域和重要目标。为此，中央出台的相关生态环境保护改革方案中多次提及要加强生态环境司法的保障，特别是《现代环境治理意见》专门对加强司法保障提出明确意见，要求建立行政机关与司法机关针对生态环境保护的信息共享、案件通报与移送制度，并从强化对环境犯罪的打击、加强生态环境公益诉讼、建立环境审判机构、探索"恢复性司法实践+社会化综合治理"的执行机制等方面提出了具体改革要求。2021 年 5 月 26 日，习近平总书记专门向世界环境

---

〔1〕 参见国务院办公厅：《关于生态环境保护综合行政执法有关事项的通知》（国办函〔2020〕18 号），2020 年 3 月 9 日发布。

〔2〕 参见中共中央办公厅、国务院办公厅：《关于贯彻落实党的十八届四中全会决定进一步深化司法体制和社会体制改革的实施方案》，2015 年 4 月发布。

司法大会致贺信，指出"中国持续深化环境司法改革创新，积累了生态环境司法保护的有益经验。中国愿同世界各国、国际组织携手合作，共同推进全球生态环境治理"。[1]

（二）中国生态文明建设的预期目标

中国生态文明建设的预期目标，首先可以从 2012 年党的十八大报告中查找。党的十八大报告首次提出"五位一体"的总体布局，把生态文明建设作为中国特色社会主义事业的重要组成，并在第三部分全面建成小康社会的目标中提出了生态文明建设的重要目标——建设资源节约型、环境友好型社会，并将这一重要目标明确为主体功能区形成、资源循环利用体系建立、单位GDP 能耗和二氧化碳排放下降、污染物排放减少、森林覆盖率提高、生态系统稳定、人居环境改善等方面的具体内容；报告第八部分还围绕实现这一目标，专门从国土空间开发格局的优化、资源节约、生态系统和环境保护以及制度建设等方面提出了大力推进生态文明建设的重要举措。[2]

中国生态文明建设的预期目标的详细内容，可以从 2015 年 4 月 25 日中共中央和国务院针对生态文明建设专门下发的指导意见中分析，该指导意见进一步明确，到 2020 年生态文明建设的目标是在资源节约型、环境友好型社会建设上取得重大进展。该指导意见进一步将该目标细化为国土空间格局优化、资源利用高效、生态环境质量改善、生态文明重大制度确立等方面，并围绕这些细化目标分八个方面提出了具体要求、作出了详细部署和安排。[3]2015年 9 月，中央和国务院还印发了生态文明体制改革的总体方案，明确了到2020 年生态文明体制改革的目标，即要构建自然资源资产产权制度、国土空间开发保护制度、空间规划体系、资源总量管理和全面节约制度、资源有偿使用和生态补偿制度、环境治理体系、环境治理和生态保护市场体系、生态文明绩效评价考核和责任追究制度等八项制度。[4]2016 年 12 月中办、国办

---

〔1〕　参见习近平总书记 2021 年 5 月 26 日向世界环境司法大会的致信，该大会由最高人民法院和联合国环境规划署联合在云南昆明举办。

〔2〕　参见胡锦涛总书记 2012 年 11 月 8 日在党的十八大上作的报告《坚定不移沿着中国特色社会主义道路前进　为全面建成小康社会而奋斗》的第三部分和第八部分。

〔3〕　参见中共中央、国务院《关于加快推进生态文明建设的意见》（中发〔2015〕12 号），2015年 4 月 25 日发布。

〔4〕　参见中共中央、国务院《生态文明体制改革总体方案》（中发〔2015〕25 号），2015 年 9月 21 日发布。

印发文件，从资源利用、生态保护、环境治理、环境质量、绿色生活、增长质量、公众满意程度等方面对各省区市开展生态文明建设目标评价考核。[1]党的十九大报告和十九届四、五中全会通过的文件，再次重申和强调了生态文明建设的目标并进一步作出了工作部署。

通过简要分析上述党的重要会议决定和印发的重要文件，我们可以发现，中央和国务院对生态文明建设的目标总体较为一致，具体内容比较明确，结合学术界的有关研究和实践中对生态文明的建设的评价来看，中国生态文明建设的预期目标可以提炼概括为如下几点：

一是主体功能区形成、国土空间开发格局优化。党的十八大报告、中央和国务院指导意见都把主体功能区建设和国土空间开发格局优化作为中国生态文明建设的具体目标，提出要落实主体功能区规划，明确禁止开发、限制开发区、优化开发、重点开发等区域的准入事项和禁止产业，构建城乡建设空间体系，推动经济、人口布局均衡发展，有效控制陆海空开发强度和城市空间规模。

二是资源节约、利用高效。党的十八大报告提出要节约利用资源，降低能源、水、土地等资源的消耗，推动能源和消费革命；中央和国务院有关生态文明的指导意见进一步提出了单位 GDP 二氧化碳排放要比 2005 年下降40%~45%，用水控制在 6700 亿立方米以内，农田灌溉用水有效利用系数达0.55 以上，非化石能源消费比重达 15%左右。党的十九大报告还特别强调了贯彻绿色发展理念、推进绿色发展。

三是生态保护加强、环境质量改善。党的十八大报告提出要加大生态修复力度，加强生态综合治理，提升生态产品供给，着力解决损害群众健康的突出环境问题，打响水、大气、土壤等污染防治攻坚战；中央和国务院有关生态文明的指导意见明确要减少污染物排放，改善大气、水环境质量，水功能区水质达标为 80%以上，饮用水安全、土壤环境质量得到保障，环境风险有效控制，还对森林覆盖率、草原植被覆盖率、沙化土地治理、湿地面积、自然岸线保有率等生态环境提出了具体的达标率。

四是重大生态文明制度确立。党的十八大报告、中央和国务院印发的指导意见以及其他中央文件都强调要加强生态文明制度建设，形成系统的生态

---

〔1〕 参见中共中央办公厅、国务院办公厅：《生态文明建设目标评价考核办法》，2016 年 12 月发布。

文明制度体系，特别是要在生态文明建设进程中，加快形成从源头预防到过程控制，从损害赔偿到责任追究的完整生态文明制度体系。[1]

二、中国环境法治绩效的行为

根据前文对环境法治绩效的概念界定及“绩效目标——绩效行为——绩效结果”的绩效分析框架，在对中国环境法治建设的预期目标和中国生态文明建设的预期目标基本确定后，接下来就要分析中国环境法治绩效的行为。而中国环境法治的绩效行为主要有环境立法、环境执法和环境司法。

（一）中国的环境立法

从中国的环境立法历史进程特别是改革开放以来的环境立法历史进程来看，中国环境立法速度随着中国社会发展特别是中国对生态环境和生态文明的重视而不断加快、数量不断增多，环境法律规范在整个法律规范体系中的地位日益突出。

从 1950 年开始，我国先后颁布《中华人民共和国矿业暂行条例》《中华人民共和国水土保持暂行纲要》《国家建设征用土地办法》《矿产资源保护试行条例》等法规、规章。[2]改革开放初期，1979 年我国除了出台《中华人民共和国环境保护法（试行）》外，还颁布了《中华人民共和国森林法（试行）》；1982 年修改宪法时还将环境保护的对象扩大并进一步明确，将生活环境和生态环境都纳入环境保护的范围，并增加规定保障对自然资源的合理利用和保护珍贵动植物等内容。此后，1982 年至 1988 年期间，国家先后出台了《中华人民共和国海洋环境保护法》（1982 年）、《中华人民共和国森林法》（1984 年在试行的基础上修改并正式通过）、《中华人民共和国水污染防治法》（1984 年）、《中华人民共和国草原法》（1985 年）、《中华人民共和国渔业法》（1986 年）、《中华人民共和国矿产资源法》（1986 年）、《中华人民共和国土地管理法》（1986 年）、《中华人民共和国大气污染防治法》（1987 年）、《中华人民共和国水法》（1988 年）、《中华人民共和国野生动物保护法》（1988

---

〔1〕　以上目标的详细内容均见胡锦涛总书记 2012 年 11 月 8 日在党的十八大上作的报告《坚定不移沿着中国特色社会主义道路前进　为全面建成小康社会而奋斗》的第八部分和中共中央、国务院：《关于加快推进生态文明建设的意见》（中发〔2015〕12 号），2015 年 4 月 25 日发布。

〔2〕　参见吕忠梅、吴一冉：“中国环境法治七十年：从历史走向未来”，载《中国法律评论》2019 年第 5 期。

年）；1989 年在试行的基础上修改《中华人民共和国环境保护法》并正式通过，标志着中国初步形成了以《中华人民共和国环境保护法》为核心的环境法律规范体系。可持续发展理念和市场经济体制目标提出后，中国发布了《中国环境行动计划》和《中国 21 世纪议程》等行动方案，推动环境立法速度加快，《中华人民共和国大气污染防治法》（1995 年）、《中华人民共和国矿产资源法》（1996 年）、《中华人民共和国水污染防治法》（1996 年）、《中华人民共和国土地管理法》（1998 年）、《中华人民共和国海洋环境保护法》（1999 年）等法律先后修改，《中华人民共和国刑法》（1997 年）也增加了破坏环境和资源的罪名，《中华人民共和国固体废物污染环境防治法》（1995年）、《中华人民共和国环境噪声污染防治法》（1996 年）、《中华人民共和国节约能源法》（1997 年）、《中华人民共和国防震减灾法》（1997 年）、《中华人民共和国防洪法》（1997 年）等新法出台，国家还缔结了很多与环境资源保护有关的国际公约以及双边和多边协定，制定了一系列的行政法规和部门规章。21 世纪以来，根据环境与资源保护的新形势，中国除对上述相关法律进行了一次甚至多次修订修正外，还颁布了《中华人民共和国海域使用管理法》（2001 年）、《中华人民共和国防沙治沙法》（2001 年）、《中华人民共和国环境影响评价法》（2002 年）、《中华人民共和国清洁生产促进法》（2002年）、《中华人民共和国放射性污染防治法》（2003 年）、《中华人民共和国可再生能源法》（2005 年）、《中华人民共和国海岛保护法》（2009 年）等一批法律。

2014 年第十二届全国人大常委会修订《中华人民共和国环境保护法》后，先后又修订了《中华人民共和国固体废物污染环境防治法》等生态环境领域的 10 部单行法，制定了《中华人民共和国土壤污染防治法》等 3 部单行法，《中华人民共和国环境噪声污染防治法》《中华人民共和国渔业法》《中华人民共和国草原法》等单行法的修法程序也已启动，《中华人民共和国国家公园法》《中华人民共和国能源法》等的制定也已纳入立法规划。[1] 2018 年3 月，十三届全国人大在修宪时将生态文明载入《中华人民共和国宪法》，以国家最高立法的形式明确了环境立法的宪法依据；2020 年 5 月通过的中国首

---

〔1〕 参见吕忠梅、吴一冉："中国环境法治七十年：从历史走向未来"，载《中国法律评论》2019 年第 5 期。

部以法典命名且条文最多的《中华人民共和国民法典》，用 18 个条文规定绿色原则、确立绿色制度、衔接绿色诉讼，形成系统完备的绿色条款体系；2020 年 12 月 26 日通过的《中华人民共和国长江保护法》以下简称《长江保护法》是中国第一部流域法律，从规划与管控、资源保护、水污染防治、生态环境修复、绿色发展、保障与监督、法律责任等方面，对加强对长江流域生态环境的保护和修复作出了规定。

概言之，自 1978 年以来，我国已制定了 37 部环境保护相关法律和数以千计的法规和规章，[1]还有一大批环境标准，环境立法体系基本形成，成为中国立法数量最多的专项领域之一。

（二）中国的环境执法

中国近年来不断加强环境执法，在环境执法机构、体系、机制、方式、理念和内容等方面取得了重大进展。

环境执法机构方面，重点推动生态环境部门不断升格和职责集中。国务院于 1974 年 10 月成立环境保护领导小组，成员包括水利、卫生、农业、工业、交通、计划等部门的领导，下设办公室处理环境保护的日常事务；1982 年设立城乡建设环境保护部，其下辖的环境保护局作为环保主管机关；1984 年 5 月，国务院成立环境保护委员会，办事机构设在城乡建设环境保护部；同年 12 月，环境保护委员会办事机构改设在环境保护局，国家环境保护局因此具有相对独立性；1988 年 4 月，国家环境保护局独立，成为国务院的直属局；1998 年 3 月，国务院环境保护委员会撤销，其职能归口升格后的国家环境保护总局（正部级）；2008 年，国家环境保护总局再次升格为环境保护部；2018 年组建生态环境部，整合原环境保护部、国家发改委、国土资源部、水利部、农业部、国家海洋局等部门的相关环保职责，更好地把生态环境保护与监管职责集中起来。同时，在中央生态环境部门升格和职责集中的进程中，各级地方政府也不断加强了生态环境部门的建设。

执法体系方面，不断推进环保部门统一监管和相关部门分工负责的执法体系建设。1979 年《中华人民共和国环境保护法（试行）》规定了政府各部门要做好环境保护工作，并明确了环境保护机构的设立及其职责，但没有规定环境

---

[1] 参见吕忠梅、吴一冉：“中国环境法治七十年：从历史走向未来”，载《中国法律评论》2019 年第 5 期。

保护主管部门与其他部门的关系，只是在环境保护机构的职责中笼统规定要指导国务院所属各部门和各省市区的环境保护工作，环境执法体系尚不清晰。1989 年《中华人民共和国环境保护法》建立了环境保护主管部门集中统一管理和相关职能部门分工合作、齐抓共管的中央和地方环境执法体系，规定了环境保护主管部门在环境执法体系中的统一管理地位，但也明确指出海洋、渔政、军队、交通、土地、矿产、农业、林业、水利等其他职能部门依照法律对环境污染和资源管理实施监督管理。2014 年修订的《中华人民共和国环境保护法》虽然没有改变环境保护主管部门统一集中监管与其他职能部门分工合作的环境执法体系，但规定了环境保护主管部门的统一监督管理职责，不过没有明确其他哪些职能部门依法实施监督管理，在一定程度上也进一步突出了环境保护主管部门的环境执法地位。[1]2018 年开展的国家机构改革，组建了生态环境部，整合了多个部委分散的生态环境管理职责。

环境执法机制方面，中国创新了综合环境执法，把一个机关内部不同部门行使的几种环境执法权甚至不同机关行使的多种环境执法权综合集中在一个部门或机关行使；开展了联合环境执法，在某一阶段为了完成某个中心任务，在一个区域甚至多个区域内组织多个机关共同开展环境执法，并做好了环境执法与司法的衔接。如珠海探索建立了市、区、镇三级联动环境执法机制以及环保、公安、检察、法院、城管五方联动新型综合执法机制。[2]同时，中国还在大气污染、水污染等领域尝试建立了区域环境执法的联防联控机制，[3]在北京奥运会、上海世博会等案例中取得了明显成效。近年来，中国还探索建立了网格化的环境执法监察管理并要求各县市在 2015 年年底完成网

---

〔1〕 参见 1979 年《中华人民共和国环境保护法（试行）》第 5 条、第 26~28 条，1989 年《中华人民共和国环境保护法》第 7 条和 2014 年《中华人民共和国环境保护法》第 10 条等的具体规定。

〔2〕 参见《珠海生态环境法治保障实践与探索》，载 2015 年环保部与中国法学会等联合召开的"生态环境法治保障研讨会"资料；另：中国很多市县也组织相关执法部门开展了以"保护母亲河行动"为主题的联合执法活动，参见张小莉、黄淑雯："成立 6 个小组各负其责　德安开展流域全面排查"，载《中国环境报》2015 年 5 月 22 日，第 7 版。

〔3〕 在北京奥运会成功案例的基础上，2010 年 5 月，国务院办公厅转发了环保部等 9 部委《关于推进大气污染联防联控工作　改善区域空气质量的指导意见》，正式确立了中国区域环境执法的联防联控制度，再次在上海世博会上得到成功实施；2011 年 12 月，国务院印发《国家环境保护"十二五"规划》，提出通过大气污染联防联控制度控制区域大气污染问题，并逐步建立了京津冀、长三角、珠三角等跨区域空气、水质量联动规划、监测、预报和防治机制。

格的划分并上报备案，[1]试点了环境管理的党政同责并在陕西大气污染治理等案例中取得成功，[2]进一步推进环境执法机制的创新。特别是近年来全面推开的生态环境保护综合行政执法改革、省以下生态环境机构监测监察执法垂直管理制度改革，为新《中华人民共和国环境保护法》建立的综合执法、协同联动、督企督政、公众参与等机制的落实提供了组织保障。[3]2021 年 3 月 1 日开始实施的《长江保护法》再次创新了环境执法机制，要求国家建立长江流域协调机制，统一指导、统筹协调长江保护工作，审议长江保护重大政策、重大规划，协调跨地区跨部门重大事项，督促检查长江保护重要工作的落实情况。[4]

　　环境执法方式上，以往的法律一直没有赋予生态环境部门行政强制权，生态环境部门要通过人民政府或者申请法院采取行政强制措施；2008 年修订的《中华人民共和国水污染防治法》第 75 条也只赋予环保部门可以强制拆除违法设置的排污口或私设的暗管；2014 年修订的《中华人民共和国环境保护法》则全面赋予环保部门查封、扣押等行政强制权，并规定了按日计罚的法律责任，有效树立了环境执法的权威性。仅"十三五"期间，全国就实施环境行政处罚案件 83.3 万件，罚款 563.1 亿元，分别较"十二五"期间增长 1.4 倍和 3.1 倍。[5]同时，环保部门还积极引进行政约谈、行政协议等非强

---

　　〔1〕　环境保护部环境监察局局长曹立平在 2014 年 12 月 9 日做客中国政府网，就国务院此前下发的《关于加强环境监管执法的通知》回答了网友关心的网格化环境监管的问题。他指出网格化监管主要是指按照属地管理原则，根据辖区环境监管工作任务和环境监管力量等因素，按照一定的标准，结合行政区划，划分成若干网格状单元，将监管力量下沉到各单元，将日常监管基本工作任务和职责落实到具体单位和具体人员，使网格内各重点排污单位、主要环境问题得到有效监管，实现定区域、定任务、定责任。他还通报目前已有山西、辽宁、浙江、山东、河南、湖北、重庆、四川、甘肃等省地、直辖市推行了网络化，还有 15 个省在辖区内一部分推行了网络化。另还可参见季英德、王学鹏："监察网络化，执法精细化，覆盖无盲区　滕州创新环境监管模式"，载《中国环境报》2014 年 7 月 17 日，第 7 版；王学鹏："山东莱芜加密环境监测网络，划定管理权限　网格化实现环境监管全方位"，载《中国环境报》2015 年 5 月 13 日，第 7 版；张建亭："九江五大行动打击违法行为"，载《中国环境报》2015 年 5 月 22 日，第 7 版；等等。
　　〔2〕　参见曹俊、冯永强："天帮忙人努力，人的力量有多大？"，载《中国环境报》2015 年 5 月 4 日，第 2 版。
　　〔3〕　参见吕忠梅、吴一冉："中国环境法治七十年：从历史走向未来"，载《中国法律评论》2019 年第 5 期。
　　〔4〕　参见《长江保护法》第 4 条。
　　〔5〕　钟寰平："用法治力量推进生态环境保护"，载《中国环境报》2021 年 5 月 31 日，第 1 版。

制的执法方式，体现了环境执法的人性化，实现了环境强制执法与非强制执法的有效结合。

环境执法理念和内容方面，1989年的《中华人民共和国环境保护法》没有确立可持续发展和生态文明理念，之后的相关生态资源法律虽然将促进经济发展改为环境保护与经济协调发展，但由于经济主义思想[1]的影响和相关法律对环境法律责任规定得过轻，环境保护与经济协调发展的理念在环境执法中往往成了经济优先的理念。2014年修订的《中华人民共和国环境保护法》明确了可持续发展理念和生态优先理念，并规定经济社会发展要与环境保护相协调，调整了二者的关系，完善了环境执法理念和指导思想。党的十八大以来，中国环境执法积极践行绿水青山就是金山银山理念，全面贯彻落实绿色发展战略。同时，中国以往的环境保护立法的重点是污染防治，环境执法的内容也主要集中在污染防治方面。随着相关生态立法、资源开发利用和循环经济立法的出现，中国环境执法的内容逐渐扩大至各种公害的防治、资源开发利用、生态保护、循环经济、清洁生产等环境与资源保护法的各个领域。

（三）中国的环境司法

在中国环境法治发展历程中，环境司法一直被认为是软肋，进入司法程序的环境案件还不足环境纠纷的1%，环境司法总体乏善可陈。[2]但随着生态文明建设的加强，环境司法在近年来日益受到重视，中央出台了一系列的改革政策文件，推出了一系列的改革创新举措，推进了环境司法专门化的改革创新。

早在2005年12月，国务院就发布了《关于落实科学发展观 加强环境保护的决定》，强调发挥社会团体作用，鼓励检举揭发各种环境违法行为并推动环境公益诉讼。党的十七大以来，中央和地方对环境司法工作出台了很多政策，作了很多改革创新。从中央层面来看，2010年5月，最高人民法院和环境保护部公布的《水资源司法保护工作座谈会纪要》提出要大力推进环境

---

〔1〕 清华大学环境哲学和伦理学教授卢风认为，在价值多元的社会里和信仰极其分裂的情况下，经济学已经取代了哲学的地位并在影响着法学，环境污染与经济主义指导下的制度密切相关，参见王明远等："'环境法治的拷问与省思'研讨会纪要"，载高鸿钧、王明远主编：《清华法治论衡——环境法：挑战与应对》，清华大学出版社2010年版，第302页。本书在此引用，意在说明在经济主义影响下，中国环境法律中规定的环境保护与经济协调在环境执法中成为经济优先的理念。

〔2〕 参见陶蕾：《论生态制度文明建设的路径——以近40年中国环境法治发展的回顾与反思为基点》，南京大学出版社2014年版，第127页。

公益诉讼；2013 年，最高人民法院与最高人民检察院联合出台了《关于办理环境污染刑事案件适用法律若干问题的解释》，加强了对环境犯罪的打击；2014 年 6 月，最高人民法院出台了《关于全面加强环境资源审判工作为推进生态文明建设提供有力司法保障的意见》，对新形势下环境资源审判工作的指导思想、基本原则、目标任务和具体措施作出了明确规定，为环境司法改革指明了方向；2015 年 6 月，最高人民法院颁布《关于审理环境侵权责任纠纷案件适用法律若干问题的解释》，专门对环境侵权案件的法律适用制定了司法解释。此外，最高人民法院和最高人民检察院还建立了生态环境典型案例公布制度，以案例的形式加强对环境司法的指导。

在相关法律法规和政策文件保障的前提下，环境司法不断改革创新，环境司法专门化取得明显成效。在专门机构设置方面，最高人民法院于 2014 年 7 月设立了环境资源审判庭，截至 2020 年年底，全国建立环境资源专门审判机构 1993 个，其中环境资源审判庭 617 个、合议庭 1167 个、人民法庭和巡回法庭 209 个，基本形成专门化的环境资源审判组织体系。[1]在环境案件管辖方面，尝试突破以行政区划分割自然生态系统的管辖制度，探索实施并正在逐步推广与行政区划适当分离的管辖模式，试行对环境资源案件的集中管辖。各级人民法院五年来受理环境资源一审案 108 111 件，审结 1 031 443 件；最高人民法院分 15 批发布 135 个环境资源典型案例，其中 10 个入选联合国环境规划署数据库。[2]在环境案件的审理方面，加强了刑事、民事、行政审判机构对环境案件审判的业务协调与沟通，探索实施了"三合一"或"四合一"的审理模式，尝试将环境资源民事、刑事、行政案件甚至相关环境执行案件集中统一归口环境资源专门审判机构处理，截至 2020 年年底，全国 22 家高级人民法院和新疆生产建设兵团分院实行环境资源刑事、民事、行政、执行案件"三合一"或"四合一"归口审理；[3]完善了环境民事诉讼的审理程序、裁判内容和方式，在注重采用排除妨碍、消除危险、停止侵害、恢复原状等责任方式的同时，积极探索"替代性修复""补种复绿""异地恢复""惩罚性

---

〔1〕 参见《中国环境资源审判（2020）》（白皮书）。

〔2〕 参见乔文心："最高法发布五年来环境资源审判工作有关情况"，载《人民法院报》2019 年 7 月 31 日，第 4 版。

〔3〕 参见《中国环境资源审判（2020）》（白皮书）。

赔偿"等责任方式。[1]在环境司法公开方面，邀请人大代表、政协委员、社会公众等旁听环境案件庭审，引入相关专家陪审环境案件，并为公众参与环境司法审判创造条件，增强司法透明度和公信力。此外，各地司法机关积极能动司法，对环境司法作了大胆创新，具体在案件的管辖、审理、裁判以及责任方式和执行方式等方面作了积极探索，探索了"三合一"的专业化审判机制、"145"集中管辖模式、环境专门司法三段法等改革举措，[2]把环境司法改革推向高潮。

环境公益诉讼在改革中大力推进。环境公益诉讼在法律确认之前早已在社会实践中不断探索。早期的公益诉讼主要是由检察机关提起诉讼；2005年吉林石化爆炸导致松花江污染，北京大学汪劲教授等学者曾代表松花江提起公益诉讼但未被受理；2009年7月，江苏省无锡市中级人民法院受理中华环保联合会诉江苏江阴港集装箱有限公司环境污染侵权纠纷案立案审理，标志着中国首例由环保社团作为共同原告的环境公益民事诉讼全面启动。为推动和规范环境公益诉讼，各地法院在探索公益诉讼进程中出台了不少文件。2007年贵阳清镇市人民法院成立首个环保法庭时，贵阳中院就以文件的形式明确环境公益案件由清镇市人民法院环保法庭管辖；2008年无锡市中级人民法院和市人民检察院联合颁布了《关于办理环境民事公益诉讼案件的试行规定》；同年11月，昆明环保局、公安局、市检察院、中级人民法院等联合出台《关于建立环境保护执法协调机制的实施意见》，将提起环境公益诉讼的主

---

〔1〕 最高人民法院专职委员杜万华在2014年7月出席"生态文明贵阳国际论坛2014年年会"时接受记者采访的相关报道，参见金晶："为推进生态文明建设提供有力司法保障"，载《人民法院报》2014年7月12日，第1版。

〔2〕 "三合一"是指创造性地将刑事、民事和行政环境案件集中给同一个业务庭审理。典型做法是江苏法院打破民事、刑事和行政案件的审判壁垒，将资源类的非法捕捞水产品等16种案由的刑事案件、养殖权纠纷等5种案由的民事案件、土地行政管理等9种案由的行政案件，以及环境类的污染环境罪等15种案由的刑事案件、环境污染责任纠纷等10种案由的民事案件、环境行政处罚等6种案由的环境行政案件集中由统一的业务庭审理。"145"集中管辖模式由贵州法院在全国首创，即根据十八届三中全会关于司法管辖和行政区划适度分离的精神，结合生态功能区相关规划，将全省法院划定5个生态环境司法保护板块，并将涉及生态环境和生活环境保护而产生的一、二审刑事、民事、行政和相关执行案件4类生态环保案件统一集中管辖。环境专门司法三段法是重庆市渝北区法院的典型做法，即在立案审查阶段探索适用诉前协调机制；审理阶段探索专家参与机制和类型化处理机制，制定规范性文件，建立专家陪审、专家咨询和专家走访制度；案件审结后，通过案件回访机制、恢复性司法机制和司法倡议机制，延伸环境司法服务功能。详见2015年环保部与中国法学会等联合召开的"生态环境法治保障研讨会"资料——《生态环境法治保障最佳事例集》的相关内容。

体规定为检察机关、环保部门和有关社会团体；2009 年 5 月，云南省高级人民法院通过纪要的形式进一步明确了环境公益诉讼的相关事项。至 2012 年，修正后的《中华人民共和国民事诉讼法》第 55 条新设了污染环境民事公益诉讼制度，首次以法律的形式赋予符合法律规定的机关和组织提起环境民事公益诉讼的权利。2014 年修订的《中华人民共和国环境保护法》第 58 条进一步明确了可以提起环境民事公益诉讼的社会组织的原告条件；同年 12 月，最高人民法院、民政部和环境保护部联合发布了《关于贯彻实施环境民事公益诉讼制度的通知》，对受理和审理社会组织提起环境民事公益诉讼提出了要求；2015 年 1 月，最高人民法院公布《关于审理环境民事公益诉讼案件适用法律若干问题的解释》(法释〔2015〕1 号，2020 年修改后为法释〔2020〕20号)，进一步细化提起环境民事公益诉讼的主体资格和起诉条件，并在福建、贵州、云南、江苏、海南 5 个高级人民法院和部分中级人民法院和基层人民法院大力推进了环境民事公益诉讼审判工作。2015 年 5 月 15 日，民间环保组织自然之友和福建绿家园提起的新《中华人民共和国环境保护法》实施后首例民间环境公益诉讼在福建南平开庭，标志着中国以环境公益诉讼推动生态文明建设进入新的历史阶段。2015 年 7 月，全国人大常委会授权最高人民检察院开展公益诉讼试点；2017 年《中华人民共和国民事诉讼法》《中华人民共和国行政诉讼法》修正后正式确立了检察民事公益诉讼和检察行政公益诉讼制度。2018 年 3 月，最高人民法院、最高人民检察院共同发布了《关于检察公益诉讼案件适用法律若干问题的解释》(法释〔2018〕6 号，2020 年修改后为法释〔2020〕20 号)，对检察机关提起公益诉讼的具体问题作出了比较全面的规定。

　　生态环境损害赔偿制度也不断探索创新。2017 年 8 月月底，在经过近 2 年的改革试点后，中办、国办正式出台《生态环境损害赔偿制度改革方案》(以下简称《改革方案》)，在全国试行授权省、市地级政府开展生态环境损害赔偿磋商和诉讼，在规范性文件中正式确立生态赔偿制度。2019 年 6 月，最高人民法院经多次调研论证，正式颁布《关于审理生态环境损害赔偿案件的若干规定（试行）》，对生态赔偿案件的审理作出了较为具体的规定；2020 年 9 月，生态环境部、司法部、最高人民法院和最高人民检察院等 11 个部门联合发布《关于推进生态环境损害赔偿制度改革若干具体问题的意见》，就生态环境损害赔偿的具体问题作出了明确规定。

三、中国环境法治绩效的二元结构

前文已从中国环境法治建设和中国生态文明建设两方面分析了中国环境法治绩效的预期目标，也从中国环境立法、中国环境执法、中国环境司法三方面分析了中国环境法治绩效的行为，基于"绩效目标——绩效行为——绩效结果"的绩效分析框架，要对中国环境法治绩效作出总体判断，就需要分析中国环境法治绩效的结果，并把中国环境法治的绩效预期目标与中国环境法治绩效的结果进行比对。而中国环境法治绩效的结果，包括环境法治自身建设结果和生态文明建设结果。

（一）中国环境法治自身建设结果

环境法治自身建设结果是评判环境法治绩效的一个方面，是立足环境法治建设自身视角，从环境立法、执法、司法等方面取得的环境法治建设结果，衡量环境法治绩效状况的重要标准。

从环境立法方面来看，通过近年来加强环境立法，中国的环境法律规范体系日趋完善，形成了门类比较齐全、层次效力分明、基本符合生态文明建设需要的制度体系。前文在介绍中国环境立法时，梳理了中国环境立法的历史进程，相关环境规范性法律文件可以分为环境基本法以及污染防治、生态保护、资源利用与保护、环境综合管理类等环境法的专门类别。此外，中国还有宪法规范对环境问题作了根本性规定，民商法、行政法、经济法、刑法等其他法律部门中也存在很多涉及环境问题的法律规范，相关诉讼法与非诉讼程序法也规定了处理环境问题的程序规范。因而，中国已形成一个以宪法规范为统领、环境基本法规范为框架、环境单行法或专门法规范为基础、其他部门环境法规范为支撑的门类比较齐全的环境法律规范体系，"以《环境保护法》为基础，涵盖污染防治、生态环境保护及专门事项的环境立法体系在实践中趋于成熟。"[1]同时，中国也逐渐形成了比较完善的环境法基本制度。在综合性制度方面，建立了环境规划、环境标准、环境影响评价、"三同时"、环境信息公开、区域联防联控、突发环境事件应急处置、生态环境保护督察以及环境监测、调查和评估等制度，改进了环境问题的综合性防治和区域开

---

〔1〕 吕忠梅、吴一冉："中国环境法治七十年：从历史走向未来"，载《中国法律评论》2019年第5期。

发；在专门性制度方面，建立了环境行政许可、环境税费、限期治理、污染物总量控制、事故报告与处理、清洁生产、排放权交易等污染防治、生态与资源保护方面的法律制度。至"十一五"末，中国制定的环境法律规范构建了 20 多项环境管理制度。[1]2014 年修订后的《中华人民共和国环境保护法》，再次对已有环境法律规范构建的基本制度进行了确认和强化，进一步完善了排污许可制度、农村农业污染防治制度、"三同时"制度、公众参与制度、信息公开制度、环境公益诉讼制度、总量控制与区域限批等制度，并创造性设置了政府环境责任制度、环境责任保险制度、环境修复制度、生态补偿制度、生态红线制度、按日计罚制度、政策环评与规划环评制度以及环境与健康监测、调查和风险评估制度等，环保部为此还专门发布了按日计罚、查封扣押、限产停产、企业事业单位环境信息公开、突发环境事件调查处理、行政拘留等制度实施的配套文件，[2]为中国环境与资源保护提供了有力的制度支撑。至 2020 年年底，中国基本形成源头预防、过程控制、损害赔偿、责任追究的生态文明制度体系，并从清理与生态文明建设不相适应的现行法律法规入手，对完善标准体系、健全自然资源资产产权制度和用途管制制度、完善生态环境监管制度、严守资源环境生态红线、完善经济政策、推行市场化机制、健全生态保护补偿机制、健全政绩考核制度、完善责任追究制度等方面提出了具体要求，有利于中国环境法律规范在构建关键制度上取得决定性成果。[3]

从环境执法方面来看，中国在环境执法机构、体系、机制、方式、理念和内容上日益完善，基本形成了符合生态文明建设需要的执法体制机制。正如前文所述，在执法体制上，中国重点推动生态环境部门不断升格和执法体系的完善，2018 年组建生态环境部，整合了分散在多个部委的生态环境管理职责，生态环境主管部门环境执法地位日益突出，基本形成了"环保部门统一监管、有关部门分工负责、地方政府分级负责"管理体制；在执法机制上，

〔1〕 参见环境保护部：《"十二五"全国环境保护法规和环境经济政策建设规划》（环发〔2011〕129 号），2011 年 11 月 1 日发布。

〔2〕 参见环境保护部：《2014 中国环境状况公报》，2015 年 5 月 19 日发布，序言。

〔3〕 参见中共中央、国务院：《关于加快推进生态文明建设的意见》（中发〔2015〕12 号），2015 年 4 月 25 日发布；中共中央、国务院：《生态文明体制改革总体方案》（中发〔2015〕25 号），2015 年 9 月 21 日发布。

创新了综合执法、联合执法以及区域联防联控环境执法机制，探索建立了网格化的环境执法监察管理，全面推开了生态环境保护综合行政执法改革、省以下生态环境机构监测监察执法垂直管理制度改革，较好地解决了环境执法中的多头执法、重复执法、执法权限冲突以及单独执法中的缺陷等问题；在执法方式上，赋予了生态环境部门行政强制权，积极引进行政约谈、行政协议等非强制的执法方式，实现了环境强制执法与非强制执法的有效结合；在环境执法理念和内容上，积极践行绿水青山就是金山银山理念，明确了可持续发展理念和生态优先理念，执法内容从以污染防治为主，转向了各种公害的防治、资源开发利用、生态保护、循环经济、清洁生产等环境与资源保护法的各个领域。

从环境司法方面来看，中国环境司法专门化取得明显成效，大多数地方都设立了环资审判专门机构；逐步推广与行政区划适当分离的管辖模式，不少地方实施对环资案件的集中管辖；探索实施"三合一"或"四合一"的审理模式，将环境资源民事、刑事、行政案件甚至相关环境执行案件集中统一归口环境资源专门审判机构处理；坚持恢复性司法理念，积极探索"替代性修复""补种复绿""异地恢复""惩罚性赔偿"等责任方式；大力推进环境公益诉讼，形成社会组织、检察机关和法律规定的机关提起环境民事公益诉讼，检察机关提起环境行政公益诉讼的公益诉讼格局；探索创新了生态环境损害赔偿制度，赋予省级和市地级政府及其指定机构提起生态环境损害赔偿诉讼的权利。2021 年 5 月 26 日至 27 日，最高人民法院与联合国环境规划署共同举办世界环境司法大会，总结了我国环境司法取得的成绩，加强了环境司法的国际交流合作，推进了国家环境法治发展。

（二）中国的生态文明建设结果

生态文明建设结果是评判环境法治绩效的另一个方面，是从环境法治建设促进生态文明建设的结果，衡量环境法治绩效状况的重要标准。但生态文明建设的结果如何？本书从相关学者的研究和生态文明建设的实践中可以作出如下判断：

（1）中国生态文明建设水平与先进国家相差较大。《中国生态文明绿皮书（2016）》的数据显示，中国生态文明建设在生态活力、环境质量、社会发展、协调程度等几个领域的综合得分为 39.59 分，在经济合作与发展组织（OECD）与金砖国家的全部 39 个成员国中排名靠后，名列倒数第二名，仅高于印度。其中环境质量得分 8.89 分，名列倒数第一；社会发展得分 5.10 分，列倒数第二；协调程度得分 9.28 分，名列倒数第二。这表明中国过去的经济增长消耗自然资源和损害环境大，生态系统退化、环境污染加剧。[1]近年来，中国生态文明建设成绩斐然，从认识到实践发生了历史性、转折性、全局性变化，但"生态环境保护结构性、根源性、趋势性压力总体上尚未根本缓解，生态文明建设和生态环境保护任重道远"。[2]我国能源资源利用效率偏低，能耗水平超过世界平均水平 40%，生态环境质量改善处于中低水平，生态环境保护仍停留在大气、水、土壤污染等治理上，而发达国家已将治理重点全面拓展到应对全球气候变化、生物多样性保护、海洋环境保护、人体健康等领域。[3]"生态文明建设仍然面临诸多矛盾和挑战。生态环境修复和改善，是一个需要付出长期艰苦努力的过程，不可能一蹴而就，必须坚持不懈、奋发有为。"[4]

（2）中国绿色生产和绿色生活推进艰难。"我国能源体系高度依赖煤炭等化石能源，生产和生活体系向绿色低碳转型的压力都很大，实现 2030 年前碳排放达峰、2060 年前碳中和的目标任务极其艰巨。"[5]绿色生产方面，中国对石化能源依赖程度过高，能源结构还处于发达国家百年前的水平；能源消耗程度为日本的 5 倍、美国的 3 倍；生产性服务业占 GDP 比重不高，仅为 15%左右，占服务业比重约为 35%，而德国生产性服务业占服务业比重高达 70%。绿色生活方面，中国还处于消费结构转型、资源占用增多、污染物排放增加的爬坡期。仅从 2014 年与 2013 年的数据对比来看，中国的绿色生活建设水平是负值（−1.27%），其中资源消耗进步指数为−0.34%，排放强度进步指数为−8.77%。[6]2019 年，我国 600 亿件快递中使用绿色包装比例尚不到

---

〔1〕　参见严耕等：《生态文明绿皮书：中国省域生态文明建设评价报告（ECI2016）》，社会科学文献出版社 2017 年版，第 11~12 页。

〔2〕　王金南："全面推动生态文明建设取得新进步"，载《人民日报》2021 年 5 月 26 日，第 14 版。

〔3〕　参见王金南："全面推动生态文明建设取得新进步"，载《人民日报》2021 年 5 月 26 日，第 14 版。

〔4〕　习近平："保持生态文明建设战略定力　努力建设人与自然和谐共生的现代化"，载《人民日报》2021 年 5 月 2 日，第 1 版。

〔5〕　习近平："把握新发展阶段，贯彻新发展理念，构建新发展格局"，载《求是》2021 年第 9 期。

〔6〕　参见严耕等：《生态文明绿皮书：中国省域生态文明建设评价报告（ECI2016）》，社会科学文献出版社 2017 年版，第 8~9 页。

2%。[1]从 2021 年第二轮第三批中央生态环境保护督察向山西、辽宁、安徽、江西、河南、湖南、广西、云南的反馈督察情况来看，各省都存在绿色转型不坚决、上马"两高"项目愿望强烈、能耗双控抓得不紧的问题。其中，辽宁 2015 年以来高耗能产业能源消费比重逐年增加，2019 年六大高耗能行业能源消费占规模以上工业比重较 2015 年上升 4.3 个百分点；安徽 2020 年煤炭消费目标较 2015 年增加 14.7%。[2]

（3）中国生态环境恶化趋势仍未得到有效控制。一方面，从有关生态环境质量数据来看，中国的主要污染物排放得到初步控制，但烟尘、粉尘排放仍有上升趋势，化肥、农药施用量日益增加，致使地下水质量还有进一步恶化的趋势；全国整体环境质量虽有不断改善，但新的污染压力增大，城市建成区黑臭水体还大量存在，地下水质达到较好以上监测点的比例仅占 38.5%，环保重点城市空气质量数据表明，113 个城市中，只有 21 个城市空气质量优良天数占全年比例超过 80%，最差的只有 20%；自然保护区面积缩减，湿地功能减退；[3]等等。总的来看，我国"生态环境质量改善从量变到质变的拐点还没有到来。全国约 40% 的城市空气质量尚未达标，广大县域、乡镇、农村黑臭水体治理任务艰巨。水生态保护修复刚刚起步，历史遗留的土壤污染问题突出，生物多样性保护形势严峻"[4]。"生态环境特别是大气、水、土壤污染严重，已成为全面建成小康社会的突出短板。"[5]另一方面，我国环境群体性事件频发，也表明生态环境恶化趋势仍未得到有效控制。2005 年，浙江东阳受到污染侵害的群众多次群体上访造成冲突，被学界公认是具有影响力的第一起环境群体性事件。2007 年厦门"PX 事件"[6]、2008 年上海"磁

───────────

　〔1〕　参见王金南："全面推动生态文明建设取得新进步"，载《人民日报》2021 年 5 月 26 日，第 14 版。

　〔2〕　数据来源于生态环境保护部官网，"中央生态环境保护督察第一至八组的督察反馈情况"：载 http://www.mee.gov.cn/ywgz/zysthjbhdc/，最后访问日期：2021 年 9 月 18 日。

　〔3〕　参见严耕主编：《中国生态文明建设发展报告 2015》，北京大学出版社 2016 年版，第 4~10 页。

　〔4〕　王金南："全面推动生态文明建设取得新进步"，载《人民日报》2021 年 5 月 26 日，第 14 版。

　〔5〕　汪晓东等："让绿水青山造福人民泽被子孙——习近平总书记关于生态文明建设重要论述综述"，载《人民日报》2021 年 6 月 3 日，第 1 版。

　〔6〕　2007 年，台资企业腾龙芳烃（厦门）有限公司拟在福建省厦门市海沧区投资兴建计划年产 80 万吨对二甲苯（PX）的化工厂。由于担心化工厂建成后危及民众健康，该项目遭到百名政协委员联名反对，市民集体抵制，直到厦门市政府宣布暂停工程。

悬浮事件"〔1〕、2009年广东番禺"垃圾焚烧厂选址事件"〔2〕和湖南浏阳的"镉污染事件"〔3〕以及2011年大连"PX事件"〔4〕、浙江海宁晶科能源公司污染环境事件〔5〕、福建海门华电污染事件〔6〕等典型环境群体性事件此起彼

〔1〕　2007年12月29日，沪杭磁悬浮上海段在上海城市规划网站低调公示。由于公布的上海向西延长磁悬浮线路（上海南站—虹桥交通枢纽）主要是闵行区淀浦河段和七宝段，距离某些小区最近只有30米，沿线居民甚为担心磁悬浮给身体带来的危害。从2008年1月6日开始，百余沿线居民高喊"反对磁悬浮，保卫家园"的口号，在闹市区游行，并发展成为每天晚上的"起义散步"游行。2008年1月12日和13日白天，数万民众聚集在上海人民广场进行游行。

〔2〕　2009年2月4日，广州市政府通告，决定在番禺区大石街会江村与钟村镇谢村交界处建立生活垃圾焚烧发电厂，计划于2010年建成并投入运营。10月25日下午，番禺大石数百名业主发起签名反对建设垃圾焚烧发电厂的抗议活动。11月5日，广东省情中心对垃圾焚烧厂8公里内的12个小区调查显示，97.1%受访居民反对建垃圾焚烧发电厂。11月22日，广州市政府召开新闻通报会，表示"要坚定不移推动垃圾焚烧"。11月23日，番禺大石镇近300名居民因生活垃圾焚烧发电项目问题到市城管委上访之后，又来到市信访局上访。

〔3〕　2004年4月，湖南浏阳市镇头镇长沙湘和化工厂未经审批擅自建设一条炼钢生产线，主要生产粉状硫酸锌和颗粒状硫酸锌。不久，厂区周围树林大片枯死，部分村民相继出现全身无力、头晕、胸闷、关节疼痛等症状，部分村民当感冒治疗。直到厂区周围农作物大幅减产，饮用水时常泛起白色泡沫并散发腥味，村民还没有想到遭受污染。后来，周边村有两个小孩出现全身关节疼痛、食欲不振等不良反应，在当地医院治疗无效后，在省城医院检查出镉超标。一部分出现类似症状的村民检查后，也发现体内镉超标。2009年5月，双桥村44岁的罗柏林突然死亡，经湖南省劳卫所检测，死者体内镉严重超标。一个月后，61岁的村民阳术之因呼吸系统病症入院治疗，不久不治身亡，湖南省劳卫所检测其尿镉超出参考值4倍多。当地民众通过多种途径表达要求对化工厂污染问题予以处理未果后，7月29日，湖南浏阳市镇头镇数百名村民因附近化工厂污染问题未得到妥善解决到镇政府抗议，围堵镇政府和派出所。

〔4〕　大连福佳大化PX项目是一个严重污染项目，离市区的距离只有20公里，并不符合相关标准，但在环保部门准许其试生产之前，项目事实上已经投产。2011年8月上旬，该项目因台风"梅花"冲毁海岸防波堤暴露出来并引起了公众的关注。为反对PX项目的建设，上万大连市民聚集在市政府门前抗议，要求"PX滚出大连""要求真相"。在公众对PX项目安全性质疑后，大连市委市政府宣布福佳大化PX项目立即停产并搬迁。

〔5〕　2011年8月26日的一场大雨，造成浙江海宁袁花镇内运河大面积鱼群死亡，当地村民质疑浙江晶科能源公司污染所致，后与浙江晶科能源公司发生冲突。甚至有村民质疑，浙江晶科能源公司对环境造成污染，导致村民集体发病。当地环保部门通过对运河水质的检验，发现水体中氟化物超标10倍，鱼群死亡现象与水污染有关联。9月15日晚7时30分许，袁花镇红晓村500余名群众聚集在浙江晶科能源公司门前，就环境污染问题讨要说法。后部分人员冲入该公司，将停放在公司内的8辆汽车掀翻，造成部分办公用品及财物受损。

〔6〕　2009年9月27日，华能汕头海门电厂项目一期6台百万千瓦燃煤发电机组的建成投产，给海门的环境造成严重污染。2011年12月，丰盛（电力）集团投资有限公司、汕头市电力开发公司共同投资的60万千瓦燃煤电厂将在海门上马，这样的决策引起了当地居民的强烈不满。2011年12月15日，一条微博"各位亲爱的海门人民，你们愿意看着我们平平淡淡而充满欢乐的故乡被毁吗？一个华能已经让海门我们的母亲伤痕累累了"，被多位海门居民转发，并约定于2011年12月20日早上11点，全体海门人"到镇政府抗议，一起行动"。12月20日至23日，汕头市潮阳区海门镇数万名村民走出家门，聚集到海门镇政府并到深汕高速公路海门出入口聚集，堵塞车辆通行，抗议当地政府增建煤电厂。

伏；2012 年，天津"PC 项目"、上海"垃圾焚烧项目"、四川"什邡钼铜项目"、江苏"启东排海工程项目"、浙江宁波镇海"PX 项目"等环境群体性事件[1]再发。环保部原核安全总工程师、中国环境科学学会副理事长杨朝飞2012 年在全国人大作讲座时曾指出，中国环境群体性事件 1996 年以来保持年均 29% 的增长。此外，重大环境事件特别是突发环境事件频发，2011 年的重大事件比上年同期增长 120%；[2]2013 年，我国又发生突发环境事件 712 起，较上年增长 31.4%。[3]2014 年以来，我国突发环境事件开始逐年减少，2014年 471 件，但至今仍保持在 200 件以上（详见表 1-2）。

表 1-2　中国近年来突发环境事件情况统计表[4]

年份	2014	2015	2016	2017	2018	2019	2020
突发环境事件次数	471	*	304	302	286	263	208
其中：特别重大突发环境事件次数	0	0	0	0	0	0	*
重大突发环境事件次数	3	*	3	1	2	2	*
较大突发环境事件次数	16	*	5	6	6	3	*

[1]　2012 年我国环境群体性事件频发，代表性的有：4 月 3 日至 13 日，数千人在天津市滨海新区下辖的大港"集体散步"，抗议中沙（天津）石化有限公司旗下的年产 26 万吨聚碳酸酯项目在附近破土开工；5 月 22 日，上海松江区发布的公示透露，将在现有的吉貌垃圾填埋厂和固废处理厂旁边投资 2.5 亿"升级改造"一条垃圾焚烧线，引发数百名居民自 5 月底至 6 月初，带着自制的抵制垃圾焚烧、远离毒气等标语在松江大学城附近的万达广场"散步"；7 月 2 日至 3 日，因担心宏达钼铜多金属资源深加工综合利用项目引发环境污染问题，四川省什邡市民聚集在市委、市政府门口以示抗议，与前来维稳民警发生严重冲突，导致多人受伤并最终演变为一起严重环境群体性事件；7 月 28 日，江苏省启东市民因抵制日本王子纸业将污水排放至本地，走上街头打出反对横幅，部分群众强行冲破警察警戒，冲击、打砸国家机关办公大楼，市长被强迫套上抵制项目的 T 恤，市委书记因不肯穿宣传衣被扒光衣服，造成 90 余名执勤民警不同程度受伤，机关大楼办公财产损失人民币 236 331 元，停放在机关大院内的多部车辆受损，最终使得政府在抗议当天即宣布永远取消日本王子纸业排海工程项目；10 月 22 日至 26 日，因对中石化镇海炼化分公司扩建 1500 万吨/年炼油和 120 万吨/年乙烯一体化项目中涉及 PX 项目部分可能对环境造成的污染表示担忧，千余名村民到区政府门前抗议，与前来维护秩序的民警发生冲突，还出现了打砸行为，有多名民警被砸伤。
[2]　参见王尔德："专访国务院发展研究中心资源与环境政策研究所研究员王亦楠：如何化解环境类群体性事件？"，载《21 世纪经济报道》2014 年 5 月 13 日，第 2 版。
[3]　参见环境保护部：《2013 中国环境状况公报》，2014 年 5 月 27 日发布，第 49 页。
[4]　本表根据生态环境部 2014 年以来发布的中国环境状况公报统计形成，* 代表未公布具体数据。

续表

年份	2014	2015	2016	2017	2018	2019	2020
一般突发环境事件次数	452	*	296	295	278	258	*
生态环境部直接调度处置	98	82	60	*	50	84	*

（三）中国环境法治绩效的总体判断

基于前文对中国环境法治绩效的预期目标、中国环境法治绩效的行为、中国环境法治绩效的结果的阐述，运用"绩效目标——绩效行为——绩效结果"的绩效分析框架，我们可以得出一个结论，中国的环境法治绩效呈现出二元结构，主要体现在：

（1）从环境法治自身建设视角来看，中国环境法治的绩效行为即环境立法、环境执法、环境司法，取得显著成效，基本形成了中国特色社会主义环境法治体系，实现了、至少是基本实现了中国环境法治的预期目标，中国环境法治建设结果与中国环境法治的预期目标基本匹配，有的匹配程度还较高，表明中国环境法治建设取得了较好绩效。

（2）从环境法治促进社会发展特别是促进生态文明建设视角来看，中国环境法治的绩效行为即环境立法、环境执法、环境司法，没有取得预期成效，中国生态文明建设水平与先进国家差距很大、绿色生产和绿色生活推进艰难、生态环境恶化的趋势仍未得到有效控制，中国环境法治建设结果与中国生态文明建设的预期目标不够匹配、至少是匹配程度不高，表明中国环境法治建设绩效不高。

从两个不同的视角分析，中国环境法治绩效出现了两个截然不同的结果，一方面，从环境法治自身建设视角来看，中国环境法治绩效较好；另一方面，从促进生态文明建设视角来看，中国环境法治绩效不高。二者形成鲜明反差，构成了中国环境法治绩效的二元结构，值得我们深入研究，特别是需要我们开拓研究视野，寻求新范式、新视角，对中国环境法治绩效的二元结构作出新解释，并寻求消解中国环境法治绩效二元结构的新路径。

第二章　范式界定：解释中国环境法治绩效的社会资本理论

> "在社会资本身上，历史学家、政治学家、人类学家、社会学家和决策者以及各个领域'内'的各阵营，又一次找到了一种存在于公开的和建设性的争论中的共同语言，一种以过去的 150 年中受到狭隘的学科主义严重压制的语言。"
>
> —— ［美］迈克尔·伍考克：《社会资本与经济发展：
> 一种理论综合与政策构架》

> "社会资本在国内和国外的各个学科都引起了人们的注意，引来不少学者花时间和精力对其进行研究……社会资本概念的提出，为各个学科提供了一种重要的解释范式。这正是它的重要价值所在。"
>
> ——李惠斌、杨雪冬主编：《社会资本与社会发展》

针对中国环境法治绩效存在的各种问题，中国学者特别是环境法学者从不同角度作了研究探讨，整个环境与资源保护法学的理论研究从第一代迈向第二代，[1] 并推动环境法学的实践特别是环境司法不断创新，为中国生态环境保护和生态文明建设提供了法治保障。但现有环境法学的理论研究中呈现

---

[1] 参见李启家："'环境法学的发展与改革'研讨会纪要"，载高鸿钧、王明远主编：《清华法治论衡：生态、法治、文明》，清华大学出版社 2014 年版，第 12 页。另：一般认为，第一代环境法的核心是污染法和资源利用法，是对污染的事后防范、后端治理，是对经济发展过程中产生的环境后果的消极防范，是反应性的法律和政策体系；而第二代环境法是引入可持续发展理念后，通过法律规范确认并引导人们在开发、利用和保护环境过程中更新价值观念，转变传统发展模式和行为方式，以实现人与自然的可持续发展，其调整目的是环境利益与经济利益共赢，其调整范围是全过程控制，其调整方式是系统管理，其调整手段是行政管理、市场机制和经济刺激等多元治理工具，参见皮里阳："论我国第二代环境法的主要特征"，载高鸿钧、王明远主编：《清华法治论衡：生态、法治、文明》，清华大学出版社 2014 年版，第 177~188 页。

出"散"的特点，存在科技性和泛道德化的倾向，缺乏统一独立的研究范式；环境法学的实践呈现出"松"的特点，存在法律与社会疏离、注重对形式完善而忽略对实效的追问等问题。[1]笔者经综述有关环境法治的研究认为，中国环境法学和环境法治的理论研究与实践中存在的上述问题，不仅难以解决中国环境法治绩效的二元结构，还要对中国已出现的"环境状况恶化—强化规制立法和规制权力—环境状况继续恶化—继续强制规制立法和规制权力"的恶性循环承担一定程度上的学术责任。基于环境法学甚至法学内部研究方法的局限性，有必要引入其他学科理论来解释中国环境法治绩效的二元结构问题并探寻相应解决对策，而社会资本理论作为当前社会科学的前沿热点理论，可以弥补现行环境法学甚至整个法学研究的不足，有助于解释与消解环境法治绩效的二元结构问题，成为解释和提升环境法治绩效的新范式。

第一节 社会资本理论解释中国环境法治绩效的必要性

近年来，中国不少学者特别是环境法学者对中国的环境法治特别是针对中国环境法治建设存在的问题进行了深入研究，但中国环境法学和环境法治对环境法治绩效研究关注较少，现有研究难以解释中国环境法治绩效的二元结构。

一、中国环境法治相关研究的现状和局限

中国学者特别是环境法学者对中国的环境法治存在的问题进行了深入研究，推动中国法学特别是环境法学研究取得重大进展。但中国环境法学和环境法治的研究较少引入社科法学的研究方法，充分暴露了其在解释和提升中国环境法治绩效方面的弱点。

（一）中国现行环境法治研究的主要观点梳理

经梳理分析中国现行环境法治相关研究的重要文献，环境法治及其相关研究成果较多，笔者将学者把环境法治作为一个整体进行研究的主要观点梳理如下：

蔡守秋教授等重点从宏观层面开展了环境法治的理论思考，提出中国环

---

〔1〕 参见张祥伟：《中国环境法研究整合路径之探析》，中国政法大学出版社 2014 年版，第 12~48 页。

境法治建设的指导思想要以生态文明观作为基本原则，[1]分析了生态文明对环境法治建设的全面长期以及改革性渐进性影响，特别是重点分析了生态文明对环境法治的根本性影响，[2]指出要通过确认环境权为环境法治夯实基础，[3]并结合中国生态环境治理的实践探讨了环境司法和区域环境协同治理等问题。[4]

吕忠梅教授等重点研究了中国生态法治建设的路线图，提出要将生态理性纳入法治运行轨道，建立与生态文明相适应的法治系统，并从建立生态环境法律体系、生态环境管理体制、生态环境司法机制以及公众参与机制等方面对生态法治建设提出了具体建议。[5]她还对生态文明建设的法治思维、法治课题和法治路径开展了深入研究；[6]系统梳理了中国环境法治历程；[7]深入研究了环境司法专门化和环境法典编纂等环境法治的重点任务。[8]

王树义教授等系统研究了环境法治与生态文明建设的问题，对中国环境法治的基本状况作了梳理，分析了环境法治的困境，在提出更新环境法治理念的基础上，有针对性地就实行最严格环境保护法律制度、在执行层面考虑主体的相对性和严格追究环境法律责任作了深刻分析，[9]从实行环境司法专门化、实践环境公益诉讼、树立现代环境司法理念等方面提出了环境司法改革应当重点解决的问题，[10]并结合农村环境治理、长江流域生态环境协商共

---

〔1〕 参见蔡守秋："我国环境法治建设的指导思想与生态文明观"，载《宁波大学学报（人文科学版）》2009年第2期。

〔2〕 参见蔡守秋、敖安强："生态文明建设对法治建设的影响"，载《吉林大学社会科学学报》2011年第6期。

〔3〕 参见蔡守秋："确认环境权，夯实环境法治基础"，载《环境保护》2013年第16期。

〔4〕 参见蔡守秋："京津冀生态环境协同治理的法治对策"，载《民主与法制时报》2020年4月2日，第8版。

〔5〕 参见吕忠梅："中国生态法治建设的路线图"，载《中国社会科学》2013年第5期。

〔6〕 参见吕忠梅："生态文明建设的法治思考"，载《法学杂志》2014年第5期。

〔7〕 参见吕忠梅、吴一冉："中国环境法治七十年：从历史走向未来"，载《中国法律评论》2019年第5期。

〔8〕 参见吕忠梅、刘长兴："环境司法专门化与专业化创新发展：2017-2018年度观察"，载《中国应用法学》2019年第2期；吕忠梅："新时代中国环境资源司法面临的新机遇新挑战"，载《环境保护》2018年第1期；吕忠梅："环境法典编纂：实践需求与理论供给"，载《甘肃社会科学》2020年第1期。

〔9〕 参见王树义、周迪："生态文明建设与环境法治"，载《中国高校社会科学》2014年第2期。

〔10〕 参见王树义："论生态文明建设与环境司法改革"，载《中国法学》2014年第3期。

治和恢复性司法治理等方面开展了环境法治的深入研究。[1]

　　王灿发教授等认为中国环境法治转型正在经历新变化，中国环境法治的政策正在发生历史转变，环境立法及立法的产物体现了更多科学发展观的理念，环境执法力度也明显加大；[2]他还探讨了中国环境立法在指导思想、制度构建等方面存在的困境与出路，分析了中国环境执法在法律法规依据、环保部门权威和法律责任追究等方面存在的问题与对策，并专门对中国生态红线的法律制度保障以及整个生态文明建设的法律保障体系构建作了深入研究和分析，提出了法律保障体系构建的原则、框架和基本制度。[3]

　　周珂教授等重点研究了生态文明建设与环境法制理念的更新；[4]汪劲教授等重点研究了执政因素对中国环境法治的影响以及制约环境执法的因素；[5]孙佑海教授等对生态文明建设对法治的需要、推进生态文明建设的法治思维和方式等问题进行了深入研究。[6]还有一批学者系统研究了中国环境法学、环境法治（制）的发展历程，总结了发展成就和经验，反思了发展中存在的问题，提出了环境法治的思路和展望。[7]

――――――――――――

　　〔1〕　参见王树义、李景豹："论我国农村环境治理中的司法保障"，载《宁夏社会科学》2020年第3期；王树义、赵小姣："长江流域生态环境协商共治模式初探"，载《中国人口·资源与环境》2019年第8期。

　　〔2〕　参见王灿发："我国环境法治转型的新变化"，载《人民论坛》2006年第22期。

　　〔3〕　参见王灿发的以下论文："我国环境立法的困境与出路――以松花江污染事件为视角"，载《中州学刊》2007年第1期；"中国环境执法困境及破解"，载《世界环境》2010年第2期；"论生态文明建设法律保障体系的构建"，载《中国法学》2014年第3期。

　　〔4〕　参见周珂："生态文明建设与环境法制理念更新"，载《环境与可持续发展》2014年第2期。

　　〔5〕　参见汪劲："中国环境法治失灵的因素分析――析执政因素对我国环境法治的影响"，载《上海交通大学学报（哲学社会科学版）》2012年第1期；汪劲："中国环境执法的制约性因素及对策"，载《世界环境》2010年第2期。

　　〔6〕　参见孙佑海以下论文："生态文明建设需要法治的推进"，载《中国地质大学学报（社会科学版）》2013年第1期；"推进生态文明建设的法治思维和法治方式研究"，载《重庆大学学报（社会科学版）》2013年第5期；"用法治的力量推进生态文明建设"，载《环境保护》2012年第23期。

　　〔7〕　参见周珂、梁文婷："中国环境法制建设30年"，载《环境保护》2008年第21期；王曦、卢锟："混沌之中露熹微：2012年中国环境法学研究述评与展望"，载《上海交通大学学报（哲学社会科学版）》，2013年第3期；汪劲："中国环境法治三十年：回顾与反思"，载《中国地质大学学报（社会科学版）》2009年第5期；孙佑海："'十一五'环境法治回顾与'十二五'展望"，载《环境保护》2011年第23期；常纪文："三十年中国环境法治的理论与实践"，载《中国地质大学学报（社会科学版）》，2009年第5期；徐祥民、胡中华："环境法学研究30年：回顾与展望"，载《法学论坛》，2008年第6期；曹明德："从'环保风暴'看环境法治存在的问题"，载《华东政法学院学报》，2005年第4期；等等。

还有些学者从法哲学角度对生态法治进行了思考和研究，论述了生态法治的基本范式——权利观念之革新、生态法治的相对特性以及生态法治的规约构建和运行；[1]认为实现生态法治须建立健全严密的规则和原则体系，重点应确立种际公正、代际公正、生态优先、污染者付费等基本原则以及生态规划、环境影响评价、经济调控、自然资源权属、自然资源恢复和生态补偿等制度。[2]还有一大批中青年学者对环境法治的变革与转型、公共治理、环节和重点、监管体制、西部生态环境法治、区域环境法治等问题开展了研究。[3]

综上所述，中国现行环境法治的研究主要从理念与制度、环境法的制定与实施、规则与原则、体制与机制、现状与问题、困境与对策等方面对中国环境法治提出了许多建设性的意见，对于在中国在大力加强生态文明建设中推进环境法治建设具有重要意义。但现行研究总体还比较分散，没有形成系统性，特别是主要停留在法学内部，较少有学者引入其他社会科学的理论和方法研究环境法治问题。

（二）现有研究解释环境法治绩效的局限

环境法治建设是一项系统工程，环境法治绩效特别是环境法治促进社会发展和生态文明建设的效果，需要把环境法治纳入整个社会系统加以研究。但分析现有研究可以发现，大多数环境法治研究成果的分析视角主要停留在法学内部特别是环境法学内部，较少有学者从法社会学的视角，跳出法学之外，把环境法治放在整个社会系统之中，从社会系统内部各要素相互关联、相互影响的视角来研究环境法治问题，因而现行研究对解释和提升中国环境法治绩效显得有些不足，无法有效应对环境法治绩效的二元结构问题。主要

---

〔1〕 参见江必新："生态法治元论"，载《现代法学》2013 年第 3 期。

〔2〕 参见文正帮、曹明德："生态文明建设的法哲学思考——生态法治构建刍议"，载《东方法学》2013 年第 6 期。

〔3〕 参见肖金明："中国环境法治的变革与转型"，载《中国行政管理》2009 年第 11 期；柯坚："生态实践理性：话语创设、法学旨趣与法治意蕴"，载《法学评论》2014 年第 1 期；竺效："论生态文明法治建设的六大环节和重点"，载《环境保护》，2013 年第 13 期；钭晓东、张程："美丽中国的环境法治保障——以环境监管体制改革为视角"，载《山东科技大学学报（社会科学版）》2013 年第 3 期；史玉成："西部区域生态环境法治建设的现状与未来——兼论我国环境立法的完善"，载《甘肃政法学院学报》2007 年第 6 期；肖爱："区域环境法治：困境与对策"，载《求索》2011 年第 3 期；等等。

表现在：

（1）注重理念和制度的构建，但对理念和制度的落实或实施成本和运行条件研究不够。从现有研究成果来看，不少学者重视对环境法治的理念、指导思想和相关制度的建构研究，并试图通过理念革新和制度体系的完善促进环境法治建设，并发挥环境法治对生态环境保护和生态文明建设的作用。正如前文所述，在环境法学界的推动下，中国环境立法、执法、司法等环境法治的运行环节和各个方面建设已经取得了较好效果，基本实现了预期目标。但环境法治不仅要关注环境法律制度，更要强调在正确观念的指导下确保环境法律制度在生态环境保护中的贯彻落实和有效运行，强调环境法治对社会发展特别是生态文明建设的促进作用和实施效果或绩效。中国环境法治绩效的二元结构，表明环境法治自身建设取得了较好效果，但对生态文明建设的促进作用不够，体现环境法治在促进社会发展方面的实施效果或绩效较差。因而，要研究环境法治、解释和提升环境法治绩效、破解环境法治绩效的二元结构问题，必然要关注和研究环境法律制度的落实或制度实施的成本和运行条件，而这是中国现有环境法治研究的短板。

（2）注重环境立法、执法和司法的完善，但对影响环境立法、执法和司法的相关因素研究不够。从现有环境法治的研究成果来看，在环境立法层面，这些研究注重对环境法律规范的梳理分析，提出了既丰富多彩又百家争鸣的建构环境法律体系的理论观点，且对环境法律体系的总体框架基本达成了一致观点，推动中国形成了一个由环境基本法以及污染防治、资源利用与保护、生态保护、环境综合管理等类别构成的比较完善的环境法律规范体系，并正在努力推动环境法律规范法典化。在环境执法和司法层面，近年来学者对区域联动环境执法、生态环境损害赔偿、环境公益诉讼和环境司法专门化等问题开展了深入研究，虽然也较多停留在制度设计和试点操作上，但环境法治体系的基本框架已然形成并对中国法治建设起到重要促进作用。然而，现有研究对影响环境立法、执法和司法的关涉因素研究不够，对环境法治建设对促进社会发展特别是生态文明建设的作用以及相互的关联研究不够，因而在解释和消解环境法治绩效的二元结构问题上有些力不从心。

（3）注重环境法治的现状与问题梳理，但对影响环境法治绩效的关涉因素研究不够，特别是没有从跨学科或法社会学视角研究提升环境法治绩效的路径。从现行环境法治的研究来看，不少学者结合环境法治的重要时间节点和重要活动，对环境法治的现状进行了梳理，分析了中国环境法治存在的问题并提出了一些对策建议。但从总体来看，现有研究对环境法治建设现状的梳理主要集中于环境立法和环境法律制度建设的历程，集中于环境执法、司法的改革发展历程，对环境法治建设存在问题的把握较为准确，却对存在问题的原因分析不够深入，特别是还主要立足法学内部探讨相关问题的解决对策，往往循环归结为制度问题并重点从制度建构上解决问题，侧重于环境法治自身并就法治而论法治，未能就环境法治与生态环境保护效果之间的关联性开展深入研究，因而在解释和消解环境法治绩效的二元结构问题方面存在明显不足。

综上所述，基于中国环境法治相关研究的现状及其存在的不足，仅用传统法学方法特别是以规范法学为主的法学方法研究来环境法治问题，难以解释和消解环境法治绩效的二元结构问题。因而，有必要引入相关社会科学更具解释力的前沿理论，寻求研究方法的创新，全面而不是孤立地、系统而不是分散地，从环境法治绩效特别是环境法治在促进社会发展和生态文明建设视角分析环境法治问题，剖析环境法治绩效不高的根源，探寻提高环境法治绩效的新路径。

二、引入社会资本理论解释中国环境法治绩效的必要性

法治作为一项系统的社会工程，不仅是由法治理念、法治制度体系和法律体系构成，其建设的重点内容应是"法律的实践和运行特别是良好的预期法律效果的实现为目的的有关法律的组织、机构及其运行制度和机制"。[1]因而，环境法治的研究不仅是环境法治的理念和制度，从环境法治绩效的视角来看，其重点还应是以取得良好预期效果为目的的环境法治组织、机构及其配套运行的制度和机制。从前文所述中国的环境法治研究来看，其不足之处正体现于对环境法治组织、机构及其相应的运行机制上。同时，仅从法学内部和仅用规范法学方法来研究环境法治也具有天生的局限性。要全面研究分析环境法治绩效的二元结构问题，有必要运用社科法学的研究方法，引入相关的社会科学前沿理论，从系统的、全面的视角，把环境法治放在整个社会系统中，研究影响环境法治绩效，特别是影响环境法治对促进社会发展和生

---

〔1〕 参见姚建宗："法学研究及其思维方式的思想变革"，载《中国社会科学》2012年第1期。

态文明建设作用发挥的因素，而社会资本理论正可担此大任。

（一）社会资本理论是解释环境法治等社会现象的颇具说服力的理论范式

社会资本理论是解释经济、政治、社会现象的一种全新且颇具说服力的理论范式，当前很多社会科学引入该理论开展研究，使之成为社会科学研究的前沿热点问题。该理论强调社会资本是与物质资本、人力资本并列的重要资本，是根植于一定社会关系或社会结构，嵌入于一定网络、规范和信任等主客观因素及其蕴含文化中的可以促进或阻碍经济社会或其某方面发展的重要资源。前文所述中国环境法治体系自身建设取得的成就，更多是国家加大物质资本、人力资本投入的结果。而前文所述环境法治绩效的二元结构特别是对促进生态文明建设作用不够问题，根源于一定的社会结构特别是经济结构，与中国的社会资本存量紧密相关。社会结构及其内部的网络，特别是环境法治各主体形成的网络滋生着中国的环境法治观念和制度，决定着中国环境立法、执法、司法等法治运行的体制机制，最终影响中国环境法治促进生态文明建设的作用；社会资本重要组成的规范，包含了不同种类的环境法治观念，是环境法律制度的重要来源，并影响着环境法治的具体运行和作用发挥，最终必然影响环境法治绩效的显现；社会资本核心构成的信任，是环境法治价值观念的灵魂和环境法律制度实施的支撑，直接影响着环境法治运行的效果和绩效。概言之，环境法治仅有物质资本和人力资本投入还远远不够，环境法治对促进生态文明建设作用的发挥更需要社会资本的投入和积累，以推动环境法治高效运行，提高环境法治绩效，破解环境法治绩效的二元结构问题。因而，从社会资本理论视域全面考察和研究环境法治的相关问题并积累提高环境法治绩效的社会资本，是破解环境法治绩效二元结构的重要路径。

（二）引入社会资本理论可以较好弥补现有研究自身的不足

前文已述中国环境法治现有研究大多停留在法学内部，注重制度构建，但对制度的落实或制度的实施成本和运行条件研究不够；注重环境立法、执法和司法的完善，但对影响环境立法、执法和司法的相关因素研究不够；注重环境法治的现状与问题梳理，但对影响环境法治绩效的关涉因素研究不够，特别是没有从跨学科或法社会学视角研究提升环境法治绩效的路径。环境法治研究存在的这些不足，是不能跳出法学视域而仅停留于法学内部开展研究很容易出现的自身局限。环境法治绩效研究要克服自身的这些局限，必然要突破法学内部的束缚，引入其他社会科学的方法，从法社会学视角研究环境法治有效运行的支撑系统，而社会资本理论关注的就是社会网络中存在的资源、规范和信任等有利于提高环境法治绩效的因素，因而是解释和提升环境法治绩效、破解环境法治绩效二元结构的可供借鉴参考的重要理论。

（三）引入社会资本理论符合法学研究格局流变和思想变革的趋势

中国的法学研究经历了政法法学、法教义学以及社科法学的格局流变，各部门法学的研究呈现了向社科法学的转向，不少法学家正在推进以社科法学为旗帜的研究，社科法学成为中国法学研究格局流变的趋势。[1]"大约30年后，法教义学的研究……很可能不再能进入中国顶尖高校法学院顶尖学者的视野。"[2]社科法学与规范法学、法教义学相比有显著的区别，其注重运用社会科学的方法考察分析法律问题，试图以社会科学的方法分析法律现象、预测法律效果。[3]而社会资本理论作为当前社会科学研究的前沿理论和解释社会现象颇具说服力的重要理论范式，必然是社科法学发展可以引入且应当引入的一种重要社会科学方法。从法学研究及其思维方式的思想变革来看，中国法学研究应当区分法律理论研究及其思维方式和法律工程研究及其思维方式两大类。[4]法律工程研究及其思维方式作为一个新提出的法学研究和思维范式，更加突出能够有效保障法律效果实现的有关法律的组织、机构和相关的运行机制，而社会资本理论重点关注制度的绩效，强调社会组织的特征即信任、规范和网络等对合作行为的促进和社会效率的提高，[5]因而可以成为法律工程研究及其与社科法学结合研究应当引入的重要社会科学方法。

综上所述，无论从法学研究范式的转换还是从环境法治研究的自身局限来看，中国环境法治绩效的研究特别是破解环境法治绩效二元结构问题，有必要引入一种全新的社会科学方法，而社会资本理论在社会科学领域的重要影响及其核心构成与环境法治绩效的高度关联，使其成为我们解释与提升环境法治绩效、破解环境法治二元结构问题的必然选择。

---

〔1〕 参见苏力："中国法学研究格局的流变"，载《法商研究》2014年第5期。

〔2〕 苏力："中国法学研究格局的流变"，载《法商研究》2014年第5期。

〔3〕 参见侯猛："社科法学的传统与挑战"，载《法商研究》2014年第5期；陈柏峰："社科法学及其功用"，载《法商研究》2014年第5期。

〔4〕 参见姚建宗："法学研究及其思维方式的思想变革"，载《中国社会科学》2012年第1期。

〔5〕 参见〔美〕罗伯特·D. 帕特南：《使民主运转起来：现代意大利的公民传统》，王列、赖海榕译，江西人民出版社2001年版，第195页。

第二节　社会资本理论的历史沿革

"社会资本"这一概念具有多种含义，很容易引起混淆。经济学中最早出现"社会资本"这一术语，就是指与"私人资本"相对应地从社会经济方面获得的财物。但本书用于考察环境法治的社会资本理论是现代社会科学的前沿理论。社会资本理论的发展历程虽然不长，但迅速兴起成为当前很多社会科学研究的前沿热点问题，甚至成为当下流行的狂热。[1]要了解社会资本理论，我们可以从梳理社会资本理论的历史沿革开始。而梳理社会资本理论的历史发展，有必要从资本理论的发展历程着手。"为了理解社会资本，我们必须首先澄清资本的概念。"[2]

一、资本理论的发展历程

资本理论经历了从物质资本、人力资本到社会资本的发展过程。物质层面的"资本"一词大约在 12 世纪~13 世纪的欧洲出现，初意指贷款的本金，以区别于利息。古典经济学鼻祖威廉·配第（William Petty）和启蒙思想家约翰·洛克（John Locke）的学说中最早提出资本理论，认为资本是与金融交易紧密相关的。之后，经济学家们对资本的解释日渐丰富。古典经济学派、重农学派的专家们更多把资本定义为生产资料的储存。亚当·斯密（Adam Smith）提出资本是收入的积蓄和用来生产的积蓄，并专门区别了生产性资本和非生产性消费；[3]之后，萨伊、马尔萨斯和李嘉图等对资本的代表性定义认为，资本包括使用的工具、劳动者的生活必需品和原材料等。新古典经济

---

〔1〕　由于社会资本理论在 20 世纪 90 年代迅速兴起并成为许多学科关注的热门概念和分析的重要起点，美国学者埃利诺·奥斯特罗姆（Elinor Ostrom）在《社会资本：流行的狂热抑或基本概念》一文中指出认真理解社会资本并避免使之成为流行的狂热是非常重要的，详见曹荣湘选编：《走出囚徒困境——社会资本与制度分析》，上海三联书店 2003 年版，第 23~50 页。在此引用"流行的狂热"一词，既想表达社会资本理论发展迅速之意，亦以此警示本文研究要以社会资本理论作为工具对环境法治问题开展有针对性和实效性的研究，避免成为纯粹的理论套用而追逐学术时髦。

〔2〕　[美]林南：《社会资本——关于社会结构与行动的理论》，张磊译，上海人民出版社 2005年版，第 4 页。

〔3〕　参见[英]亚当·斯密：《国民财富的性质和原因的研究》（上），郭大力、王亚南译，商务印书馆 1972 年版，第 43、310 页。

学家马歇尔认为资本是"一个人从他的资产中期望获得的收入的那一部分……包括为营业目的所持有的一切东西在内"[1]。

随着后工业社会的来临，知识、信息、教育以及和谐的人际关系等非物质因素在经济发展中的作用日益显现，资本理论从物质阶段开始向人本化和社会化阶段扩张，并产生了人力资本的概念。20世纪50~60年代，舒尔茨和加里·贝克最早看到物质资本理论的缺陷，提出了人力资本概念，把人也看作一种重要资本，人力资本是通过对人的教育、培训和健康等投资形成，是技术、知识等形式集于人身的资本，是人的才干、技能、知识和资历等。"好多我们称之为消费的东西，就是对人力资本的投资。直接用于教育、保健以及为了取得良好的就业就会而用于国内移民的费用，便是明显的例子……通过这些以及类似的方法，人力的质量能够得到很大的改进，并由此提高劳动生产率。"[2]人力资本理论的提出，摆脱了资本是具体物质形态的偏见，推动资本向抽象的层次扩展，并为资本的进一步隐喻和深化发展奠定了基础。

文化资本的概念，是20世纪70年代由法国社会学家皮埃尔·布尔迪厄（又译皮埃尔·布迪厄）（Pierre Bourdieu）等提出。他认为文化资本是由系列价值和符号组成，主要有三种形态：一是与人的身体紧密相关联的文化、教育、修养等形式；二是体现在书籍、纪念碑、机器等文化物品中的客观化形态；三是体现在诸如教育资格认定的规定等特定制度安排的制度化形态。由于文化是通过学习教育把知识和思想固化于脑海的精神生产或劳动，需要一定的投资且能够创造新价值，因而是继物质资本之后发现的一种新资本。但林南等认为文化资本是对人力资本的另类诠释，"对布迪厄而言，被一些人视之为人力资本的教育甚或是任何训练，都可以被另一些人视为文化资本"[3]。虽然学者们对人力资本与文化资本的关系存在较多争议，但他们认为文化资本是一种不同于物质资本的新型资本，体现了现代资本多元化的发展趋势，为社会资本理论的提出奠定了思想基础。

在前工业社会和工业社会，人类的主要任务是从自然获取并加工生活的

---

〔1〕［英］马歇尔：《经济学原理》（上），朱志泰译，商务印书馆1964年版，第97~98页。

〔2〕［美］西奥多·W. 舒尔茨："人力资本投资"，载外国经济学说研究会编：《现代国外经济学论文选》（第八辑），商务印书馆1984年版，第232页。

〔3〕［美］林南：《社会资本——关于社会结构与行动的理论》，张磊译，上海人民出版社2005年版，第14页。

各种所需，只不过获取的手段或加工的能力有巨大的差异，因而当时人类社会的主要矛盾是人与自然的矛盾。但 20 世纪 60~70 年代以来，西方由工业社会逐渐迈入后工业社会。[1]而"后工业化社会的中心是服务""服务业的种种关系是人与人之间的关系。"[2]正是认识到了人际关系是当代社会的基本矛盾，处理人际矛盾是当代社会的中心任务"，人类社会的主要矛盾逐渐由人与自然的关系转向人与人的关系。在人与人的关系成为社会主要矛盾的背景下，如何从人与人的关系中获取资源，如何处理人与人的关系，以促进人与社会发展的资本，受到理论与实践的日益重视。与此同时，工业社会发挥决定性调节作用的两种手段——国家和市场，在运行中出现了政府失灵和市场失灵的双重失效，迫使人们寻求国家与市场两种手段之外的第三种手段，以解释和解决后工业社会中出现的集体行动困境。作为第一位获得诺贝尔经济学奖的女性、美国学者埃利诺·奥斯特罗姆（Elinor Ostrom）在艰辛的研究中发现了治理公共事务的第三种手段——社会之手在公共资源管理乃至在整个公共事务管理中的调节作用，引发了人们对社会之手的高度重视。在这个过程中，人，包括由人构成的组织、团体甚至区域、国家内部以及相互之间结成的网络以及嵌入于相应网络的规范、信任等，逐渐被认为具有重要价值，可以作为一种要素投入生产领域，成为经济与社会发展可利用的重要资源和新型资本即社会资本，并可用于解释物质资本和人力资本不能解释的诸多经济与社会问题。因此，随着后工业社会的来临和发展，资本的隐喻不断深化，资本概念由物质阶段和人本化阶段逐渐转向社会化阶段，社会资本也逐渐成为一种与物质资本、人力资本并列的重要资本；社会资本理论也引起经济学、社会学、政治学、管理学甚至是法学等学科的关注和运用，成为社会科学研究的重要理论热点和前沿问题。

二、社会资本理论的产生

社会资本的一些要素虽然与早期思想家的相关观念有着紧密联系，并在

---

　　〔1〕　美国社会学家丹尼尔·贝尔在《后工业社会来临——对社会预测的一项探索》一书中将人类社会的发展划分为三个阶段：前工业社会、工业社会和后工业社会。他认为信息社会就是后工业社会，人类所处的工业社会即将结束，而后工业社会已经或即将来临，并深刻影响人类社会的中心任务和主要矛盾关系。本文在此引入后工业社会这一概念来解释社会资本的产生背景。

　　〔2〕　[美] 丹尼尔·贝尔：《资本主义文化矛盾》，赵一凡等译，生活·读书·新知三联书店1989 年版，第 198 页。

社会科学领域有所研究，但作为一种独立的新型资本意义的社会资本概念，却是在西方社会进入后工业社会时期的 20 世纪 70~80 年代才提出的。[1]

社会学意义上的社会资本概念早期曾由利达·汉尼凡（Lyda J. Hanifan）、简·雅克布（Jane Jacobs）、加里·罗瑞（Glenn Loury）等学者提出，特别是美国经济学家罗瑞在 1977 年发表的"种族收入差距的动力学理论"一文中，论证了社会资本是社会资源之一，认为社会资本存在于家庭关系和社区组织之中，对儿童或青年的心理发展至关重要，[2]因此不少学者认为罗瑞是提出现代社会资本概念的第一人。

但罗瑞在该文中还没有对社会资本概念作理论化的研究，一般认为最早对社会资本进行理论化研究的学者是布尔迪厄。布尔迪厄 1980 年在《社会科学杂志》上发表"社会资本随笔"一文，正式提出社会资本概念并认为其是实际或潜在的资源的集合体，那些资源是同对某种持久网络的占有密不可分的。这一网络是大家共同熟悉的、得到公认的，而且是一种体制化的关系网络，换句话说，这一网络是同某种团体的会员制相联系的，它从集体性拥有资本的角度为每个会员提供支持。这些资本也许会通过运用一个共同的名字（如家族、班级、部落、学校或党派的名字等）而在社会中得以体制化并得到保障，这些社会资本也可以通过一整套的体制性行为得到保障。[3]布尔迪厄的社会资本概念是从微观层面提出的个体社会资本，强调其是一种可以从中吸取资源、体制化的持续性社会网络关系，网络中的每个个体都可以根据个人实践能力大小而从中受益，而这种关系网络和受益还得到体制化的保障。

---

〔1〕 社会资本理论发展历程的阶段划分存在不同观点。随着学者们研究的深入，社会资本概念的第一次提出追溯到了利达·汉尼凡 1916 年在《美国政治社会科学学术年鉴》发表的"乡村学校社区中心"一文，中国人民大学吴军博士和夏建中教授因而把 20 世纪 20~70 年代作为社会资本理论的初创阶段、80 年代作为发展阶段、90 年代作为扩展阶段、21 世纪作为最新进展阶段。该观点有较大影响，但本文以理论化研究为标准，认为早期学者提出了社会资本概念，但还没有开展理论化研究，布尔迪厄才是第一个对社会资本开展理论化研究的学者，其相关研究标志着社会资本理论的产生；詹姆斯·S. 科尔曼（James Coleman）、罗伯特·帕特南（Robert Putnarm）等学者对社会资本理论进行了系统化完善，是其发展阶段；而罗纳德·博特（Ronald Burt）、亚历山德罗·波茨（Alejandro Portes）和林南（Nan Lin）等学者进一步深化了社会资本理论，并推动该理论在经济学、管理学、政治学等社会科学的运用，则是其繁荣阶段。

〔2〕 参见 ［美］詹姆斯·S. 科尔曼：《社会理论的基础》（上），邓方译，社会科学文献出版社 1999 年版，第 351 页。

〔3〕 参见 ［法］皮埃尔·布尔迪厄：《文化资本与社会炼金术——布尔迪厄访谈录》，包亚明译，上海人民出版社 1997 年版，第 202 页。

布尔迪厄对社会资本的分析还处于初级阶段，虽然还不够系统完善，但提出了研究社会资本理论的启发性和开拓性思路，对后人深入研究社会资本理论产生了重要影响，标志着社会资本理论的发轫。

三、社会资本理论的发展与繁荣

继布尔迪厄提出社会资本理论后，该理论于 20 世纪 80 年代末至 90 年代中期在社会学领域经科尔曼、帕特南的发展，形成了微观、中观和宏观三个层面的理论框架，由注重研究个人社会资本发展为注重研究组织、社区、区域甚至国家的社会资本。[1]

美国社会学家科尔曼对社会资本理论作了较系统完善的研究，"关于社会资本的第一个重要的理论表述是由詹姆斯·科尔曼于 1988 年提出来的"[2]。科尔曼作为社会资本概念和社会理论的集大成者，其思想主要集中在 1988 年发表于《美国社会学杂志》的"社会资本在人力资本创造中的作用"一文和1990 年《社会理论的基础》一书。科尔曼把布尔迪厄微观的个体社会资本发展至中观层面，并为联结宏观层面的社会资本架起了桥梁。科尔曼的社会行动理论强调社会系统分析，因而他注重从社会结构角度研究社会资本。他认为社会结构的基础是社会关系，而社会关系包含的权威关系、信任关系和以规范为基础的权利分配共识等，是一种重要的资源也即社会资本。他认为"社会资本的定义由其功能而来，它不是一个单一实体，而是具有各种形式的不同实体。其共同特征有两个：它们由构成社会结构的各个要素所组成；它们为结构内部的个人行动提供便利。和其他形式的资本一样，社会资本是生产性的，是否拥有社会资本，决定了人们是否可能实现某些既定目标。"[3]科尔曼对社会资本的存在形式作了具体分析，提出了五种形态的社会资本：（1）义务与期望，是指个体为他人提供一定的服务后，可以从他人那里获取的将对自己承担特定义务的社会资本，但这种社会资本的存量取决于社会环境的可信任

---

[1]　社会资本理论发展的每个阶段、每个层面的理论框架和每个领域的理论研究都有很多学者作出了贡献，但因篇幅所限，本文只能列举一些代表性学者的观点。

[2]　[美]托马斯·福特·布朗："社会资本理论综述"，载李惠斌、杨雪冬主编：《社会资本与社会发展》，社会科学文献出版社 2000 年版，第 80 页。

[3]　[美]詹姆斯·S. 科尔曼：《社会理论的基础》（上），邓方译，社会科学文献出版社 1999 年版，第 354 页。

度。（2）信息网络，是指个体可以从其社会关系网络中可获取的有价值信息并为自己行动提供便利的社会资本。（3）规范与有效惩罚，是指对个人行动有约束力的规范以及对个体不当行为的惩罚，这种社会资本对组织目标的实现和社会秩序的维护等具有重要意义。（4）权威关系，是指行动者之间拥有的能够控制他人行为，以解决共同性问题和增进共同利益的社会资本。（5）多功能的社会组织和有意创立的社会组织等，这种社会资本可以通过组织内部的封闭网络推动个体行动的一致性，增强社会影响并为行动者提供效益。[1]科尔曼还分析了社会结构、社会网络的封闭性和意识形态等因素对社会资本的影响。他认为从传统社会向现代社会的变迁带来的社会结构变化对社会资本有极大的影响，现代社会结构需要"人工创建的社会组织"来代替传统的社会资本；社会网络的封闭可以确保义务与期望关系的存在，促进内部规范的产生和信任关系的形成；要求个体按照某种既定利益或他人利益行动的意识形态有助于社会资本的生成，而追求个人独立和鼓励个人利益的意识形态容易抑制社会资本的生成；个体之间依赖程度低不利于社会资本的生成、维持和更新。[2]

美国哈佛大学教授帕特南将社会资本理论引入了更为宏观的政治学领域，突出从集体层面研究社会资本，架起了社会资本与集体行动和公共政策沟通的桥梁，进一步深化和拓展了社会资本理论的研究和运用领域，引起了各大学科对该理论的重视和传播。帕特南的社会资本理论研究成果主要集中在1993年出版的《使民主运转起来：现代意大利的公民传统》、1995年出版的《独自打保龄球——美国下降的社会资本》和1996年出版的《繁荣的社群——社会资本和公共生活》等著作之中，他提出"社会资本是指社会组织的特征，诸如信任、规范以及网络，它们能够通过促进合作行为来提高社会的效率"。[3]他通过在意大利的20年调研，得出意大利南北两地制度绩效的差异在于两地公民精神水平也即社会资本的积累程度的差异。他的调研发现，意大利北部地区建立了很多互助小组、劳动组合、协同组合、扶轮社等社会

---

〔1〕 参见［美］詹姆斯·S. 科尔曼：《社会理论的基础》，邓方译，社会科学文献出版社1999年版，第358-367页。

〔2〕 参见［美］詹姆斯·S. 科尔曼：《社会理论的基础》，邓方译，社会科学文献出版社1999年版，第758~768页。

〔3〕 参见［美］罗伯特·D. 普特南：《使民主运转起来：现代意大利的公民传统》，王列、赖海榕译，江西人民出版社2001年版，第195页。

团体，公民之间、公民与政府之间有很多横向联系的互惠性规范和参与网络，因而整个社会充满活力，公民相互信任；而南部则缺少公共生活的基础，社会和政治参与是纵向的等级关系，公民无意参与公共事务，社会充满腐败、猜疑，政治经济水平较北部明显偏低。他通过论证得出结论：体现公民参与规范和网络的社会资本可能是保持经济发展和政府效能的一个基本前提。[1]帕特南还运用社会资本理论重点研究了自愿性社会团体、公民心、公民信任等问题，指出美国由于受个人主义影响太深，公民与其他社区联系减弱，以致美国公民的参与程度下降和社会资本的衰弱。综合分析帕特南的各种论述，可以从三个方面来认识社会资本：主观方面，社会资本主要由信任、互惠和合作等一系列的态度和价值观构成；客观方面，社会资本体现于将家庭、社区、朋友、生活和工作联系起来的人际网络之中；后果方面，社会资本表现为社会关系和社会结构的一种特性，即有助于推动社会行动和把事情搞定。[2]

布尔迪厄、科尔曼和帕特南从微观、中观和宏观三个不同层面构建了社会资本的理论框架。尽管网络都是其基本立足点或者重要观点，但他们对网络都没有开展深入研究。博特、波茨、林南等学者则在社会网络分析的基础上，形成了一套关于社会网络的社会资本观，推动了社会资本理论的繁荣发展。

美国芝加哥大学教授博特从网络结构角度研究了社会资本。科尔曼提出的网络封闭强调三角形状的网络体系中建立了两两联系，以形成一个闭合系统（如图2-1），任何信息和资源都可以最短的路程直接流向网络中的任何一点，从而产生规范、信任等社会资本；但博特认为网络结构中存在不能联结的关系也即"结构洞"（如图2-2中B-C之间），网络结构中不能直接联结的成员，只有通过他们共同的联结点（如图2-2中A点），也即处于控制地位的成员才能建立网络，社会资本就是这种能够控制资源的网络结构，是"朋友、同事或更一般的熟人，通过它们可以获得金融和人力资本的机会"[3]。他进一步认为社会资本的网络结构受到网络规模、网络等级、网络限制和网

〔1〕参见［美］罗伯特·D.帕特南：《使民主运转起来：现代意大利的公民传统》，王列、赖海榕译，江西人民出版社2001年版，第201~207页。

〔2〕参见［英］肯尼斯·纽顿："社会资本与现代欧洲民主"，载李惠斌、杨雪冬主编：《社会资本与社会发展》，社会科学文献出版社2000年版，第387页。

〔3〕Ronald S. Burt, *Structural Holes: The Social Structure of Competition*, Harvard University Press, 1992, p.9.

络密度等的影响。博特重视研究社会资本是网络成员在网络中所处位置或能使用的资源，而不管其所处的阶级或类别，较好地解释了同一网络中的成员有的可以获取资源而有的不能，对进一步深化对社会资本的认识和研究具有重要意义。

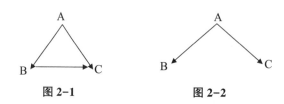

图 2-1　　　　　　　　　　　图 2-2

　　美国普林斯顿大学教授波茨注重从网络成员关系角度研究社会资本。他对社会资本的定义是："个人通过他们的成员资格在网络中或者在更宽泛的社会结构中获得短缺资源的能力——获取（社会资本）的能力不是个人固有的，而是个人与他人关系中包含的一种资产。社会资本是嵌入的结果。"[1]不同于博特所强调的网络结构，波茨对社会资本的定义是以自我为中心，并在此基础上指出社会网络具有互惠交换、强制信任、价值内化和有机整合等特征，网络成员所处社会网络的特征差异是其嵌入网络的程度和类型的结果，指明了各种不同社会资本的动因。波茨还从积极和消极两方面分析了社会资本的作用，积极作用是可作为社会控制的来源、家庭的支持和作用家庭之外网络获取收益的来源；消极作用表现为排斥圈外人、对团体内部成员要求过多而阻止其他成员创新成功、限制个人自由和通过规范消除差异，产生向下压力等。[2]

　　美籍华裔杜克大学教授林南从网络资源角度研究了社会资本。他在深入研究社会资源理论的基础上，认为社会资本可以定义为"在目的性行动中被获取的和/或被动员的、嵌入在社会结构中的资源"[3]。林南这一定义兼顾了社会结构的制约性和人的能动性，既强调社会资本存在于一定的社会结构或

---

〔1〕 转引自［美］托马斯·福特·布朗："社会资本理论综述"，载李惠斌、杨雪冬主编：《社会资本与社会发展》，社会科学文献出版社 2000 年版，第 83 页。

〔2〕 See Alejandro Portes, "Social Capital: Its Origins and Applications in Modern Sociology", *Annual Reice of Sociology*, 1998, pp. 1-24.

〔3〕 ［美］林南：《社会资本——关于社会结构与行动的理论》，张磊译，上海人民出版社 2005 年版，第 28 页。

社会关系之中，只有遵守嵌入于该结构或关系之中的规范才能获取社会资本；又注重人之行动的能动性即人可通过有目的的行动而使社会资本有利于自己。林南的研究在社会资本与社会资源之间架起了紧密联系的桥梁，有助于更好地认识关系在社会网络中的作用。

四、社会资本理论向相关学科的扩张

社会资本最早由经济学家提出，但其理论化研究框架的搭建主要归功于社会学界。20世纪90年代中期，帕特南将该理论引入宏观政治学研究而在社会科学界名声大噪之后，[1]开启了向经济学、政治学、管理学、法学等社会科学领域的扩张，成为经济学家、政治学家、管理学家以及法学家等学者采纳并广泛用于解释和说明各自学科领域问题的综合性概念和研究方法。[2]

（一）社会资本理论向经济学和政治学的扩张

简·弗泰恩（Jane Ephtyne）、罗博特·阿特金森（Robert Atkinson）、迈克尔·伍考克（Michael Woolcock）和比得·埃文斯（Peter Evans）等美国学者从经济发展、创新、制度经济学和国家政策等方面研究了社会资本理论，推动社会资本理论在经济领域的扩张。弗泰恩和阿特金森认为社会资本是科技创新的一个关键因子，是一个组织网络能够进行团结协作和促进生产收益的宝库，是公司建立有效合作关系以及联邦政府将科技管理职责下放各州的关键所在。他们还为联邦政府如何制定政策，培养企业间的社会资本提出了具体建议。[3]伍考克认为社会资本理论的研究表明，当各方都以信任与合作的精神共同投入物质资本和人力资本，在经济发展中就能提高生产效率，获得更多报酬。因此，社会资本的积累对经济发展具有重要意义。他还从社会资本角度对经济发展进行了反思，分析了经济发展的困境与机会，并从社会

---

〔1〕　社会资本理论研究中，不少学者跨越了几个阶段，如帕特南既将布尔迪厄、科尔曼的微观和中观层面的社会资本发展至宏观层面，又率先将社会资本扩张至政治学领域，本书在考虑各学者具有代表性意义观点的基础上择其一阶段予以论述，而在其他阶段不再赘述。

〔2〕　参见燕继荣：《投资社会资本——政治发展的一种新维度》，北京大学出版社2006年版，第1页。

〔3〕　参见［美］简·弗泰恩、罗伯特·阿特金森："创新、社会资本与新经济——美国联邦政府出台新政策，支持合作研究"，载李惠斌、杨雪冬主编：《社会资本与社会发展》，社会科学文献出版社2000年版，第212~227页。

资本层面提出了对发展理论和政策的启示。[1]埃文斯认为，当代发展战略过于重视宏观经济学，没有重视宏观经济学依赖的微观经济制度，而规范和网络构成的社会资本，是市场交易制度的基础和市场功能发挥的前提，在经济发展中具有重要意义。[2]

西班牙学者杰森特·乔丹纳（Jacynthe Jordan）、美国学者鲍伯·爱德华（Bobber Edward）和米切尔·W.弗雷（Mitchell W. Frey）、英国学者肯尼思·纽顿（Kenneth Newton）等学者从政治学方面研究了社会资本与集体行动、公民社会以及现代欧洲民主的关系，推动社会资本理论在政治学中的纵深运用。乔丹纳认为，社会资本是解释政治稳定与民主发展的关键性因素，具有政治学意义。他对政治科学中的理性选择法、社会资本与建制（Institution）进行详细考察后，探讨分析了集体行动与社会资本模型的关系。[3]爱德华和弗雷提出，社会资本与公民社会的概念已在社会科学界和政治实践中引起共鸣，说明这些术语对当代社会思想的分析和描述具有重要作用。他在分析各种公民社会的内涵和诸多资本形态后，分析了社会资本与公民社会内在价值与理论凝聚力。[4]纽顿在分析帕特南关于社会资本定义内涵的基础上，提出了深度信任的迪尔凯姆模型、浅度信任的托克维尔模型和现代社会中的抽象信任三种社会资本模型，用以解释社会资本与现代社会的关系，并提出了初级民主、次级民主、抽象民主三种民主模式与社会资本的关系。[5]

（二）社会资本理论向相关学科的扩张

2000年世界银行出版的研究报告提出社会资本是支撑各种制度的总和以及凝聚各种制度的黏合剂后，[6]社会资本理论的研究掀起了一个新的高潮并

---

〔1〕参见［美］迈克尔·伍考克："社会资本与经济发展：一种理论综合与政策构架"，载李惠斌、杨雪冬主编：《社会资本与社会发展》，社会科学文献出版社2000年版，第240~302页。

〔2〕参见［美］比得·埃文斯："跨越公私界线的发展战略"，载李惠斌、杨雪冬主编：《社会资本与社会发展》，社会科学文献出版社2000年版，第228页。

〔3〕参见［西］杰森特·乔丹纳："集体行动理论和社会资本的分析"，载李惠斌、杨雪冬主编：《社会资本与社会发展》，社会科学文献出版社2000年版，第315~352页。

〔4〕参见［美］鲍伯·爱德华、米切尔·W.弗雷："超越普特南的公民社会与社会资本"，载李惠斌、杨雪冬主编：《社会资本与社会发展》，社会科学文献出版社2000年版，第359~378页。

〔5〕参见［英］肯尼思·纽顿："社会资本与现代欧洲民主"，载李惠斌、杨雪冬主编：《社会资本与社会发展》，社会科学文献出版社2000年版，第379~411页。

〔6〕See Steplun Knonles, "Is Solial Capital Part of the Institutions Continuum and is it a Reep Determinant of Development. wider", available at unu edu/sites/defanlt/files/p2006-25. pdf, last visit 2021. 10. 13.

被更加广泛地运用于经济学、政治学、人类学、教育学、法学和管理学等社会科学领域，迅速引起了国内外广大学者的关注和研究，推动社会资本理论向相关学科的全面扩张。[1]

从国外的主要研究来看，爱德华·格拉泽（Edward Glaeser）从经济学角度研究了社会资本的投资及收益问题；埃莉诺·奥斯特罗姆（Eilinor Ostrom）将社会资本理论应用到如何克服"集体行动的困境"以实现更高的经济绩效等问题上；斯蒂格利茨（Joscph E. Stiglitz）从组织的视角研究了社会资本与市场经济、社会制度的演化关系等问题；汤姆·舒勒（Tom Schuller）在详细比较社会资本与人力资本的基础上，提出如何在这两种资本相互作用中提高社会资本存量，并以之促进教育、就业和社会稳定等多种政策过程；道格拉斯·威廉斯（Douglas Willms）非常注重社会资本对社会结果的影响评估，并将其引入教育事业的发展，认为社会资本对教育事业的发展有重要作用，并提出了促进社会资本发展的路径。[2]

从国内的主要研究来看，中国对社会资本理论的研究肇始于 20 世纪 90 年代中期并主要集中于经济学领域，至 21 世纪以来，社会资本理论扩张成为社会科学领域研究的焦点和热点。中国社会科学院的张其仔博士是国内最早研究社会资本理论的学者。他着重探讨了社会资本对增长和发展、技术创新和制度创新等的影响，并对社会资本与经济效益的关系作了量化研究。[3]但他关注的是对社会资本中的社会网络的研究，没有注意到制度、规范、信任和文化道德等在社会资本中的地位。国内学者随后对国外的社会资本理论进行了广泛介绍，并结合中国的经济、文化、政治、社会等实际，从经济学、社会学、管理学、政治学等学科角度进行了全面研究，大致体现在三个方面：一是从比较宽泛的经济与文化关系的视角开展的研究（周浩然、张炜，1994；孙是炎，1995；罗治英，1996）；二是从制度经济学的视角研究制度、规范以及网络对经济发展的重要意义（吴敬琏等，1999）；三是重点关注社会网络，

---

〔1〕　据查询中国期刊网发现，21 世纪以来，仅国内学者每年发表有关社会资本理论的文章达 500 多篇，其中一半以上为 CSSCI 来源期刊，亦可见社会资本理论对国内各大社会科学的影响及在社会科学领域运用之广度和深度。

〔2〕　参见梁莹：《社会资本与公民文化的成长——公民文化成长与培育中的社会资本因素探析》，中国社会科学出版社 2011 年版，第 12 页。

〔3〕　参见张其仔：《社会资本论——社会资本与经济增长》，社会科学文献出版社 1997 年版，第 99～260 页。

直接以社会资本为对象的理论研究（李培林，1996；张宛丽，1996；边燕杰、丘海雄，2000）。[1]21世纪以来，一些学者围绕社会资本与就业求职、劳动力供给与流动、企业经营发展等方面开展了研究，对社会资本的网络、关系、资源等作了精炼的概括；[2]一些学者讨论了社会资本效益、功能、来源、投资与区域经济发展等问题。[3]2003年以来，国内一批学者开始从政治学和法学角度研究社会资本，集中关注了社会资本与社会和谐[4]、社会资本与治理[5]、社会资本与民主[6]、社会资本与政党[7]、社会资本与政治发展及公共政策[8]、社会资本与法治[9]等之间的关联性，进一步推动社会资本与相关学科和社会实践的深入结合研究。

综上，国内外社会资本理论研究已由社会学的研究扩展至政治学、经济学、人类学、管理学、教育学、法学等领域。总的来说，政治学和管理学注重用它来分析组织管理和社会网络；社会学和人类学注重用它来分析社会规范；经济学和法学等则注重用它来分析契约和制度。

（三）社会资本理论向生态环境领域的扩张

随着社会资本理论的研究深入，国外很多学者将其扩展到了环境与资源

---

〔1〕 参见李惠斌、杨雪冬主编：《社会资本与社会发展》，社会科学文献出版社2000年版，第12~15页。

〔2〕 参见边燕杰、丘海雄："企业的社会资本及其功效"，载《中国社会科学》2000年第2期；等等。

〔3〕 参见燕继荣：《投资社会资本——政治发展的一种新维度》，北京大学出版社2006年版；范晓屏：《工业园区与区域经济发展——基于根植性、网络化与社会资本的研究》，航空工业出版社2005年版；等等。

〔4〕 参见卜长莉：《社会资本与社会和谐》，社会科学文献出版社2005年版。

〔5〕 参见周红云：《社会资本与中国农村治理改革》，中央编译出版社2007年版；苗月霞：《中国乡村治理模式变迁的社会资本分析——人民公社在与乡村政治体制的比较研究》，黑龙江人民出版社2008年版；奂平清：《社会资本与乡村社区发展——以西北弓村为例》，中国社会出版社2008年版；占小林：《社会资本对农村共用土地资源自主治理的影响——理论框架与实证研究》，湖南大学出版社2013年版；黄晓东：《社会资本与政府治理》，社会科学文献出版社2011年版；等等。

〔6〕 参见周红云主编：《社会资本与民主》，社会科学文献出版社2011年版。

〔7〕 参见祝灵君：《社会资本与政党领导——一个政党社会学研究框架的尝试》，中央编译出版社2010年版。

〔8〕 参见梁莹：《社会资本与公民文化的成长——公民文化成长与培育中的社会资本因素探析》，中国社会科学出版社2011年版。

〔9〕 参见马长山："社会资本、民间社会组织与法治秩序"，载《环球法律评论》2004年第3期；张清："社会资本、权力与法治"，载《吉林大学社会科学学报》2007年第2期；黎玉琴："公共权力、法治与社会资本的积累"，载《现代哲学》2009年第2期；等等。

领域。经查阅 CALIS 和 EBSCO 等外文期刊数据库，不少文献研究了社会资本与可持续发展、环境政策、环境治理、环保绩效、自然资源管理、气候变化等方面的问题，认为社会资本有助于推进可持续发展、加强自然资源管理、适应气候变化、优化环境政策和环境治理、提高环境治理效率。在可持续发展方面，Platje Joost（2008）认为作为社会资本的制度资本是通往可持续发展的捷径；Paul Selman 等研究了社会资本与可持续发展和环境规划之间的关系；Ann Dale 和 Jenny Onyx（2001）等认为社会资本与可持续发展之间存在有效的平衡；而 Markku Lehtonen（2004）等则从可持续发展的环境社会层面研究了社会资本与环境政策工具的关系。在环境政策方面，Pennington M. 和 Rydin Y.（2000）等分析了地方环境政策背景下的社会资本；Nikoleta Jones（2009）等探讨了社会资本对环境政策工具的影响；Katano Yohei（2007）则专门分析了东京的环境政策与社会资本之间的关系。在环境治理方面，Hiroe Ishihara 和 Unai Pascual（2009）等对社区层面环境治理的社会资本进行了批判；Mertens Frédéric（2011）等则专门分析了亚马逊地区的社会网络、社会资本与环境治理的关系。在环保绩效方面，R. Quentin Grafton 和 Stephen Knowles（2004）等探讨了社会资本与国家环保绩效的关系；而 Hari Bansha Dual（2011）等从跨国环保行动的角度分析了社会资本与环保绩效的关系。在自然资源管理方面，Pretty J. 和 Frank B. R.（2000）分析了自然资源管理中的环境团体和公众参与等社会资本形式；Christopher Mcgrory Klyza（2006）等分析了地方环境团体与社会资本创造的关系；而 Jules Pretty（2003）则研究了自然资源管理中社会资本与集体行动的关系。在气候变化方面，Mark Pelling 和 Chris High（2005）对社会资本在适应气候变化的作用方面进行了研究，认为社会资本可以增加适应能力，产生减少针对气候变化脆弱性与响应背景压力的物质干涉和制度变革；Rayner 和 Malone（2001）则指出在面对气候变化与外部压力时，作为社会资本的人与人之间关系的密度，是促进个体与集体变化的基础资源。[1]

国内学者们也积极将社会资本理论运用于环境资源的相关问题研究，认为社会资本无论是对生态文明和环境的整体影响，还是对污染防治、自然资

---

[1] 该段文献综述来自 CALIS 和 EBSCO 外文期刊数据库的查询并经笔者整理而成。See Platje Joost, "An institutional capital approach to sustainable development", *Management of Environmental Quality*, Vol. 19, Issue 2, 2008, p. 222-233；等等。

源管理和保护以及生态补偿和农村环境保护等具体方面的影响都非常关键。有学者阐述了社会资本影响生态环境的作用机理，指出要加强引入环境变化中的人文因素，研究环境态度、文化与政策及其相互作用关系，并以网络、信任、规范为测量社会资本的指标，以生态足迹为测量环境影响的指标，分析了甘肃村域层面社会资本环境影响之间的关系；[1]有学者引入社会资本理论对环境库兹涅茨曲线假说进行了实证检验，指出社会资本是解释环境污染物排放量的重要原因之一；[2]有学者以社会资本理论为框架阐述和分析了生态文明建设，认为社会资本与生态文明之间存在紧密关联，社会资本的存量是推进生态文明建设的重要资源，对于塑造公共精神、完善政策法律体系和搭建参与合作平台具有重要作用，因而提升社会资本存量是建设生态文明的必然选择；[3]有学者从社会资本理论视角研究了流域水资源、共用土地资源、森林资源等公共池塘资源的管理，着重分析了社会资本对森林资源社区共管的影响以及流域水资源治理中的功能和运作机制，探讨了社会资本累积与流域水资源治理良性互动的框架，并指出社会资本应用于公共池塘资源管理，有利于克服政府和市场两种手段在管理公共池塘资源过程中存在的缺陷，政府、市场和社区三种手段结合是推动"公地悲剧"转向"公地繁荣"的关键；[4]还有很多学者详细研究了社会资本与生态补偿、农村生态环境等环境与资源保护的具体问题，认为社会资本对于促进生态补偿的实施、保护农村生态环境等具有重要意义。[5]

---

〔1〕 参见赵雪雁："社会资本与经济增长及环境影响的关系研究"，载《中国人口·资源与环境》2010年第2期；"村域社会资本与环境影响的关系——基于甘肃省村域调查数据"，载《自然资源学报》2013年第8期。

〔2〕 参见卢宁、李国平："基于EKC框架的社会资本水平对环境质量的影响研究——来自中国1995~2007年面板数据"，载《统计研究》2009年第5期。

〔3〕 参见陶国根："社会资本与建设生态文明的行动逻辑"，载《福建农林大学学报（哲学社会科学版）》2014年第3期。

〔4〕 参见李玉文：《流域水资源管理中社会资本作用机制的实证研究——黑河流域案例分析》，经济科学出版社2012年版；刘戎："社会资本视角的流域水资源治理研究"，河海大学2017年博士学位论文；占小林：《社会资本对农村共用土地资源自主治理的影响——理论框架与实证研究》，湖南大学出版社2013年版；张克中："社会资本与公共池塘资源管理"，载《江西社会科学》2006年第12期。

〔5〕 参见郭文献、何意成、张龙飞等："流域生态补偿社会资本模拟"，载《中国人口·资源与环境》2014年第7期；张方圆等："社会资本对农户生态补偿参与意愿的影响——以甘肃省张掖市甘南藏族自治州临夏回族自治州为例"，载《资源科学》2013年第9期；宋言奇："社会资本与农村生态环境保护"，载《人文杂志》2010年第1期；等等。

（四）社会资本理论向法学领域的扩张

经查阅 CALIS 和 EBSCO 等外文期刊数据库，国外不少学者将社会资本理论引入了法律、法治的关联性研究，相关文献主要探讨了社会资本与法律的一般关系。Mazur（2002）研究了作为社会资本和可期待利益的信任与法律和伦理的关系；Yves Dezalay 和 Bryant Garth（1997）通过比较法治与关系资本主义的抗衡，分析了法律、律师与社会资本的关系；Fiona M. Kay 和 Jean E. Wallance（2009）通过研究法律实践中的性别、信赖和职业奖励，探讨了作为社会资本的信赖；Mcgreal Paul E.（2008）通过案例分析了公众场合祈祷中宗教规范的执行与宪法社会资本的关系；Bruce L. Arnold 和 Fiona M. Kay（1995）专门研究了法律实践和职业自律组织，分析了这类社会组织中的信任情况，认为这类组织是法律实践和职业自律的重要社会资本；Takahiro Hoshino（2006）通过分析东亚的守法精神、规范意识以及契约与信任态度，研究了其与相关认知型社会资本的关系；Wise Virginia J. 和 Schauer Frederick（2007）则比较了法律资料与美国法的发展，认为法律资料是一种重要的社会资本。[1]

在国内，一些学者也开始把社会资本理论作为解释范式，研究社会资本与法律、法治的关联性。马长山等学者分析了社会资本、民间社会组织与法治秩序的关系，认为社会资本是当代法治秩序的重要动力和支撑，但中国社会资本的异型发展制约了法律秩序的建立，因而有必要发挥民间社会组织的力量，促进社会资本的重建，推进中国的法治建设；[2]张清等学者研究了社会资本、权力与法治的关系，认为在中国大力推进法治建设的关键时期，要使政治权力为构建新型社会资本服务，使社会资本成为法治的补充并推动法治秩序的构建；[3]黎玉琴等学者则分析了公共权力、法治与社会资本积累的关系，认为专制的公共权力是社会资本积累的腐蚀剂，只有现代法治才是社会资本积累的机制，因而要从社会结构秩序化所必需的法治状态维度建构社

---

〔1〕 该段文献综述来自 CALIS 和 EBSCO 外文期刊数据库的查询并经笔者整理而成。See Mazur, "Law and Ethics：Trust as Social Capital and as Encapsulated Interest", *Medical Decision Making*, Vol. 22, Jssue 4, 2002, p. 372；等等。

〔2〕 参见马长山："社会资本、民间社会组织与法治秩序"，载《环球法律评论》2004 年第 3 期。

〔3〕 参见张清："社会资本、权力与法治"，载《吉林大学社会科学学报》2007 年第 2 期；黎玉琴："公共权力、法治与社会资本的积累"，载《现代哲学》2009 年第 2 期等。

会资本的积累机制；[1]杨喜平等学者探讨了社会资本与司法公信力的关系，分析了影响司法公信力的社会资本因素，提出了通过增加社会资本存量来提升司法公信力的相关对策；[2]毛高杰等学者研究了社会资本理论与纠纷解决的关系，认为要通过农村社区化建设，在农民日常生活中培育充分的社会资本，促进信任机制、有机参与网络以及规范系统的形成，即要通过发展多元社会资本促进以司法为中心的农村多元纠纷解决机制的形成；[3]汪明亮等学者把社会资本作为刑事政策研究的新的解释范式，分析了社会资本与刑事政策之间的密切关系，认为宏观上社会资本存量与控制犯罪效果成正比，微观上不同的社会资本对犯罪会产生不同的影响，并影响相应的刑事政策；同时，他还用社会资本理论解释了青少年犯罪问题，认为当前青少年社会资本的缺失主要体现在社会纽带联系弱化或异化，是青少年犯罪生成的重要社会因素，提高青少年工作的社会资本存量是做好青少年犯罪预防的重要途径。[4]

综上，社会资本理论已扩张至社会科学领域的主要学科和重要方面，成为分析社会现象的重要理论工具，对各种社会现象都具有强大的解释功能，特别是近年来引入到生态环境和法治领域后，为环境治理和法治国家建设提供了新的理论范式，开辟了新的研究视角和领域，对于解释中国环境法治绩效具有重要的启发和指导意义。

第三节　社会资本理论的基本内涵

"社会资本"是资本理论家族的重要成员，是社会学与经济学交叉演化而成的一个具有重要影响的概念。在法学学科中，社会资本更是一个全新的概念。从社会资本理论的发展历程和向相关社会学科的扩张过程可以看出，社会资本理论历经诸多学者的发展与阐释，其理论内涵日益丰富，虽然其中仍存在不少争议，但大多数学者对社会资本的定义、属性、构成、类型等的论

---

〔1〕　参见黎玉琴："公共权力、法治与社会资本的积累"，载《现代哲学》2009年第2期。

〔2〕　参见杨喜平："社会资本视野下的司法公信力"，复旦大学2008年博士学位论文。

〔3〕　参见毛高杰："社会资本与农村纠纷解决"，吉林大学2012年博士学位论文。

〔4〕　参见汪明亮：《社会资本与刑事政策》，北京大学出版社2011年版；汪明亮："基于社会资本解释范式的刑事政策研究"，载《中国法学》2009年第1期；汪明亮等："社会资本视野下的青少年犯罪原因及控制对策分析"，载《青少年犯罪问题》2010年第4期。

述中存在不少共性。以下对其作一简要梳理，以更好地明确社会资本的基本内涵，为后文论证奠定坚实基础。

一、社会资本的定义

社会资本的定义具有多维性。不同学者基于知识背景和认知的不同，对社会资本的关注重点不一，有的从功能角度下定义，有的从组织和结构意义上来理解，有的侧重其社会制度（包括正式社会制度和非正式社会制度）的意义，有的重点关注社会规范和社会信任。[1]有学者将社会资本的定义概括为五种类型：一是资源说，认为社会资本是从社会网络中产生的社会资源的集合体，这种资源是通过体制化的关系网络而实际获取或潜在占有；二是能力说，认为社会资本是主体之间及其与社会联系而获取稀缺资源的能力；三是功能说，认为社会资本是能给人的行动带来便利的社会资源；四是网络说，认为社会资本的外在形式就是社会结构、社会关系和社会网络；五是文化规范说，认为社会资本的本质实际上是互惠、信任等文化规范。[2]

还有学者把社会资本的定义概括为三种类型。"有关社会资本的三种观点逐步发展了概念的内涵。第一种观点包括大多数非正式的和地方的横向组织；第二种观点加入了科层组织；第三种观点建立在前两种观点基础上，加入了诸如政府和法律规则等正式国家结构。"[3]第一种观点是以帕特南为代表的定义类型，他把社会资本仅看作对一定区域或社区有影响的人们之间的横向联系，其所指的作为社会组织特征的社会资本，仅包括非正式的和地方的横向组织网络，而排除了正式的和纵向的组织网络；第二种观点是以科尔曼为代表的定义类型，虽然他仅把微观的社会资本发展至中观层面，但其所研究的社会资本是从社会结构出发，包含了所有横向和纵向的支配人们行动的社会结构和准则，也就包括纵横向的科层组织网络；第三种观点是社会资本更宽泛的定义类型，包括了影响规则发展和社会结构变迁的社会环境和政治环境。

---

〔1〕 李惠斌："什么是社会资本"，载李惠斌、杨雪冬主编：《社会资本与社会发展》，社会科学文献出版社 2000 年版，第 7 页。

〔2〕 参见卜长莉：《社会资本与社会和谐》，社会科学文献出版社 2005 年版，第 72 页。

〔3〕 ［美］帕萨·达斯古普特、伊斯梅尔·撒拉格尔丁编：《社会资本——一个多角度的观点》，张慧东等译，中国人民大学出版社 2005 年版，第 57 页。

　　著名政治经济学家奥斯特罗姆把社会资本的定义概括为三类，即最狭义的社会资本观、过渡的社会资本观和扩展的社会资本观。[1]托马斯·福特·布朗（Thomas Fort Brown）则从另一角度将社会资本的定义分为三个层次：微观层面的社会资本分析即嵌入自我的观点；中观层面的社会资本分析即结构的观点；宏观层面的社会资本分析即包含结构的观点。[2]奥斯特罗姆和布朗对社会资本定义的这一概括基本是对应的，最狭义的社会资本观也即微观层面的社会资本分析，是指个人拥有的社会资本，强调个人的社会联系和网络；过渡的社会资本观也即中观层面的社会资本分析，是从社会结构资源视角来定义社会资本并强调社会资本的公共物品性质；扩展的社会资本观也即宏观层面的社会资本分析，是从社会组织的特征视角来定义社会资本，强调社会资本对集体行动和公共政策的意义。

　　上述对社会资本定义类型化的概括，表明社会资本是一个多维的概念，从不同的视角以及不同关注重点都可以作出不同定义。但系统梳理社会资本理论的发展历程和有关代表性学者的定义可以得出，学者们对社会资本的定义也有不少共性，这些共性为我们准确认识和深刻把握社会资本的定义并将之运用于相关社会现象的解释提供了遵循。

　　首先，这些定义都认为社会资本是一种重要的资本或社会资源，对经济社会发展和解释社会现象有着重要作用，即使有时表现为消极作用。社会资本的价值在于其资本或资源性质，这得到了绝大多数研究社会资本理论学者的认同。社会资本，正是基于物质资本和人力资本在解释经济社会发展中遇到的困境而被学者们在人与人之关系中发现的资源，社会资本理论的发展与繁荣进一步展现了社会资本的资源魅力，社会资本理论向其他学科的扩张过程，更凸显了社会之手的资源特性及其与国家和市场之手在资源配置中的相互促进和相得益彰。

　　其次，这些定义都强调作为资源的社会资本根植于一定的网络或社会关系之中，网络是社会资本的来源或存在的基础。社会资本理论产生阶段的布尔迪厄认为这种网络是一种持续性的、体制化的社会关系；社会资本理论发

---

　　[1] See Elinor Ostrom, T. K. Ahn, "A Social Science Perspective On Social Capital: Social Capital and Collective Action", *Rev. Mex. Sociol*, Vol. 65, No. , 2001, pp. 155~233.

　　[2] 参见［美］托马斯·福特·布朗："社会资本理论综述"，载李惠斌、杨雪冬主编：《社会资本与社会发展》，社会科学文献出版社 2000 年版，第 78~79 页。

展阶段的科尔曼从社会结构角度研究网络，而帕特南注重对公民参与网络的分析；社会资本理论繁荣阶段的博特、波茨和林南等学者则在分析"结构洞"与网络封闭、网络成员关系和网络资源等网络的深度研究中阐述社会资本观；社会资本理论向其他学科扩张中的诸多学者也都注重运用网络来分析社会资本对政治稳定、经济发展、管理和制度运行高效以及社会各方面进步的作用。

再次，这些定义都注重分析网络中资源的构成或形态，一般认为包括互惠规范、信任、合作等。社会资本存在于网络之中，社会资本的资源特性嵌入于网络，不同的学者曾用社会信用或信任、规范、制度、合作、知识和价值观念等概念来阐述这种资源的构成或形态。如科尔曼认为这种资源的形态主要表现为义务与期望、规范与有效惩罚、权威关系等，而帕特南提出了对后人影响巨大的社会资本构成和形态，即嵌入网络中的规范与信任。不管学者们如何表达社会资本的构成和形态，正是网络中的互惠规范的形成和信任合作程度决定了网络中的资源大小以及助推经济社会发展作用的大小，因此众多学者普遍接受社会资本的三种基本形态：网络、规范和信任。

最后，这些定义大多认为社会资本可以是个人的、企业的、团体的、组织的、社会的甚至是国家的，虽然不同的学者关注的重点不同。布尔迪厄最初论及的是微观的社会资本，仅指个体的可以获取的社会资源；科尔曼将社会资本发展至中观层面，从社会结构角度研究了社会资本，为联结宏观层面的社会资本架起了理论桥梁；帕特南将社会资本理论引入政治学领域研究制度绩效后，社会资本理论实现了由注重研究个人社会资本转向注重研究社区、组织、区域和国家社会资本的跨越。虽然之后有学者侧重从网络结构、网络成员关系等角度深入研究微观层面的个体社会资本，但绝不影响社会资本可以是社区、组织和国家的观点的成立。

二、社会资本的属性

从社会资本的各种定义和学者们的相关论述来看，完全可以肯定社会资本是一种重要且与物质资本、人力资本相并列的重要资本，因而它必然具有资本的一般属性，能够带来价值并可积累和投资。但社会资本与物质资本、人力资本的差异何在？奥斯特罗姆曾经对此作过比较并将社会资本的特性概括为：不会因为使用但会因为不使用而枯竭；难以观测和度量；难以通过外部干预而形成；全国和区域性政府机构对社会资本的类型和范围有很大影响。[1]还有不少学者从其他角度论述了社会资本的特性。分析社会资本属性的现有研究，尽管理论上存在不少争论，但以下方面得到了中外学界的基本认可。

（一）无形资产的属性

物质资本大多可以触摸，人力资本也储存于具体人的头脑中，可以识别和测量，但正如科尔曼所言，"社会资本基本上是无形的，它表现为人与人的关系"[2]。作为嵌入一定网络中的、看不见摸不着的一种无形资产，社会资本需要人或组织之间的联系并在这种联系中形成网络，催生规范、信任等对人与社会具有重要意义的资源。

（二）公私兼顾，以公共物品为主的属性

社会资本因存在于一定的网络中而成为网络成员能够获取的一种资源，成为个体的人际关系资源，不管个体是否是有目的的投资抑或基于出生而自然获得，该资本具有私人性。但作为集体或组织的社会资本，是一个国家、地区或组织的重要资源，虽可为个人所用但不能由个人控制，具有公共物品的特性。现代社会需要投入和积累的社会资本，特别是本书用于考察环境法治的社会资本，更强调的是其公共物品特性。"社会资本，如信任、规范和网络，一般说来都是公共用品，而常规资本一般则是私人用品。这是社会资本的一个特性。"[3]

（三）积极或消极的外部性

外部性在经济上的解释是："当一个人的消费或企业的生产活动对另一个人的效用或另一家企业的生产函数产生了一种原非本意的影响时，就会出现外部性。"[4]概言之，外部性是指一个人的行为对他人产生了有益或有害的影响，有益的影响即积极的外部性，有害的影响即消极的外部性。社会资本特别是组织和团体的社会资本是公共物品，具有非排他性，因而也具有外部性。

---

〔1〕参见［美］埃莉诺·奥斯特罗姆："社会资本：流行的狂热抑或基本概念"，载曹荣湘选编：《走出囚徒困境——社会资本与制度分析》，上海三联书店2003年版，第31页。

〔2〕［美］詹姆斯·S. 科尔曼：《社会理论的基础》（上），邓方译，社会科学文献出版社1999年版，第356页。

〔3〕［美］罗伯特·D. 帕特南：《使民主运转起来：现代意大利的公民传统》，王列、赖海榕译，江西人民出版社2001年版，第199页。

〔4〕［美］丹尼斯·C. 缪勒：《公共选择理论》，杨春学等译，中国社会科学出版社1999年版，第33页。

一般人们都普遍认可社会资本的积极外部性。随着组织和团体社会资本的积累，组织和团体内部的规范和信任可以为成员提供更多的合作机会，甚至因为组织和团体的信誉而增加对外合作的机会，使组织和团体内外的人受益。但"所有类型的资本都可能带来危害而不是福利，因此无法保证社会资本一定能增加人类福利"〔1〕，如黑社会组织和邪教组织内部在遵照共同规范的基础上实现了合作的目的，积累了社会资本，但对社会产生了巨大的危害，也即产生了消极外部性。

（四）不可转让性

物质资本可以通过转让获取，作为劳动力的人力资本也可以通过引进人才予以弥补，但社会资本具有不可转让性。社会资本必须嵌入一定的网络，其资源的获取也基于一定的网络，并与其承载的网络共生共存。就个体的社会资本而言，个体虽可从网络中获取资源，但无法支配或控制其中的资源。当网络成员依赖的网络不复存在，社会资本也就丧失；当网络成员欲离开一定的网络，他也无法将自己在该网络中可能获取的资源带走或转让给网络之外的人。就组织的社会资本而言，社会资本丰富的组织或团体，也无法将其社会资本转让给社会资本欠缺的组织或团体。

（五）可再生性和自我强化性

物质资源具有短缺性，其中一些使用完后不可再生。构成人力资源的劳动知识和技能，会因不经常使用而衰退甚至丧失；而作为人力资源的劳动者，亦会因身体和年龄的原因而消失。但无论是个体社会资本还是组织社会资本，都具有可再生性和自我强化性，即使由于某种原因一度衰退或消失也仍可修复，而且还会因为经常使用而强化。就个体社会资本而言，使用机会增多的结果是个人结成的网络密度增大，从中可获取和交换资源的可能性也就更大；就组织社会资本而言，人们经过反复博弈而形成的信任、诚实与合作等规范和美德，具有良性互动的效果；反之亦然。"良性循环会产生社会均衡，形成高水准的合作、信任、互惠、公民参与和集体福利……在恶性循环的令人窒息的有害环境里，背叛、猜疑、逃避、利用、孤立、混乱和停滞，在互相强化着。"〔2〕

---

〔1〕　[美]埃利诺·奥斯特罗姆："社会资本：流行的狂热抑或基本概念"，载曹荣湘选编：《走出囚徒困境——社会资本与制度分析》，上海三联书店2003年版，第46页。

〔2〕　[美]罗伯特·D.帕特南：《使民主运转起来：现代意大利的公民传统》，王列、赖海榕译，江西人民出版社2001年版，第208页。

三、社会资本的构成

社会资本的构成是社会资本理论的核心问题。社会资本构成要素的确定与社会资本的定义紧密相关，不同的定义往往对社会资本的构成产生不同的认识。科尔曼提出了义务与期望、信息网络、规范与有效惩罚、权威关系、多功能社会组织和有意创建的社会组织五种社会资本的形态，实际上就是对社会资本构成的一种概括；帕特南对社会资本的定义是社会组织的特征，并通过举例把信任、规范和网络看作是社会资本的基本构成要素；波茨的社会资本观强调网络成员通过其资格在网络中或社会结构中获取资源的能力，把关系网络和成员资格看作是社会资本的构成要素；奥斯特罗姆认为"社会资本是关于互动模式的共享的知识、理解、规范、规则和期望，个人组成的群体利用这种模式来完成经常性活动"[1]，因而她认为社会资本的核心构成是共享的知识、理解、规范和期望；福山则认为社会资本是社团中以信任为基础的非正式规范，把社会成员的普遍信任理解为社会资本的基本构成。[2]

还有学者从分层分类的角度来理解社会资本的构成。社会资本可以分为个体社会资本与团体社会资本。个体社会资本体现的主要是个人能力，其构成要素主要包括个人的人际关系和成员资格或组织成员身份；团体或组织社会资本体现的主要是团体、组织甚至是一个社会和国家的能力，其构成要素主要包括网络、关系和文化。社会资本也可以分为结构型社会资本和认知型社会资本。结构型社会资本是从网络角度界定的，是指网络和社会结构，因而其构成要素是社会组织、社会网络和社会关系；认知型社会资本与价值、态度和信仰有关，通常被理解为一种文化，其构成要素主要包括规范和信任。[3]

综上所述，学者们对社会资本的构成表述不一，但其共同之处是都把网络、规范和信任视为社会资本的核心构成要素。"纵观不同的社会资本书献，

---

〔1〕［美］埃利诺·奥斯特罗姆："社会资本：流行的狂热抑或基本概念"，载曹荣湘选编：《走出囚徒困境——社会资本与制度分析》，上海三联书店 2003 年版，第 27 页。

〔2〕参见［美］弗兰西斯·福山：《信任——社会道德与繁荣的创造》，李宛蓉译，远方出版社 1998 年版，第 35 页。

〔3〕参见燕继荣：《投资社会资本——政治发展的一种新维度》，北京大学出版社 2006 年版，第 114~116 页。

信任和网络被认为是社会资本的两个关键内容。其他的词，规范或者义务也经常被提到。"[1]以下从网络、规范和信任三个方面介绍主要学者对社会资本构成的相关论述。

（一）网络

大多数学者都把网络或社会关系看作是社会资本构成的客观方面，是研究社会资本的起点和中心。布尔迪厄认为社会资本产生于人与人之间熟识和认可的关系，这种关系网络如果具有持续性并体制化便可为其成员提供资源；科尔曼也强调社会网络特别是社会结构的重要性，并认为网络是嵌入社会结构的人与人之间、团体与团体之间及其相互之间的复杂关系；帕特南将网络分为横向水平网络和纵向垂直网络，认为公民参与网络是横向互动的网络，正是公民参与网络最终导致意大利南北政府绩效的差异；马克·格兰诺维特（M. Granovetter）认为社会资本是嵌入社会关系网络的一种资源，网络是信任、规范的载体；[2]波茨从网络成员关系角度论证了社会资本，并专门分析了关系网络具有互惠交换、强制信任、价值内化与有机整合等特点；博特则重点分析了网络中的"结构洞"，以及影响网络结构的网络规模、网络限制、网络等级和网络密度；林南则重点分析了网络和社会结构中的资源，并认为社会资本的存量及其嵌入的资源主要取决于结构位置的优势、社会关系的优势、网络位置的优势、网络位置与结构位置之间的互动等。[3]

（二）规范

与网络紧密联系的是网络关系内部的规范或制度，包括正式规范和非正式规范，大多数学者都将其视作社会资本构成的主观方面。从广义上理解，一般认为规范是规定什么行为是可以做的或禁止做的，或者什么行动是被允许的或被制裁的。正是网络中人与人、人与群体以及群体之间的相互交往特别是相互间的重复博弈催生了一定规范，用以调整网络成员的行动而成为一种社会资本的重要构成。"关系紧密的群体内的成员开发并保持了一些规范，其内

〔1〕　Tom Schuller et al. , "Social Capital：A Review and Critique", in Tom Schuller et al. eds. , *Social Capital：Critical Perspectives*, Oxford University Press, 2000.

〔2〕　See M. Granovertter, "Economic Action and Social Structure：The Problem of Embeddedness", *A-merican Journal of Sociology*, Vol 91, No3. , 1985, p. 502.

〔3〕　参见［美］林南：《社会资本——关于社会结构与行动的理论》，张磊译，上海人民出版社2005年版，第58页。

容在于使成员们在相互之间的日常事务中获取的总体福利得以最大化。"〔1〕科尔曼认为规范与有效惩罚是社会资本的基本形态之一；而奥斯特罗姆则指出规范是人类致力建立秩序的可预测性的结果，并把共享的规范、知识与规则等作为社会资本的重要形态和解决集体行动困境的方式。大多数学者认为正式规范与非正式规范都是社会资本的构成；但也有学者认为社会资本更多是非正式规范，认为合法的正式规范特别是国家的强制规范对解决集体行动无效甚至有时可能影响社会合作；还有诸如福山这样的学者认为社会资本不包括正式规范，而仅仅是非正式规范。对此，奥斯特罗姆等学者认为不能否认国家和地区层次的正式规范的重要性，提出法律规则、民主制度和政府对任何社会都是有价值的社会资本，还有诸如格鲁塔尔等学者认为正式化的制度结构，如法律规则、政体、政府、司法系统等是社会资本的最主要内容。〔2〕

（三）信任

信任是各大学科高度关注和研究的学术概念，其含义上源远流长，且从不同视角可以作出不同定义。霍斯莫尔（Hosmer）曾概括了信任的五种类型定义：个体期望角度、人际关系角度、经济交换角度、社会结构角度、伦理角度。〔3〕心理学家多依奇（M. Deutsch）最早从个体期望角度界定信任；以齐美尔（Georg Simmer）、安东尼·吉登斯（Anthony Giddens）为代表的社会学家很早从社会关系或社会制度角度研究了信任问题，认为信任是社会最重要的综合力量之一，没有信任社会就将面临瓦解，并认为分析现代社会必须关注信任问题；〔4〕以肯尼斯·阿罗（Kenneth J. Arrow）为代表的经济学家也都认为信任是经济交换的有效润滑剂。〔5〕社会资本理论兴起后，"信任"一词虽然在定义上仍存在较大争议，但作为社会资本的关键要素却得到学者们较为一致的认可。科尔曼认为信任是社会资本的形式，是在风险中致力于追

〔1〕［美］罗伯特·C. 埃里克森：《无需法律的秩序：邻人如何解决纠纷》，苏力译，中国政法大学出版社 2003 年版，第 204 页。

〔2〕参见周红云："社会资本理论述评"，载《马克思主义与现实》2002 年第 5 期。

〔3〕See Hosmer, "Trust: The Connecting Link Between Organizational Theory and Philosophical Ethics", *Academy of Management Review*, Vol. 20, No. 2., 1995, p. 381.

〔4〕参见林聚任等：《社会信任和社会资本重建——当前乡村社会关系研究》，山东人民出版社 2007 年版，第 145 页。

〔5〕参见郑也夫：《信任论》，中国广播电视出版社 2001 年版，第 16~17 页。

求最大化功利的有目的的行为，能减少监督与惩罚的成本。[1]帕特南认为，信任是社会资本的核心概念，也是社会资本最重要的构成要素，因为信任能降低成本并有效地推动社会行动的实现。福山把信任看作是社会资本的重要组成，而且几乎将信任等同于社会资本，"所谓社会资本，则是在社会或其特定的群体之中，成员之间的信任普及程度。"[2]他认为社会资本以社会信任为基础，并从信任中产生能力，而信任又以文化为基础，经信任的传递，文化成为社会资本深层的决定性条件。[3]奥斯特罗姆也认为信任是促进合作的关键因素，社会资本的其他要素也大多是通过信任来促成集体行动。总的来说，大多数学者认为信任是在社会资本的网络与规范等其他要素中产生的，是社会资本的核心要素。纽顿正是在这个意义上提出，不可能存在一个有关信任的没有麻烦的定义，更不可能存在一个比信任更好的社会资本指标。正如前文所述，他还以信任为基本象征划分了深度信任的迪尔凯姆模型、浅度信任的托克维尔模型和现代社会中的抽象信任三种社会资本模型，并以之对应解释初级民主、次级民主和抽象民主三种民主模式。

四、社会资本的类型

类型化是研究的重要手段和方法。学者们在研究一个新事物时，往往要对该事物进行类型化分析，以进一步把握该事物的属性和特点。社会资本理论家们在研究社会资本时，往往也将社会资本分成几种类型。前文在论述社会资本的发展历程以及社会资本的定义和构成时，已涉及社会资本在某些方面的分类。社会资本的类型不是绝对的，根据不同的标准，站在不同的角度，都可以划分出不同的类型。以下根据社会资本理论家们的分析，就几种主要的社会资本类型予以简要论述，以便更好地认识和理解社会资本理论的基本维度。

（一）个人社会资本与团体或组织社会资本

个人社会资本与团体或组织社会资本是按照获取社会资本的主体不同而

---

〔1〕参见［美］詹姆斯·S.科尔曼：《社会理论的基础》（上），邓方译，社会科学文献出版社1999年版，第136页。

〔2〕［美］弗兰西斯·福山：《信任——社会道德与繁荣的创造》，李宛蓉译，远方出版社1998年版，第62页。

〔3〕See Francis Fukuyama, "Social Capital and Civil Society", Freeman Spogli Institute for International Studies, George Mason University, April, 2000.

划分的一对基本类型。个人社会资本或个体社会资本，是指个人或个体在一定的社会关系网络中所拥有的可以用来实现个人目标的社会资源。这是从微观层面分析社会资本的结果，决定这种社会资本大小的主要因素包括个体与社会网络联系的强弱度、个体在社会网络中的地位和社会关系网络的规模等。博特、波茨、林南等注重从社会网络中分析个体可以获取的社会资本。团体或组织社会资本是一个团体或组织乃至一个社会、地区和国家拥有的嵌入在社会网络中的可用于追求团体或组织目标，实现集体合作的资源。这是从中观和宏观层面分析社会资本的结果，这种社会资本大小的主要因素有社会结构的稳定程度、公民参与程度、信任情况和政治权威情况等。科尔曼、帕特南分别从社会结构和社会组织角度研究了团体或组织社会资本。

（二）政府社会资本与民间社会资本

政府社会资本与民间社会资本是按照提供社会资本的主体不同而划分的一对基本类型。政府社会资本一般也称正式的社会资本，是指影响人们互惠合作的政府制度，包括契约的实施、法治和政府允许的公民自由范围。而民间社会资本一般也称非正式社会资本，是指共同的价值、规范、非正式网络和社团成员资格。[1]显然，这种类型划分的前提是要认可国家法律规则等正式规范是社会资本，如福山仅把非正式规范作为社会资本，那么在他的理论中就不存在政府社会资本之说。这种类型划分的意义在于既充分调动政府与社会两种资源来克服集体行动的困境，又区分两种资源作用的不同。政府社会资本主要通过提供正式规范并通过国家强制力来约束人们的行为，而民间社会资本以其普遍信任和自我约束可以减少交易成本来提高效益。

（三）结构型社会资本与认知型社会资本

结构型社会资本与认知型社会资本是从社会资本的主客观方面划分的一对基本类型。社会资本的基本构成要素即网络、规范和信任，一般被分为客观和主观两个方面：客观方面是社会网络或社会结构，即基于一定的人与人、团体与团体或二者相互之间结成的人际关系或网络，既反映了社会的结构关系，也体现了社会的客观现象，是社会关系网络的非人格化方面，一般被称为结构型社会资本；主观方面包括规范和信任，是镶嵌于一定网络的主体之

---

[1] 参见［美］斯蒂芬·克拉克："增长与贫困"，载曹荣湘选编：《走出囚徒困境——社会资本与制度分析》，上海三联书店 2003 年版，第 272 页。

间，经过长期的反复博弈而形成的具有很高认可度的共同准则和相互依赖，既反映了主体对共同行为的主观认知和认同，也体现了与主体行动有关的一种社会文化，是社会联系的人格化方面，一般被称为认知型社会资本。也有学者将后一种社会资本细分为关系性维度和认知性维度，其中关系性维度体现为网络的具体内容，包括人际信任、义务与期望、共同遵循的规范和身份标识等；而认知性维度则是网络的认知因素，包括共享的语言和符号、共享的愿景和默会知识等。[1]

（四）水平结构社会资本与垂直结构社会资本

水平结构社会资本与垂直结构社会资本是根据社会资本所嵌入的网络或社会结构的特点划分的一对基本类型。水平结构的社会资本也称横向社会资本或网状社会资本，其所嵌入的社会关系或网络体现为对称的横向联系，呈现横向结构特点，网络中的人或组织具有相同的地位和权力。垂直结构的社会资本也称柱状社会资本或纵向社会资本，其所嵌入的社会关系或网络体现为等级制的纵向联系，网络中的人或组织是不平等不对称的等级和依附关系。帕特南更关注水平结构的社会资本，认为一个组织越具有横向性，就越能够发挥正效应，实现互惠合作和制度成功，解决集体行动的困境。他高度关注并研究了邻里组织、合作社、合唱队等公民参与网络的密切横向互动。而垂直结构社会资本虽能维持一个集团内部的合作，但具有高度排外性，不利于全社会形成信任与互惠合作，更多发挥的是负效应。[2]

以上对社会资本基本类型的划分，提供了分析社会资本的不同视角。第一种类型的划分，澄清了社会资本的拥有者或获得者的认识，有助于从个人和团体两个角度分析两种不同性质的社会资本并以之考察相关的社会现象；第二种类型的划分，明确了社会资本的积累主要来自政府和民间两个方面，有助于认识增加社会资本的方向；第三种类型的划分，来自对社会资本构成和功能的分析，有助于明确社会资本的构成要素和呈现方式，以便更好地推进社会资本的积累；第四种类型的划分，来自对社会组织或网络结构的分析，有助于明确社会资本的投资方向是横向水平联系的网络建构。

---

〔1〕　参见郭毅、朱熹："社会资本与管理学研究新进展——分析框架与应用述评"，载郭毅、罗家德主编：《社会资本与管理学》，华东理工大学出版社 2007 年版，第 42 页。

〔2〕　参见［美］罗伯特·D. 帕特南：《使民主运转起来：现代意大利的公民传统》，王列、赖海榕译，江西人民出版社 2001 年版，第 206 页。

第三章 视角选择：解释中国环境法治绩效的社会资本构成要素

"纵观不同的社会资本书献，信任和网络被认为是社会资本的两个关键内容。其他的词，规范或者义务也经常被提到。"

—— [英] 斯蒂芬·巴伦等：《社会资本：批判的视角》

"说明了要在我国建立一个运行有效并高效率的社会主义法治，依据、借助和利用本土的传统和惯例的重要性。"

——苏力：《法治及其本土资源》

在了解社会资本理论的历史沿革、基本内涵，认识了引进社会资本理论解释中国环境法治绩效的必要性之后，我们就要在复杂、多维和充满争议的社会资本理论体系中，从解释中国环境法治绩效的定位出发，对解释中国环境法治绩效的社会资本作出界定，并基于对社会资本的界定，在社会资本基本构成要素中选择适当的视角与中国环境法治的实际紧密结合进行深入分析。

第一节 解释中国环境法治绩效的社会资本界定及视角选择

基于中国环境法治研究的自身局限和社会资本理论的强大解释力，我们有必要引入社会资本理论作为解释中国环境法治绩效和消解中国环境法治绩效二元结构的范式。但任何理论都具有多层性和多维性，且其内部必然存在各种争议，要用一个理论特别是其他学科的理论解释另一个学科的研究对象，对其多层与多维的内涵作出界定并选择基本要素作为解释中国环境法治绩效的视角非常重要。

一、解释中国环境法治绩效的社会资本界定

社会资本是一个极具争议却又有开放性和包容性的理论。也正是该理论的开放包容，推动了社会资本研究的繁荣以及该理论的广泛运用。从社会资本的现有研究来看，每个学科甚至每个学者在运用社会资本理论解释社会现象时，都会对社会资本作出符合研究需要的界定并一以贯之于相关研究之中。运用社会资本理论解释中国环境法治绩效，在梳理社会资本理论的基本概貌后，也要基于本书研究的中国环境法治绩效而对社会资本作出界定。但本书研究的目的不在于如何科学界定社会资本，而是尝试引入社会资本理论解释和提升中国环境法治绩效、消解中国环境法治绩效的二元结构问题。或许本书对社会资本的界定是不成熟的，但本书将努力在概括各大学科和广大学者的社会资本共识性因素的基础上，立足解释中国环境法治绩效层面对社会资本作出界定并分析如下：

社会资本是根植于一定社会关系或社会结构中的，嵌入一定网络、规范和信任等主客观因素及其蕴含的文化中的，可以促进经济社会发展或其某方面发展的重要资源。

首先，该定义是立足社会资本的中观和宏观层面作出的界定。社会资本经历了从微观到中观再至宏观层面的发展历程。其最早的研究关注的是微观层面个人之间的社会联系和网络，强调的是个体可以从中获取的资源。环境法治绩效虽然也涉及公民因环境资源利益受损而从其网络中获取资源以诉诸法律保护，但环境法治主要是国家、社会以及地区和组织层面运用环境法律法规治理环境资源的过程和状态，环境法治绩效重点关注环境法治对社会发展特别是生态文明建设的促进作用。因而本书重点从社会结构和社会组织特征角度关注社会资本对环境法治绩效的重要意义。

其次，该定义概括的社会资本要素包括网络、规范和信任等主客观因素及其蕴含的价值文化。这里的网络不仅是横向互动联系的网络，还包括纵向联系的网络；既包括国家的整体社会结构，又包括区域之间、组织和团体之间以及个人与组织之间具有平等和隶属关系的纵横向网络。简言之，包括各个层面的纵向与横向网络以及正式与非正式网络。这里的规范主要是非正式规范和部分正式规范，包括国家机关以文件形式颁发的政策、与其他主体签订的行政协议以及虽没有下发文件或签订协议但约定俗成或实际执行的行政

规范，包括民间的却得到社会与民众高度认同的社会规范及其蕴含的价值理念和伦理习惯等，但不包括由国家强制力保证实施的以法律法规等形式表现的规范。从广义上来说，法律规范作为一种正式规范也是社会资本的构成，但从社会资本概念的提出背景特别是结合解释环境法治绩效的意义来看，法律规范不宜作为社会资本的范畴，法律法规背后的价值理念等才能纳入本书所指社会资本构成的规范。这里的信任是个人、组织、地区乃至整个国家内部基于一定网络和规范而形成的一种可预见性、可依靠性和信赖，既包括个人、组织以及个人与组织、国家之间的信任，具体可以根据心理学、社会学和政治学的不同视角分为人际信任、社会信任、政治信任，也可以立足社会发展分为特殊信任与普遍信任、人格信任与系统信任等。网络是规范和信任赖以形成的客观基础，是社会资本的来源；规范是社会资本的主观要素，是网络内主体间重复博弈而形成的规则、准则以及相应的价值理念等；而信任是社会资本的核心要素，是网络和规范的集中体现。

最后，该定义强调社会资本的资源属性以及社会资本的基本类型。社会资本是一种与物质资本、人力资本并列的重要资本，是物质资本和人力资本的黏合剂，有助于提高制度的绩效。中国环境法治绩效二元结构问题的存在，体现国家加大了对环境法治的物质资本、人力资本的投入，而对社会资本的投入和积累不够，以致未能有效建构提升环境法治绩效的支撑系统，影响了环境法治对促进社会发展特别是生态文明建设的作用。同时，社会资本的类型多样，包括个体社会资本与团体或组织社会资本、政府社会资本与民间社会资本、结构型社会资本与认知型社会资本、水平结构社会资本与垂直结构社会资本，这些社会资本的类型都为提升中国环境法治绩效、加大社会资本投资指明了方向。

二、解释中国环境法治绩效的社会资本视角：网络、规范、信任

正如前文所述，在多层多维的社会资本含义中，社会资本的构成要素也有不同见解，大多数学者基本认同网络、规范、信任是社会资本的主要构成，揭示了社会资本的基本要素，可以作为该理论解释中国环境法治绩效的基本视角。但从现有理论来看，即使是大多数学者较为认同的网络、规范和信任三大构成要素，其具体内涵也在存一定争议。同时，作为从其他学科引入的社会资本理论，在选择解释中国环境法治绩效的视角时也要进行概念转换。

以下基于对社会资本的界定特别是社会资本的构成，拟选择网络、规范和信任三个视角来解释中国环境法治绩效并分析如下。

（一）网络

网络作为社会资本的核心构成，一直是不少学者们运用社会资本理论分析各种社会现象的切入点甚至是唯一路径。前文已阐述解释中国环境法治绩效的社会资本是宏观和中观层面的社会资本，因而社会资本的网络也是宏观网络和中观网络，主要包括社会结构、组织之间以及公民个人与组织之间基于一定关联而形成的关系，而不包括公民个人之间相互关联形成的网络关系。

从宏观层面看，解释环境法治绩效的网络是其赖以存在的社会结构。而社会结构是社会学研究的重点对象，也是包括法学在内的社会科学普遍使用的重要学术概念。"社会结构居于社会学研究的最核心之处。"〔1〕但有关社会结构的内涵存在一定争议，一般认为社会结构是一个群体或一个社会中各组成要素的相互关联方式。广义的社会结构包括经济结构、政治结构和狭义社会结构等，是经济、政治、社会等领域的结构状况；狭义的社会结构主要是指社会阶层结构或城乡二元结构。〔2〕作为从宏观角度研究的一种社会资本，中国的社会结构是中国环境法治的外部环境和基本网络，是解释中国环境法治绩效的基础性视角。中国的环境法治建设对社会发展特别是对生态文明建设的促进作用状况与中国的政治结构、经济结构和社会结构的变迁等都有着密切的关联，因而广义的社会结构是基于网络解释环境法治绩效的基本视角。

从中观层面看，解释环境法治绩效的网络是环境法治相关主体中的组织之间以及组织与公民之间结成的联系模式。生态环境问题根源于人以及由人组成的政府、企业等各类组织与自然之间的关系，环境法律规范和环境法治建设的目的是调整以自然为中介的人与人（这里的人包括由人组成的政府和各类组织）之间有关环境与自然的态度而形成的关系以及人与自然之间的关系。因而，组织之间以及公民个人与组织之间的关联模式即中观网络是解释中国环境法治绩效的重要视角。由于前文界定的社会资本的网络包括各个层面的纵横向网络以及正式与非正式网络，因而这里的组织涉及面非常广，可以是国家机关、企事业单位、社会团体和公民自愿性组织等。社会资本的网

---

〔1〕 Smelser, N. J. ed., *Handbook of Sociology*, Sage Publications, 1988, p. 103.

〔2〕 参见［美］戴维·波普诺：《社会学》，李强等译，中国人民大学出版社 1998 年版，第 94 页。

络与环境法治结合后，可以转换成一系列相应的法学概念。从环境法治体系的构成来看，网络和环境法治结合后可以转换成环境立法网络、环境执法网络、环境司法网络、环境法治监督网络等环境法治运行中的具体关联模式。环境法治绩效的二元结构问题可以从上述网络中分析原因，消解环境法治绩效二元结构也可以从构建、拓展与优化环境法治的上述网络中寻找答案。因此，网络作为社会资本的重要构成和客观方面，从法社会学视角为中国环境法治绩效的研究找到了新的理论工具，探寻了新的研究方法，开辟了新的研究视域，对于完善环境法治理论、环境法学理论甚至对于整个法学研究都具有方法论的意义。

（二）规范

规范是社会资本的重要构成。社会资本中的规范与制度的含义基本相通，制度是由人们共同接受的约束人的行为的规则所构成的规范。[1]有的学者使用"规范"一词，有的学者却使用"制度"一词，还有学者专门提出"制度资本"的概念并发展了制度资本的理论。[2]从制度的学术研究来看，"给诸如'制度'之类的任何概念下一个合适的定义将取决于分析的目的。"[3]政治学、经济学、管理学等学科更多从制度角度来论述规范，当今的主流观点是从博弈理论角度阐述制度概念，认为制度是系列的行为规则或规范，对我们理解规范特别是社会规范具有重要意义。最早从博弈论研究制度的美国经济学家安德鲁·肖特（Schotter）认为制度是社会成员所赞同的、由自我维持或某个权威所维持的一种社会行为规则，规定了特定或反复出现情况下的行为。[4]以肖特为代表的这种观点被称为"内生博弈均衡制度说"，强调的是

---

〔1〕 参见王曦、罗文君："论环境管理失效的制度原因"，载高鸿钧、王明远主编：《清华法治论衡——环境法：挑战与应对》，清华大学出版社 2010 年版，第 302 页。

〔2〕 制度资本是华人著名经济学家陈志武教授提出的。他认为如果一国的制度有利于交易市场的容量最大化，有利于经济的深化，那么我们就说该国具有高的制度资本；反之，不利于市场交易的制度则使交易的成本变高，这种成本就是制度成本。笔者认为，制度资本是社会资本的重要组成，是理论界集中对社会资本重要构成的规范或制度进行研究而形成的一种理论，为社会资本理论的研究提供了有力支撑。参见陈志武：《为什么中国人勤劳而不富有》，中信出版社 2008 年版，第 56 页。

〔3〕 ［日］青木昌彦：《比较制度分析》，周黎安译，上海远东出版社 2001 年版，第 2 页。

〔4〕 参见 ［美］安德鲁·肖特：《社会制度的经济理论》，陆铭、陈钊译，上海财经大学出版社 2003 年版，第 17 页。

那种如哈耶克所说的自生自发社会秩序演化而成的制度，[1]且这种制度是能够反复出现的行为规则，主要是一种非正式制度。而"新制度经济学"代表学者道格拉斯·C. 诺思（Douglass C. North）则注重外生性的制度和规范，认为"制度是一个社会的博弈规则，或者更规范地说，它们是一些人为设计的、型塑人们互动关系的约束"[2]。以诺思为代表的外生性制度说则强调制度是人为设计的调整人的行为关系的约束规范，他还重点分析了制度的基本构成是正式规则、非正式约束及二者的实施特征，[3]并认为非正式约束是普遍存在的，"正式规则，即便是在那些最发达的经济中，也只是型塑选择的约束的很小一部分"[4]；正式制度可以瞬间改变，而非正式约束只能潜移默化地改变，正式制度的移植需要非正式约束和信仰体系的支持，"非正式规则给任何一套正式规则提供了根本的'合法性'"[5]。这里的制度显然还包括主权者设计或制定的以及社会参与人通过谈判协商产生的制度，包括正式制度与非正式制度。[6]

正式制度与非正式制度也是各大学科共同关注的问题。"旧制度经济学"代表人物康芒斯在强调法律等正式制度的重要性的同时，也认可习俗和传统的重要作用，认为其会影响或限制集体行动并影响正式制度的形成；[7]而另一代表人物凡勃伦则提出各种制度是由特定社会思想习惯及生活方式演化而

---

〔1〕 哈耶克认为社会型构的社会秩序不是生成的就是建构的：前者是指"自生自发的秩序"（spontaneous order），后者是指"组织的"（organization）或人造的秩序（a made order），道德、宗教等社会规范都是自生自发的社会秩序，或者说是"人之行动而非人之设计的结果"，参见邓正来：《哈耶克法律哲学的研究》，法律出版社2002年版，第10~11页。本文在此引入"自生自发"概念意指肖特的制度观强调制度的非国家制定性，属于非正式制度范畴。

〔2〕 [美]道格拉斯·C. 诺思：《制度、制度变迁与经济绩效》，杭行译，格致出版社、上海三联书店、上海人民出版社2008年版，第3页。

〔3〕 参见[美]道格拉斯·C. 诺思：《制度、制度变迁与经济绩效》，杭行译，格致出版社、上海三联书店、上海人民出版社2008年版，第50~85页。

〔4〕 [美]道格拉斯·C. 诺思："制度、制度变迁与经济绩效"，杭行译，格致出版社、上海三联书店、上海人民出版社2008年版，第50页。

〔5〕 [美]道格拉斯·C·诺思等："新制度经济学及其发展"，载《经济社会体制比较》2002年第5期。

〔6〕 经济学上将正式制度与非正式制度也称为外在制度和内在制度。外在制度通常是指整个法律体系，而内在制度主要指风俗习惯、道德等。参见王明远等："'环境法治的拷问与省思'研讨会纪要"，载高鸿钧、王明远主编：《清华法治论衡——环境法：挑战与应对》，清华大学出版社2010年版，第438页。

〔7〕 参见[美]康芒斯：《制度经济学》（上册），于树生译，商务印书馆1962年版，第87~91页。

来，"制度实质上就是个人或社会对某些关系或某些作用的思想习惯；而生活所由构成的是，在某一时刻或社会发展的某一阶段通行的制度的综合。"[1]

规范是哲学、社会学、人类学、经济学和法学等多个人文社会学科共同研究的对象。哲学家一般认为，规范是一定网络成员共有的一整套规定，决定着网络成员的共有信念和价值标准。社会学家和行为科学家一般认为，规范是基于历史形成或规定的行为与活动的准则和标准，如科尔曼认为"规范的存在条件是社会认定对规范涉及的各种行动进行控制的权利……规范定义的权利不是法定的权利，……是非正式的，是社会认定的权利"[2]；还有学者把规范与社会组织紧密相连，认为规范是社会组织根据自身的需要而提出的、用以调节其成员的社会行为的标准、准则或规则。[3]总的来看，各大学科所指的规范可分为思想规范、政治规范、文化规范、道德规范、社会规范、法律规范、工作规范、生活规范和学习规范等。

从法学特别是法经济学视角有关规范特别是社会规范的研究来看，其所指的规范与前文界定的规范在外延上既有一致也有不同之处。罗伯特·C. 埃里克森（Robert C. Ellickson）把前人对社会规范理论的研究从人文解释推进到了社会科学方法的层次，并认为社会规范与法律的区别在于前者的制裁来自社会而后者来自政府。[4]经济分析法学的开创者理查德·A. 波斯纳（Richard A. Posner）在用经济方法分析法律的同时也不忘用排除法界定社会规范不是立法机关或法院等官方机构制定的，也不是通过法律制裁实施的，但常常被遵守的一种规则。[5]波斯纳的儿子埃里克·A. 波斯纳（Eric A. Posner）则进一步发展了埃里克森开创的社会科学方法论，用社会规范方法论系统分析了法律与非法律合作机制的关系，认为社会规范是内生的，是我们给行为常规

---

〔1〕 ［美］凡勃伦：《有闲阶级论——关于制度的经济研究》，蔡受百译，商务印书馆1964年版，第139~140页。

〔2〕 ［美］詹姆斯·S. 科尔曼：《社会理论的基础》，邓方译，社会科学文献出版社1999年版，第284页。

〔3〕 参见冯忠良："关于行为规范及其接受的认识——行为规范及其接受规律探索之一"，载《北京师范大学学报》1992年第1期。

〔4〕 参见 ［美］罗伯特·C. 埃里克森：《无需法律的秩序——邻人如何解决纠纷》，苏力译，中国政法大学出版社2003年版，第154页。

〔5〕 See Richard A. Posner, "Social Norms and the Law: An Economic Approach", *The American Economic Review*, Vol. 87, No. 2., 1997, p. 87.

贴的标签，其与其他行为常规的区别在于违反后将受到的社会制裁。[1]国内学者张维迎则认为社会规范与法律的最大差别在于执行机制，前者由政府或法院等专门机构来执行，而后者具有多元化的执行机制。[2]简言之，法学特别是法经济学者强调社会规范的来源是社会而不是政府，社会规范能够得到较为普遍的遵守。但本书认为，国家机关以文件形式颁发的政策、与其他主体签订的行政协议以及没有下发文件或签订协议但约定俗成或实际执行的行政规范，虽然不一定属于上述法经济学所指的社会规范，但它们显然不属于环境法律法规，构成的制度不是环境法律制度，但从外部对环境法治特别是环境法治绩效会产生重要影响，因而可与社会规范一起成为解释环境法治绩效的视角。

综上分析，解释中国环境法治绩效的规范，是基于一定环境法治网络内在博弈均衡中产生的，或者网络成员人为设计或谈判协商而形成的但未上升为法律法规的约束网络成员的行为规则及其蕴含的价值文化理念和伦理。这些规范属于环境治理中的规范，但不包括以国家或政府组织名义制定或颁布并由国家强制力保证实施的环境法律法规。简言之，解释中国环境法治绩效的规范是除国家以立法形式制定的法律法规之外的调整人与生态环境之间关系以及以生态环境为中介的人与人之间关系的其他规范。这些规范虽不是法律法规，但与环境法治之间有着紧密关联，其中有很大一部分是国家环境立法、执法和司法等的重要理念和指导思想，有的因国家认可而成为环境习惯法，有的甚至成为国家环境治理中的重要政策和行政规范。同时，这些规范有积极和消极两方面的作用，有的可以促进环境与资源的保护，有的却基于网络成员的特殊利益关系而成为阻碍环境与资源保护的"土政策"。

从构成要素来分析，法律规范的构成有"三要素说"、"两要素说"和"四要素说"等观点。[3]但解释环境法治绩效的规范总体上形式松散、多种

---

〔1〕　参见［美］埃里克·A.波斯纳：《法律与社会规范》，沈明译，中国政法大学出版社2004年版，第50页。

〔2〕　参见张维迎：《信息、信任与法律》，生活·读书·新知三联书店2003年版，第23页。

〔3〕　"三要素说"分旧三要素说和新三要素说，前者认为法律规范包括假定、处理、制裁三部分；后者认为制裁只体现了法律规范的否定性后果，而忽视了肯定性法律后果，为此将其修正为假定、行为模式和法律后果三要素。"两要素说"认为假定部分是多余的，认为法律规范只包括行为模式和法律后果两部分。但张恒山教授认为旧三要素说和新三要素说对法律规则的构成特别是第三部分的制裁或法律后果的解释都不够明确，因而提出了"四要素说"，即规则适用的条件、义务权利规定、违反义务的行为、违反义务的处理规定。

多样且技术性特征微弱，不宜用法律规范的要素进行解析。本书认为可以从形式要素和内容要素两方面来分析解释环境法治绩效的规范。形式要素包括来源、渊源、效力等。法律规范由国家立法机关制定，以法的形式表达并具有国家强制性；而解释中国环境法治绩效的规范是一定环境法治网络成员基于长期的内在博弈均衡自生自发或人为设计而产生的，其效力主要基于网络成员的认同而自觉遵守，国家强制力在其中的作用很小甚至不起任何作用。即使是环境政策、自治规范和行政协议等规范是政府机关制定或签订的，但也是一定环境法治网络成员基于商谈理性且未经立法机关以法的渊源形式颁布的，其效力也不能直接用国家强制力保障。内容要素包括理念、伦理、价值、文化、习俗、政策、规则等。法律规范是由假定条件行为模式和法律后果组成的具体行为规则，基于法律规范的构成要件，违反法律规范要承担一定的否定性法律后果、法律制裁甚至是剥夺人身自由和生命的严重刑罚。而解释中国环境法治绩效的规范，即使是环境政策和行政协议也不能直接苛予否定性法律后果和法律制裁，其内容要素还包括大量在理念、伦理、价值和文化层面的规范，即使部分规范性较强的规则，对人们行为的调整更多是指引性和宣示性，更多需要人们的自觉履行和遵守，违反有关规范更多是靠舆论、权威以及组织和社会机制来追究后果，而难以直接苛予否定性法律后果。

这些规范与环境法治结合后，可以转换为环境文化规范、环境习俗规范、环境软法规范等基本规范类型以及环境法治理念、环境政策、环境伦理、环境习惯法、环境行政指导规范、环境自治规范和自律规范等其他规范。但它们内部也存在较大冲突，并与环境法治体系和环境法治运行存在不少矛盾，环境法治绩效的二元结构问题可以从这些规范中考察和分析原因，环境法治绩效的二元结构的破解特别是环境法治对生态文明建设促进作用的提高也可以从这些规范的整合中寻求答案。

（三）信任

信任作为一个重要理论，较早就被心理学家、社会学家、经济学家等关注并通过类型划分来解释人之行为以及经济社会发展。马克思·韦伯将信任分为特殊信任和普遍信任，并分析了中西方国家的信任类型及其对社会发展的影响，认为特殊信任是基于亲情并以道德、意识形态等非正式制度为保障的信任，如血缘关系、地域关系，中国总体上属于这种信任关系模式；而普遍信任不以情感为基础，是基于契约和法律准则并以契约和法律为保障的信任，其关键是严格遵守契约和法律，美、德等国属于这种信任关系模式。卢曼从社会学角度将信任分为人格信任和系统信任，认为人格信任是以情感为基础的人与人之间的信任关系，而系统信任则是以交往规范和法律制度为基础的，对一般化交往媒介（如货币等系统）的信任。他认为制度镶嵌并根源于人际交往的网络关系中，人格信任有助于整个社会信任的提高。吉登斯把信任分为特殊信任与制度信任，前者主要存在于前现代社会，而后者主要存在于现代社会。[1] 社会资本理论产生后，信任被大多数学者融入该理论并认为是产生于一定网络和规范的核心社会资本。

　　无论学者们如何划分信任的类型并用于解释社会现象，信任关系的解释框架主要包括谁信任、信任谁、为什么信任即信任的主体、对象和环境圈等要素。[2] 环境圈其实是包含经济圈、政治圈、文化圈和社会圈的广义的社会结构，属于孕育信任的宏观网络，而信任的主体与对象是信任关系的核心要素。前文已论述，中国环境问题的产生，根源于以经济结构为核心的广义社会结构，并与组织之间以及个人与组织之间的网络紧密相关。但从信任关系视角来看，社会网络成员是信任的主体，主体的行为或行为结果是信任的对象，主体基于对大部分甚至小部分对象的不信任，在环境保护与资源开发利用上体现的后果，就是在追求利益的过程中对自然资源无节制的掠夺和对生态环境的肆意破坏。

　　中国社会正处于从特殊信任模式到普遍信任模式的转型阶段，信任主体之间依靠亲情维系的信任关系正在被逐渐打破，但以契约和法律为基础的信任关系尚未建立，以致出现了熟人之间的"杀熟现象"和陌生人之间的"背信弃约"甚至尔虞我诈两种怪象并存。这种信任危机贯穿于各种信任关系之中，使得环境法治在促进社会发展特别是生态文明建设方面的作用发挥不足，导致环境法治绩效的二元结构问题。因而，有必要从社会资本的信任视角解释中国环境法治绩效。

---

　　〔1〕　参见林聚任等：《社会信任和社会资本重建——当前乡村社会关系研究》，山东人民出版社2007年版，第146~147页。

　　〔2〕　参见上官酒瑞：《现代社会的政治信任逻辑》，上海人民出版社2012年版，第68页。

第二节　解释中国环境法治绩效的网络

　　网络最早源自社会科学中兴起于 20 世纪 30 年代的一个独立分析方法——"社会网络分析"，该方法将复杂多样的行动者之间的关系简化成网络结构，并以其特征和变化为视角来描述关系，研究关系结构对群体功能和群体内部的影响。[1] 社会资本理论兴起以后，网络成为大多数学者最早和最集中关注的社会资本的核心构成要素，甚至是社会资本的唯一构成要素。网络作为社会资本的客观方面，是一定范围的网络成员之间基于一定社会结构和相互关联结成的社会关系或联系模式，因而解释中国环境法治绩效的网络也就是环境法治关涉主体基于一定的社会结构和相互关联结成的社会关系或联系模式。但环境法治关涉主体诸多、性质多样，有国家机关、企事业单位、社会团体以及各类组织和公民。环境法治主体之间的关联方式差异较大，有基于国家宏观社会结构形成的网络，有基于区域、行业或环境法治某个方面甚至某个具体的环境案件形成的中观网络；有基于国家管制以及管理与被管理而形成的纵向网络，也有基于市场、社会自治以及相互协作和公民参与而形成的横向网络；有的网络形成的是积极社会资本，对发挥环境法治绩效具有重要意义，而有的网络生成的是消极社会资本，影响环境法治绩效并导致中国环境法治绩效的二元结构。由此可见，环境法治的网络比较复杂，从不同角度可以对其作出不同分析，要用社会资本的网络解释中国的环境法治绩效，应当将网络与环境法治进行紧密结合并转换为相应的环境法学范畴。

　　从社会资本理论的发展脉络来看，作为社会资本的网络有宏观、中观和微观三个层面之分。作为宏观层面的网络是社会结构，是环境法治建设的社会条件，也是分析环境立法、执法、司法和法治监督等环境法治运行环节的共有宏观网络；而作为中观层面的网络是组织之间以及组织与公民之间的网络，结合环境法治的运行环节来看，环境立法、执法、司法和法治监督等都存在主体之间相互关联而结成的一定网络。因而，环境法治与网络结合后，可以转换为环境立法网络、环境执法网络、环境司法网络和环境法治监督网

---

　　〔1〕　参见袁方主编：《社会研究方法教程》，北京大学出版社 1997 年版，第 621~623 页；刘军：《社会网络分析导论》，社会科学文献出版社 2004 年版，第 4~6 页。

络等基本网络。

一、环境立法网络

环境立法网络是环境立法中各相关主体之间基于环境立法工作相互关联而结成的联系模式和关系。环境立法网络的成员较多，从国家制定法的视角来看，至少可以分成三大类：第一类是具有立法权的国家权力机关和行政机关；第二类是虽不具有立法权但负责牵头起草相关环境法规规章的国家机关；第三类是只具有参与立法权的国家机关、企事业单位、社会团体以及各类社会组织和公民。三类主体在环境立法工作中相互关联，结成了复杂的环境立法网络，为环境立法提供各种资源并决定环境立法绩效甚至是环境法治绩效。

从第一类网络成员来看，其相互关联结成的网络的重要体现是中国的环境立法体制，涉及中央和地方具有立法权的主体地位和立法权限等问题。中央立法主体有全国人大及其常委会、国务院及其各部委、中央军事委员会、国家监察委员会，其立法权限是制定法律、法规和规章；地方立法主体主要有省（自治区、直辖市）、设区的市、经济特区和自治州、自治县的人大及其常委会、人民政府，[1]其中，省（自治区、直辖市）的人大及其常委会、人民政府的立法权限是对本行政区域制定地方性法规和政府规章，而设区的市和自治州的人大及其常委会、人民政府的立法权限于对城乡建设与管理、历史文化保护、环境保护等方面的事项制定地方性法规和政府规章；另外，自治州和自治县的人大还可以制定自治条例和单行条例并享有对法律和行政法规的变通权；经济特区的人大及其常委会、人民政府，除了作为一般省份或设区的市享有一般地方立法权之外，还可以根据授权制定仅在本特区范围内实施的法规和规章；特别行政区作为中国的特殊地方政权根据其基本法则享有更大的立法自主权。

但第一类网络成员结成的关系不仅仅表现为立法体制。立法体制主要关

---

〔1〕　2015 年 3 月修正的《中华人民共和国立法法》（以下简称《立法法》）扩大了立法主体的范围，赋予所有设区的市和自治州地方立法权，但立法权限于对城乡建设与管理、环境保护、历史文化保护等方面的事项制定地方性法规和政府规章，而此前的立法法只允许部分设区的市即省（自治区）的人民政府所在地的市、经济特区所在地的市和国务院批准的较大的市具有地方立法权且未对其立法权作出特别限定。因此，修正后的《立法法》一方面将地方立法权扩大至所有设区的市，另一方面又缩小了省（自治区）人民政府所在地的市、经济特区所在地的市和国务院批准的较大的市的立法权限，使其立法权也限于对城乡建设与管理、环境保护、历史文化保护等方面的事项制定地方性法规和政府规章。

注立法主体的地位、立法权限及其立法的效力层次等问题，强调的主要是环境立法中各主体的上下级关系和立法结果的效力位阶的纵向网络；[1]而环境立法网络还包括诸多地方立法主体之间基于平等协商与协同合作而形成的横向关系，特别是中国重要的生态功能区和重点环境区域往往都是跨地市行政区划甚至跨省市区行政区划，需要跨省或地市级立法主体开展联合立法或协同立法，但中国现行法律不允许地方开展任何形式的联合立法。另外，立法体制中下位法不得与上位法相抵触，强调的是纵向网络的权威、命令与服从，而环境立法网络还包括立法主体之间的平等协商与合作信任、立法理念与价值共识等问题，还包括同级甚至是上下级立法主体的协同与合作。

从第二类网络成员来看，一般是不具有立法权的地方各级人民政府的组成部门。基于中国地方立法的工作运行惯例，具有立法权的地方人民政府很少自行开展立法起草工作，一般都是将相关立法任务交由其一个或多个组成部门组织起草，等相关部门完成立法起草后，人民政府法制部门审核把关后即交人民政府办公会议通过后付诸实施；地方人大及其常委会也很少自行开展立法起草工作，一般也将有关立法任务交由同级人民政府，而同级人民政府一般也是交由其一个或多个组成部门组织起草。由此可见，不具有立法权的地方各级人民政府的组成部门，却往往承担着地方政府规章甚至是地方性法规牵头起草的任务，而一部法规的起草往往决定着该法规的基本框架和主要法律规范，因而，不具有立法权的地方各级人民政府组成部门对环境立法的结果具有重要影响甚至决定性影响。分析第二类网络成员结成的环境立法网络，我们可以发现，除同级人民政府的组成部门相互之间形成的主要是横向网络外，第二类网络成员上下级之间及其与同级第一类网络成员之间主要是纵向网络。

从第三类网络成员来看，其范围很广，在环境立法中只具有参与权，无法决定环境立法的结果甚至很难对环境立法起到重要影响，但环境立法的结果最终关系到第三类网络成员的切身利益。第三类网络成员特别是其中与生态环境存在紧密利害关系的网络成员，对环境立法的参与度和认同度直接关

---

[1]　根据《立法法》第81条之规定，我国目前只允许国务院有关部门联合制定规章，而不允许地方人大和政府进行联合立法，表明我国的环境立法体制主要强调的是上下级立法机关之间的效力层次分明的纵向关系，只有国务院有关部门在联合立法中存在少数横向关系。

系到环境法律法规实施的效果和环境法治的绩效；同时，第三类网络成员还包括很多能够参加立法咨询和论证的社会团体、专家学者、党外人士和政协委员等，在环境立法中也具有重要地位。因而第三类网络成员之间及其与第一类和第二类网络成员之间形成的网络是环境立法的重要网络，他们内部及相互之间结成的主要是横向网络关系，但能够为环境立法提供重要资源，有助于推进环境立法的科学化和民主化，提升环境立法质量和环境法治绩效。

二、环境执法网络

环境执法网络是环境执法中各相关主体之间基于环境执法工作相互关联而结成的联系模式和关系。环境执法的网络成员也主要有三大类：第一类是具有环境执法权的机关、组织及其公职人员，在环境执法网络中具有主导和支配地位；第二类是环境执法的相对人，在环境执法网络中居于被动和被支配地位；第三类是为环境执法提供技术鉴定、居中评价、代为履行等辅助或服务工作的第三方。三类网络成员都无法单独形成环境执法网络。环境执法网络的形成需要以第一类网络成员作为执法主体并在第二、三类网络成员的积极参与下才能形成。

环境执法网络首先表现为环境执法体系。从第一类网络成员和第二类网络成员的关系来看，根据中国现行法律规定，具有环境执法权的主体包括行政机关、法律授权的组织、行政机关委托的组织。行政机关基于自身的行政职责开展执法工作，与第二类网络成员即环境执法相对人之间主要是隶属关系、命令与服从关系，形成的主要是纵向网络；法律授权的组织基于法律授权开展执法，行政机关委托的组织基于行政机关的委托开展执法，二者与第二类网络成员即环境执法相对人之间本身可能并不一定存在隶属关系，但于法律授权或行政机关委托，在行使执法职责时，与第二类网络成员即行政相对人之间形成的是以命令和服从为基本关系的网络，相互之间结成的也是纵向网络。

但由于中国现行法律确立的是生态环境主管部门集中统一管理，相关职能部门分工合作、齐抓共管，不同层级不同地方分级管理的环境执法体系，总体上形成了条块结合的环境执法格局。生态环境主管部门和具有环境监管职责的相关部门，从"条"上对生态环境统一监管，由于地方各级生态环境主管部门和相关部门都属于地方管理，中国因而总体上形成的是以不同层级的"块"为主的环境执法体系。在"条"的环境执法体系中，政府的生态环境监管职责分别赋予多个相关职能部门，相互之间形成的是横向网络关系，本可以通过平等协商、联合执法共同加强生态环境监管，但它们基于各自利益与权力的考量，难免出现协同缺失和选择性执法，导致多头执法和推诿执法等现象，或与行政相对人之间基于权力寻租或利益联盟而怠于执法甚至充当"保护伞"，出现"九龙治水、治不了水"等怪象。在"块"的环境执法体系中，不同层级的生态环境主管部门的人财物等受制于同级地方政府，隶属于同级地方政府，与同级人民政府之间形成的是纵向网络，本应有利于在当地政府领导下开展生态环境执法，但在执法中很容易受地方政府追逐经济发展目标的影响甚至是地方各种权力的干扰。2016年9月，中共中央办公厅、国务院办公厅颁发《关于省以下环保机构监测监察执法垂直管理制度改革试点工作的指导意见》，着力解决以"块"为主的地方环境执法体系中存在的问题，在省以下构建生态环境保护和监管的垂直管理体制，一定程度上改变了生态环境部门与同级人民政府和上级生态环境主管部门的网络结构，对于完善中国环境执法体系、优化环境执法网络、积累环境法治的社会资本具有重要意义，也为环境执法的法学理论特别是环境法研究注入了鲜活的实践动力。

同时，中国近年来也加强了环境执法机制改革，引入了环境约谈、环境行政协议等非强制环境执法机制，强化了区域环境联合执法、综合执法等环境执法的联防联控机制。第一类环境执法网络成员即行政机关、法律授权的组织和行政机关委托的组织，与第二类环境执法网络成员即行政相对人之间基于环境执法结成的网络关系也存在一些具有平等协商性质的横向网络，不同部门之间的联合执法特别是综合执法改革也在横向网络中加强了纵向性质的网络关系，进一步优化了中国环境执法的网络结构。

从第三类网络成员的视角来看，为环境执法提供技术鉴定、居中评价、代为履行等辅助或服务工作的第三类网络成员在环境执法网络中具有较为独立的地位，主要基于中立地位居中为第一、二类网络成员提供环境执法的技术鉴定、评价和代为履行等辅助或服务工作，与第一、二类网络成员之间形成的主要是横向性质的环境执法网络。但中国提供环境执法居中服务的第三类网络成员，大部分由行政机关或其下属单位举办，即使不由其举办，往往在业务上也接受具有执法权的行政机关、法律授权的组织或行政委托的组织的领导或监管，有的还是前述机关和组织的直接下属单位，与第一、二类网络成员相互结成的本应是横向性质的网络往往容易异化为纵向网络。

由此可见，中国环境执法体系中的网络关系比较复杂。三类不同的网络成员内部及相互之间结成的网络关系，既有纵向的环境执法网络，也有横向的环境执法网络；既涉及环境执法体系的网络，也涉及环境执法机制的网络。上下级行政机关之间形成的主要是纵向环境执法网络，但也需要积极推进平等协商与信任合作的横向环境执法网络；同一行政区域的环境执法主体，特别是同级行政机关之间，生态环境主管部门与其他行政机关之间以及其他行政机关相互之间形成的环境执法网络，既涉及各自在环境执法中的主体地位和职责权限等属于环境执法体系的网络，也涉及相互配合，开展综合执法、联合执法等属于环境执法机制的网络，本应更多属于平等协商与信任合作的横向性质的网络关系，但因不同行政机关职能上的相互制约特别是生态环境主管部门的人财物受制于相关职能部门，使得这种横向性质的网络关系在实际操作中容易异化为纵向性质的网络关系。

三、环境司法网络

环境司法网络是环境司法中各相关主体之间基于环境司法工作相互关联而结成的联系模式和关系。其网络成员也主要有三大类：第一类是在环境司法网络中行使司法权的国家机关，主要包括人民法院和人民检察院，公安机关、监察机关在行使侦查权时也是该网络成员；第二类是参与环境司法并承担环境司法结果的具有直接利害关系的当事人，主要包括环境诉讼中的原告、被告或被告人、第三人等；第三类是参与环境司法并为环境司法的顺利完成进行作证、提供鉴定或其他辅助性工作的其他诉讼参与人，主要包括证人、鉴定人和其他诉讼辅助人员等。三类网络成员也都无法单独形成环境司法网络。环境司法网络的形成需要以第一类网络成员行使审判权、检察权、侦查权等司法权为基础，由第二类网络成员启动或受动并在第三类网络成员的积极参与配合下才能形成。

环境司法网络首先表现为司法体系。从第一类网络成员中的人民法院之间的关系来看，根据我国法律规定，人民法院上下级是监督与被监督的关系，从上下级人民法院的地位来看，二者之间的关系具有纵向网络的特点，但人民法院上下级之间不是命令与服从关系，上级法院主要是通过对上诉案件的审理来监督下级法院审判权的行使，上级法院在审理对下级法院上诉案件时，不能凌驾于下级法院之上，以命令方式要求下级法院服从，而是要以平等姿态充分分析研审下级法院的裁判理由和结果，只有下级法院审理的案件存在事实认定或适用法律错误时，才会改判下级法院的裁判结果或者发回至下级法院重新审理，因而上下级法院之间在具体行使司法权的过程中又有横向性质的网络关系。从第一类网络成员中的人民检察院之间、公安机关和监察机关之间的关系来看，根据我国法律规定，人民检察院、公安机关和监察机关上下级之间都是领导与被领导关系，上下级之间形成的网络关系主要是纵向网络。

但同级甚至不同级的人民法院、人民检察院、监察机关、公安机关之间是相互制约、分工合作的关系，在具体的环境司法中既需要相互配合，按程序推进环境案件的审判，也需要相互制约，防止有关司法权力的滥用。从分工合作、相互配合的关系来看，三者之间是在平等基础上依法行使法律赋予的相关职权，形成的网络更具有横向性质；但从不同司法机关在国家机构中的地位特别是主要负责人的配备情况来看，监察机关的主要负责人往往是地方党委纪检部门的负责人，公安机关的主要负责人也是地方政府的领导，二者在权力体系中的地位一般高于人民法院和人民检察院的主要负责人，使得他们之间的关系在司法网络中有时呈现纵向性质的网络关系。

同时，前述司法机关的人、财、物也受制于地方政府甚至是地方政府的主要职能部门，使得环境司法网络更加复杂。近年来，中国在环境司法领域推出了环境司法专门化、审判权与执行权分离、员额制改革、跨行政区划设置法院和检察院以及以审判权为中心的各类司法改革，对中国环境司法的网络关系与性质都带来了较大影响。

从第二、三类网络成员来看，他们都无法单独或仅由二者结成环境司法网络，只有与第一类网络成员一起才能形成环境司法网络。但第二、三类网络成员与第一类网络成员结成的环境司法网络，还涉及环境司法机制和诉讼模式等问题，关涉第二、三类网络成员特别是第二类网络成员在环境诉讼中的地位。第二、三类网络成员在环境司法网络中都具有独立的平等地位，相互之间及其内部是横向网络。由于司法权在环境司法中具有决定性作用，第二、三类网络成员与第一类网络成员之间主要是纵向网络，但在不同的诉讼模式下，第二、三类网络成员特别是第二类网络成员在司法中的地位作用相差较大。如在职权主义诉讼模式下，[1]第二类网络成员在环境诉讼中的作用有限，主要靠第一类网络成员主动查明案件事实并适用法律；而在当事人主义诉讼模式下，[2]第二类网络成员在诉讼中的作用更加突出，具有主动性和主导性，而第一类网络成员在此居于被动地位，只是在听取第二类网络成员的充分辩论后居中裁判。

四、环境法治监督网络

环境法治监督网络是环境法治相关主体在监督环境法治运行的过程中结成的网络关系。总体来看，该网络成员主要可以分为两大类：第一类是国家机关，包括国家权力机关、行政机关、司法机关和监察机关，依法对环境法治开展的监督产生相应的法律后果；第二类是非国家机关，包括政党、社会组织、公众和新闻媒体等，依法对环境法治的监督虽不一定直接产生法律后果，但监督主体可以利用在社会网络关系中的地位获取资源而监督环境法治的运行。每一类网络成员都可以与相应的环境法治机关相互关联，结成相应的环境法治监督网络。

第一类网络成员即国家机关在环境法治监督网络中具有重要的法律地位，对环境立法、执法、司法等环境法治的运行环节监督后都会产生一定的法律后果。国家权力机关的监督是立法监督，负责对各级立法主体制定的法律法规和规章制度进行合法性审查，可以改变甚至直接否定相关主体制定的与上位法相冲突的环境法律规范的效力，可以质询环境执法主体和执法行为甚至罢免环境执法部门的相关负责人，可以对环境司法工作甚至个案进行监督，并对错案启动一定的法律程序予以纠正；国家行政机关的监督是行政监督，主要通过上下级的行政隶属关系的一般监督、同级或上下级的专门监督以及

---

　　〔1〕　职权主义诉讼模式是大陆法系国家诉讼理论研究当事人与法院角色分担的一个术语，强调法院在诉讼程序中拥有主导权、诉讼程序的推进依职权进行、审理对象的确定和事实主张不受当事人的约束并可在当事人之外认定案件事实，法院在证据收集方面拥有主动权。参见李祖军、王世进主编：《民事诉讼法学》，重庆大学出版社 2006 年版，第 41~43 页。

　　〔2〕　当事人主义也是一种重要的诉讼理论，在英美法系中体现为"对抗制"的诉讼体制，强调当事人在诉讼过程中对诉讼资料及证据资料的提出与确定拥有主导权，并由此限定法院审判对象及范围，即法院在判决理由中所需要认定的事实只限于当事人之间争执的事实，法院认定事实所需要的证据资料必须是当事人提出的证据，法院不能认定没有争执的事实并不能依职权主动调查证据。参见李祖军、王世进主编：《民事诉讼法学》，重庆大学出版社 2006 年版，第 35~39 页。

行政复议等行政手段实现对环境执法的监督；国家司法机关的监督是司法监督，主要通过具体案件的检察监督或审判监督来加强对环境执法和司法的监督；国家监察机关的监督在国家监察体制改革后已从行政监督中独立出来，成为新时代中国最有效的监督方式之一，国家监察机关的监督主要通过对公职人员的监督检查、职务违法和犯罪的调查、政务处分和问责、提出监察建议等方式对环境执法和司法开展监督。

第一类网络成员中不同的国家机关内部及相互之间结成的主要是纵向网络关系。根据我国宪法和有关法律的规定，第一类网络成员中的国家权力机关的法律地位高于行政机关、司法机关和监察机关；行政机关、司法机关和监察机关虽然法律地位和级别上是平等的，相互之间结成的关系具有横向网络关系的性质，但在行使监督职责时，即使是平级的国家机关之间，由于彼此是监督和被监督的关系，在监督方面形成的管理与被管理、命令与服从的关系，因而结成的网络关系也更接近纵向网络关系。特别是国家监察机关依法对全体国家公职人员和有关机构行使监察权，其对各类国家机关的监察更加突出了纵向性质的网络关系。

第二类网络成员即非国家机关，在环境法治监督网络中也具有重要地位，对环境立法、执法、司法的监督都会产生一定影响。政党特别是执政党基于其在整个国家权力结构中的特殊地位，可以利用其严密的组织体系对环境立法、执法、司法发挥强有力的监督作用；社会组织特别是环保组织基于其维护生态环境公共利益的目的和在社会上的影响力，特别是中国法律赋予其提起环境公益诉讼等相关权利后，在环境法治监督中的作用日益突出，甚至对提起环境公益诉讼产生具有法律效力的监督；公众特别是新闻媒体和社会舆论在现代社会监督中的作用日益突出，可以通过舆论影响力和公众参与制度对环境法治发挥重要的监督作用。第二类网络成员作为非国家机关，除执政党可以凭借其组织和权力体系命令和管理环境法治机构外，其他组织和公众与相关环境法治机构之间主要是平等关系，结成的是更具横向性质的环境法治网络。

第一类网络成员与第二类网络成员还可以联合开展环境法治监督，与其他环境法治主体结成更为复杂的网络关系。如近年来在压实生态环境保护责任中发挥特别重要作用的中央生态环境保护督察组，是由执政党和政府部门共同组建，且开展环保督察时往往联合相关新闻媒体曝光地方存在的生态环境问题，相互结成的网络关系，既有纵向性质的环境法治监督网络关系，也有横向性质的环境法治监督网络关系。

环境立法网络、环境执法网络、环境司法网络、环境法治监督网络等环境法治网络的中观层面，是根据环境法治运行的主要环节而划分的，具有相对独立性，但它们之间并不是完全孤立的，而是相互衔接、相互关联，共同型构了环境法治的基本网络，并深深嵌入整个宏观环境法治网络即国家的社会结构之中，为环境法治绩效的提升提供资源和动力。

第三节　解释中国环境法治绩效的规范

规范作为社会资本的重要构成，源自一定群体或网络为追求群体或网络秩序而内在博弈均衡或人为设计的行为准则、标准及其蕴含的理念、价值和文化等。环境法治网络是基于规范而建立的关联模式。如果环境法治网络内的规范发达并能够与环境法治建设有机融合，则能提升环境法治绩效并促进社会发展特别是生态文明建设；反之，规范内部的冲突特别是与环境法律规范存在较大冲突，则会影响环境法治绩效。因而，运用社会资本理论解释环境法治绩效，有必要在梳理环境法治规范的基础上，查找其内部可能存在的冲突及其与环境法律规范可能存在的冲突。

基于前文分析，各大学科对制度或规范的分类及分类标准虽然存在一定争议，但其对正式规范与非正式规范的分类，主要是看规范的制定和实施主体是政府等官方机构或正式组织还是社会网络成员，是自生自发或基于内在博弈均衡而产生还是人为设计而约束人们的行为，是靠国家强制力保障或以国家强制力作威胁来实施还是社会成员自觉遵守和履行。[1]应当说，正式规范与非正式规范的区分，对分析中国环境法治绩效的规范具有很大启示。

本书认为，解释中国环境法治绩效的规范包括调整人与生态环境之间以及以生态环境为中介的人与人之间关系的所有非正式规范和部分正式规范。非正式规范作为解释环境法治绩效的重要社会资本，应当比较好理解，因为

---

〔1〕　参见［德］柯武刚、史漫飞：《制度经济学：社会秩序与公共政策》，韩朝华译，商务印书馆 2000 年版，第 127 页。

非正式规范是环境法治网络成员基于一定网络关系经过内在博弈均衡而产生的调整人与自然之间以及以生态环境为中介的人与人之间关系的规则、准则。而部分正式规范，即由国家相关官方机构或正式组织人为设计的但尚未上升为法律法规的正式规范，如环境政策、环境协议和环境自治规范等，虽然更多是国家相关机关或正式组织人为设计的，但它们一定程度上经历了环境法治网络内部的内在博弈均衡，之所以要纳入分析中国环境法治绩效的规范，主要是因为中国当前的环境治理主要是以政策治理为主，且环境政策等规范对中国的环境法律法规作用的发挥有较大的冲击和影响。

正式规范和非正式规范虽然是对规范的基本分类且对我们理解规范具有重要意义，但该分类主要强调的是规范的制定和实施主体的差异，仅作这种宏观分类来考察环境法治还不具有针对性。中国环境治理的实践非常复杂，相关的环境治理规范也很多，有技术层面的环境标准等技术规范，也有社会层面的环境伦理、习俗和理念等环境社会规范；有理念层面的环境价值观、伦理观等环境文化规范，也有制度层面的环境法律规范、环境习俗规范以及环境行动计划、政策和环境宣言、协议等，因而，分析中国环境法治绩效的规范，还要在正式规范与非正式规范的基础上进一步细分。经综合分析上述不同种类的环境治理规范，根据解释中国环境法治绩效需要的角度分析，笔者基于前文的界定将环境法治网络中产生的规范分为环境文化规范、环境习俗规范、环境软法规范三种基本类型并分析如下。

一、环境文化规范

文化的概念是一个非常复杂的范畴，学者们仁者见仁，智者见智。英国人类学家爱德华·泰勒最早提出文化的概念，认为科学、哲学、法律、道德、习惯都是文化，包括"知识、信仰、艺术、法律、道德、风俗以及作为一个社会成员所获得的能力与习惯的复杂整体"[1]；美国人类文化学家科拉克洪（Clyd Kluckhohn）和克罗伯（A. L. Krober）给文化下了一个有很大影响的定义："文化存在于各种内隐和外显的模式中，借助符号的运用得以学习和传播，并构成人类群体的特殊成就，这些成就包括他们制造物品的各种具体式样。文化的基本要素是传统（通过历史衍生和由选择得到的）思想观念和价

---

〔1〕 韦森：《文化与制序》，上海人民出版社2003年版，第12页。

值，其中尤以价值观最为重要。"[1]学者们不管如何定义文化以及如何对文化进行广义、中义和狭义上的分类分层，但都普遍认可人们在长期的实践中形成的文化具有一种规范力量，规范和制约着人们的思维方式、价值观念以及社会活动。

本书基于文化狭义上的分析，价值观念是文化最为重要的基本要素。在调整人与生态环境之间以及以生态环境为中介的人与人之间关系过程中，一定环境治理网络中的人们基于内在博弈均衡而自生自发形成的一系列理念标准和价值准则，构成了最重要的环境文化规范。作为狭义的环境文化规范，其核心构成就是环境伦理观、环境价值观以及相关的文化理念。

环境伦理观是以人与自然关系为中心的世界观。传统的伦理学主要关注人在世界的地位以及社会网络中人与人之间的关系，而较少关注人与自然的关系，确立的是人类中心主义的世界观。[2]随着环境科学和生态科学的发展，伦理学对人与人关系的关注扩展至人与自然的关系，产生"敬畏生命"的观念和伦理学，[3]非人类中心主义的思想逐渐形成并进一步发展为生态中心主义，形成了生态整体主义的环境伦理观。生态整体主义的环境伦理观不仅关注个体生物的价值，而且延伸至物种、种群和整个生态系统，并把生态系统的整体利益作为最高价值。环境伦理观是环境法治网络中基于对人与自然关系以及以自然为中介的人与人关系的认识而产生的重要文化规范，对于解释和提升中国环境法治的绩效具有重要意义。

此外，环境文化规范还包括其他各种关涉环境的价值理念和文化观念，其中对环境法治最具影响的价值观念有科学主义与人文主义、人类中心主义与非人类中心主义、经济主义与生态主义、分配正义与环境正义、权利本位

---

〔1〕 中国大百科全书总编辑委员会《社会学》编辑委员会、中国大百科全书出版社编辑部编：《中国大百科全书》（社会学卷），中国大百科全书出版社1991年版，第409页。

〔2〕 人类中心主义的发展阶段及其与非人类中心主义的争论将在后文中论述。一般认为，人类中心主义在以下三个意义上使用：人是宇宙的中心；人是一切事物的尺度；根据人类价值和经验解释认识世界。See *Webster's Third New International Dictionary*, 4th, Merriam Co, 1976, p. 93.

〔3〕 "敬畏生命"的伦理学是法国思想家施韦泽（Albert Schweitzer）最早提出，他认为伦理的本质应当敬畏生命，他在对只涉及人与人关系的传统伦理学批判后，提出"只有当人认为所有生命，包括人的生命和一切生物的生命都是神圣的时候，他才是伦理的"。参见章海荣编著：《生态伦理与生态美学》，复旦大学出版社2006年版，第186~187页。

和社会本位与生态本位等。[1]它们也是基于一定环境法治网络成员内在博弈均衡而自生自发的文化规范，对解释中国环境法治绩效具有重要意义。

二、环境习俗规范

环境习俗规范是环境治理网络中的重要规范，其本身也是一种重要的文化现象，可作为环境文化规范中的重要组成，但其他环境文化规范更注重理念与价值层面，而环境习俗规范更具规范性和制度性，更加注重对人们环境行为的调整和规范，因而有必要作为解释中国环境法治绩效的一种单独类型规范。

从习惯、习俗或惯例的含义上来看，[2]环境习俗规范是一定环境治理网络成员在长期历史实践中基于一定文化孕育与价值认同并经内在博弈均衡而自生自发的调整人与生态环境之间关系以及以生态环境为中介的人与人之间关系的群体性行为标准、准则和规则。从形式要件来看，环境习俗规范是人

---

〔1〕 科学主义与人文主义、人类中心主义与非人类中心主义、生态主义与经济主义的关系及冲突在环境法治的观念文化层面体现较为明显，笔者将在下文中详细论述。而其他几个关涉环境的文化规范在此简要介绍后不再论述：分配正义是传统法学理论的核心价值，主要涉及财富、荣誉、权利等有价值的东西的公平分配，这一原则指导下的所有权理论是绝对支配权，体现在环境资源领域会认为污染和破坏环境也是绝对所有权的组成部分，因而在应对生态危机时显示了其固有的局限性；环境正义是环境保护运动发展到特定阶段的产物，强调实现人与自然之间的和谐关系在社会实践层面正当分配环境利益和负担，更加注重环境资源开发、利用和保护主体的平等性以及社会主体环境权益得到可靠保障；权利本位是以个人主义为基础的近代法的本位观，强调公民的自由和权利神圣不可侵犯，政府不得随意限制公民个人的自由和权利，也不得随意使公民个人负担义务；社会本位是以团体主义为基础的现代法的本位观，强调公民的个人自由和权利应当受社会公益的限制；生态本位要求法律制度应围绕人与自然的和谐相处而精心设计，既要体现人的权利也要反映生态自然的权利，更与环境法的要求相吻合而成为重要的环境法律观念。参见梁剑琴：《环境正义的法律表达》，科学出版社 2011 年版；陈泉生等：《环境法哲学》，中国法制出版社 2012 年版，第 549~577 页。

〔2〕 习惯、习俗和惯例的词义很多时候是混同的，但中国《现代汉语词典》区分了习惯与习俗的差异，认为习惯更多是个体的价值偏好和行为方式，当习惯超越个体生活范围而成为群体生活特征的反映，成为马克思·韦伯所说的"群众性行为"和群体性标志时，习惯已演化为习俗；韦森教授还考证英文的 customary law 在中国普遍翻译为"习惯法"，而准确翻译应为"习俗法"；而马克思·韦伯认为习惯要经历惯例才能上升为习惯法，虽然习俗与惯例的界限非常模糊。本书在此虽不严格区分三者的关系，但以"环境习俗规范"作为考察环境法治的规范类型，亦强调环境习俗规范是一定环境治理网络中群体性的关涉环境的行为方式和规范。参见李保平："从习惯、习俗到习惯法——兼论习惯法与民间法、国家法的关系"，载《宁夏社会科学》2009 年第 2 期；〔德〕马克思·韦伯：《经济与社会》（上卷），林荣远译，商务印书馆 1997 年版，第 356~357 页；韦森：《经济学与哲学：制度分析的哲学基础》，世纪出版集团、上海人民出版社 2005 年版，第 197 页。

们在长期的历史实践和文化孕育中经过内在博弈均衡而自生自发的规范；从内容要素来看，环境习俗规范调整的是人与自然之间以及以生态环境为中介的人与人之间的关系，其行为标准、准则和规则得到环境法治网络成员的普遍认同而自觉遵守或基于群体的道德、舆论或组织、权威而被强制履行。"把单纯的习俗与习惯法分开来的是后者背后的强制性力量。"〔1〕从这个意义上来说，环境习俗规范接近环境习俗法，因为环境习俗法的强制履行是区别于国家制定法的以国家强制力保障实施，环境习俗规范或环境习俗法只有写入国家制定法中，才能获得国家制定法的强制力保障。

环境习俗规范是否与环境民间法可以等同，二者的关系如何？对此，我们可以借鉴有关习惯法与民间法的理论来分析。目前学术界关于习惯法与民间法的关系主要有两大类观点。第一类观点是两个概念并列使用、不加区分、相互代替，这种用法具体又可以分为三个方面：一是认为二者完全并列、内涵外延一致；二是认为二者有包容关系，但为体现被包容方有独立价值而将二者并列；三是认为二者相互交叉，不易也不宜作区分。〔2〕第二类观点是区分使用两个概念，认为二者是属种关系，民间法包括习惯法。如梁治平先生认为"清代之民间法，依其形态、功用、产生途径及效力范围等综合因素，大体可分为民族法、宗教法、行会法、帮会法和习惯法等几类"。〔3〕从各种因素来看，民间法是与国家制定法相对应的概念，环境习俗规范显然不是国家制定法的规范，因而只能是环境民间法规范的范畴，因为环境习俗规范和环境民间法规范都不是国家制定并以国家强制力保障实施的。但环境习俗规范又有其独特性，不仅强调非国家制定性，还突出这类规范是经过长期历史实践而自生自发形成并得到一定环境治理网络群体的认可，但环境民间法规范中还包括不是自生自发形成的，而是人为设计的调整人与自然之间以及以生态环境为中介的人与人之间关系的规范，如环保组织、行业协会以及其他自治组织通过一定程序制定的关涉环境的自治规范，更多是基于自治组织代表公众或某个群体意志而制定的规范。这些规范显然与环境习俗规范有较大区

〔1〕 ［美］H. W. 埃尔曼：《比较法律文化》，高鸿钧等译，清华大学出版社 2002 年版，第 32 页。

〔2〕 参见郑毅："论习惯法与软法的关系及转化"，载《山东大学学报（哲学社会科学版）》2012 年第 2 期。

〔3〕 参见梁治平：《清代习惯法：社会与国家》，中国政法大学出版社 1996 年版，第 36 页。

别，应当归入下文的环境软法规范之列。

三、环境软法规范

环境治理的规范中，除国家制定法、前述的环境文化规范和环境习俗规范之外，还有一种特殊的规范，即由国家机构或环保组织、行业协会等自治组织制定的行动计划、政策文件、行政协议以及环保准则、行业规则等自治规范。较前述两种规范，这类规范的重要特征是：它们主要由官方机构、行业协会、自治组织等正式组织制定，但又不像国家制定法那样由国家强制力来保障实施，而是靠如组织体系、权威系统和舆论等自身特有的实施机制来执行，在环境治理中有时能够取得更好的效果，因而有必要作为解释中国环境法治绩效的重要规范类型。笔者借鉴国际法领域兴起并在国内法研究中日益引起关注的软法现象和软法理论，对该类规范作出如下分析并将其概括为环境软法规范，以作为解释中国环境法治绩效的重要规范类型。

目前有关软法的研究和软法概念争议较大。从下定义的方式来看，主要有性质归纳、[1]内涵列举[2]和特征描述[3]等方法。从使用方式上来看，主要可以分为三种类型：一是形式上较"硬"而实效较"软"的法，即形式上符合法律规范标准并以国家制定法形式呈现，但法律责任欠缺或不严厉；二是实效较"硬"而形式上较"软"的法，即不符合法律规范的标准并未载入国家制定法，但实际发挥了较强的法律调整作用；三是指政策、道德、习俗、

---

[1] 如罗豪才教授认为软法"是作为一种事实上存在的有效约束人们行动的行为规则，它们的实施未必依赖于国家强制力的保障"，参见罗豪才等：《软法与公共治理》，北京大学出版社 2006 年版，第 6 页；Francis Snyder 认为"软法总的来说是不具有法律约束力但可能产生实际效果的行为规则"，See Francis Snyder, "Soft law and Institutional Practice in the European Community", in Stephen Martin, *The Construction of Europe: Essays in Honor of Emile Noël*, Kluwer Academic Publishers, 1994, p. 198.

[2] 如 Jaye Ellis 认为"软法的表现形式极多，包括国际会议的序言性陈述、国家召开的多边会议的目标陈述与宣言、单方声明、行动规范、国际组织发布的行动计划与指导方针、国际组织通过的非约束性的劝告与决议等"，转引自罗豪才等：《软法与公共治理》，北京大学出版社 2006 年版，第 6 页；又如姜明安教授将软法的表现形式列举为行业协会和高等学校等社会自治组织、基层群众自治组织、人民政协和社会团体、国际组织、执政党和参政党规范本组织活动及其成员行为的章程、规则、原则以及法律、法规、规章中没有明确法律责任的条款等六类，参见姜明安："软法的兴起与软法之治"，载《中国法学》2006 年第 2 期。

[3] 如 A. E. Boyle 根据以下几点来确定软法：软法是非约束性的，由一般规范或原则组成而非规则；软法是不准备通过约束性的争议裁决来强制执行的法。参见罗豪才等：《软法与公共治理》，北京大学出版社 2006 年版，第 178 页。

法理等不是法的社会规范。[1]从使用语境来看，主要有国际和国内两个语境方面：国际语境主要指国际公约和条约中缺少强制性、责任不明确的不具有法律约束力的文件。国内语境较为复杂，一般又分为三种情况：一是行政主体制定的非法律性的指导原则、规则和政策，包括指导方针、备忘录、信函、指令、守则等形式；二是法律多元意义上的社会规范；三是治理领域的软法。[2]上述对软法的各种界定都有其分析问题的视角和一定的合理性。但笔者认为，对解释中国环境法治绩效的软法作出界定，重点不是给软法下定义，而是明确软法的范围。综合软法的各种理论来看，软法的范围可以从广义、中义、狭义和泛义四个层面界分。广义的软法是指除硬法以外的所有规则，包括国家制定法中欠缺法律责任的软规范、国家机关和官方组织制定的各种规范文件、社会组织和自治组织制定的自治规范以及道德、习俗、价值理念等所有规范；中义的软法较之广义软法，不包括道德、习俗、价值理念等自生自发的规范，主要强调人为设计的规范，"它不依赖国家强制力保障实施，由部分国家法规范和全部社会法规范组成"[3]；而狭义的软法在中义软法的范围内，减少了国家制定法中的法律责任欠缺的法律规范即属于国家实证法范围的那部分，仅指国家机关和官方组织制定的各种规范性文件、政策以及社会组织和自治组织制定的自治规范；泛义的软法范围一般限于国家制定法层面，泛指那些不管用、实效差的"没有长牙齿的"法律规范，是在社会生活中不能发挥实际作用的国家制定法。前文界定的环境文化规范和习俗规范，是广义软法扣除中义软法后剩余的那些规范，而本书要界定的解释中国环境法治绩效的规范是指狭义的软法规范，包括国家机关和官方组织制定的各种规范性文件、社会组织和自治组织制定的自治规范，都可以纳入正式规范的范畴。

关于软法规范的渊源，罗豪才教授认为中义软法的渊源集中体现在两个层面："一是政法惯例、公共政策、自律规范、专业标准与弹性法条这五种软法规范的主要渊源……二是每一类软法当中的各种具体的软法规范……主要由立法惯例、行政惯例、司法惯例、政治惯例，国家性政策规则、社会性政

---

[1]　参见江必新："论软法效力　兼论法律效力之本源"，载《中外法学》2011年第6期。

[2]　参见马波："环境法'软法'渊源形态之辨析"，载《理论月刊》2010年第5期。

[3]　罗豪才、宋功德：《软法亦法：公共治理呼唤软法之治》，法律出版社2009年版，第367页。

策规则、政党性政策规则，公共机构自律规范、公务人员自律规范、行业内部自律规范，国家标准、行业标准、地方标准、企业标准，法律原则、柔性法律文本、弹性法律条款等共同构成的软法规范载体形态。"[1]姜明安教授从行政法角度提出，软法的法源主要包括中国共产党党内法规、政法的基本原则、社会自治规则、行政惯例、行政执法基准等。[2]参照上述软法的渊源形式，本书从狭义软法的角度扣除相关弹性法律条文、柔性法律文本和法律原则、惯例等后，结合中国环境法治绩效的实际，将解释中国环境法治绩效的软法规范的主要渊源或表现形式概括为环境合同、环境保护政策、民间环境自治规则、环境保护自律规范、环境保护行业标准、环境行政指导规范、环境行政调解协议等。[3]

综上所述，本书将解释中国环境法治绩效的规范分为以下几种：环境文化规范、环境习俗规范和环境软法规范，其中环境文化规范和环境习俗规范主要是环境治理网络成员内部基于内在博弈均衡而自生自发产生的调整人与生态环境之间关系以及以生态环境为中介的人与人之间关系的基本原理、准则和规则，但前者主要停留在理念层面并表现为环境伦理观和价值观，而后者更多上升为非正式制度层面并表现为行为规范；环境软法规范则主要是环境治理网络成员基于理性商谈并经一定程序而人为设计的正式规范，包括官方机构和民间组织制定的行为规范、规则守则和标准等。

第四节　解释中国环境法治绩效的信任

作为社会资本核心构成的信任，与前述解释中国环境法治绩效的网络和规范这两种社会资本构成交织一起并相互之间有着紧密的关系。网络作为社会资本的客观结构，孕育或创造一定社会的规范和信任这两种主观社会资本；同时，信任又促进网络的发展和规范的需求及其有效实施，一定网络内的信任状况既影响网络成员间的关联模式以及网络资源的摄取，也影响网络内规

---

〔1〕 罗豪才、宋功德："认真对待软法——公域软法的一般理论及其中国实践"，载《中国法学》2006年第2期。

〔2〕 参见姜明安："行政法学研究范式转换"，载《人民日报》2015年9月7日，第20版。

〔3〕 该观点参考了国内相关学者的研究成果，参见马波："环境法'软法'渊源形态之辨析"，载《理论月刊》2010年第5期。

范的运行和绩效，特别是当信任通过一定网络传递和规范保障而成为普遍信任后，会与网络、规范等一起强化社会资本的力量，引导社会资本在不同个体和群体之间流动。[1]当信任嵌入一定的环境法治网络，也会影响环境法治网络内的观念、制度以及环境立法、执法、司法、守法和法治监督等环境法治环节的运行效果。因而，中国环境法治绩效的二元结构问题也有必要从信任角度予以解释和破解。

信任是一个很复杂的概念，有关信任含义的理论源远流长。在社会资本理论产生之前，信任是不少学科的研究对象。社会资本理论产生后，很多学者认为其是社会资本的核心构成，甚至有学者认为是社会资本的唯一构成。[2]从不同的学科和不同的学者的研究成果来看，虽然他们对信任作为社会资本的重要构成基本没有争议，但对信任的具体内涵却存在较大分歧。心理学研究的主要是人际信任，关注的是微观社会个体的心理，认为信任是一种心理预期和过程。经济学关注的主要是信任与经济的关系，信任被认为是经济发展的有效润滑剂，可以降低交易成本和提高效率从而促进经济的发展与繁荣，信任建设水平也间接反映国家和地区经济社会发展差距，如新古典经济学家阿罗认为"信任是经济交换的润滑剂，是控制契约的最有效的机制，是含蓄的契约，是买不到的独特的商品"[3]。经济学对信任的分析主要基于理性"经济人"的计算或文化的影响而产生主体间的信赖，实际上也是一种人际信任的研究。社会学更关注信任与社会系统、社会秩序的关系，认为信任是社会秩序的基础，总体上可以归为社会信任的范畴。管理学或组织行为学研究的信任，不仅涉及个体心理，而且关注社会关系以及社会结构和文化背景，开启了多学科视野的信任研究，在学术研究的理论上有重大突破。[4]政治学对政治信任的研究也超越了学科界限，注重对政府或政治性组织之间及其与民众或公众之间的信任问题开展研究，包括民众对政府的信任、对执政党的信任以及对整个政治制度和法律制度的信任，还包括政府、政治性组织

〔1〕 参见翟学伟、薛天山主编：《社会信任：理论及其应用》，中国人民大学出版社2014年版，第225~226页。
〔2〕 如福山把社会成员的普遍信任理解为是社会资本的基本构成，规范和网络等也是以信任为基础，因而信任是社会资本的唯一构成。参见［美］弗兰西斯·福山：《信任——社会道德与繁荣的创造》，李宛蓉译，远方出版社1998年版，第35页。
〔3〕 郑也夫：《信任论》，中国广播电视出版社2001年版，第60页。
〔4〕 参见上官酒瑞：《现代社会的政治信任逻辑》，上海人民出版社2012年版，第38页。

之间及其与民间组织和经济组织之间的信任。简言之，政治信任体现为一定网络中的主体对政治体系的态度、评价、信念和期待，是主体基于直接或间接的互动合作而对政治体系的支持关系。

综上所述，心理学和经济学研究的信任总体上属于人际信任，社会学研究的信任总体上属于社会信任，而管理学或组织行为学开始从跨学科角度研究信任，特别是政治学跨越了学科栅栏研究政治信任问题。因而，从信任视角解释和提升中国环境法治绩效，消解环境法治绩效的二元结构，重点要分析环境法治的人际信任、社会信任和政治信任。

一、环境法治的人际信任

人际信任主要是心理学、经济学研究信任的视角，关注的是微观社会个体的心理，并从人的个性特质、心理特点等角度认为信任是一种心理需求和预期的心理过程。如霍斯莫尔认为信任是当个体面临一个预期损失大于预期收益之不可预料的事件时，所做的一个非理性的选择行为；[1] 还有学者认为信任是个体的一种概括化的期望，或个体所有的、构成个人特质的诚意、善良和信任别人的一部分。[2] 人际信任能较好地解释因社会转型带来的心理变化而产生的信任危机以及个体差异而产生的不同信任度。经济学对信任的研究主要有两种思路：一是传统经济学的思路即基于"经济人"基本假设的信任分析，二是经济社会学的思路即批判理性人而强化文化作用的信任分析。第一种思路认为经济活动主体精于算计，守信与背信是其基于理性计算而选择的结果。如威廉姆森（Williamson）将信任分为计算的信任、制度的信任和个人的信任。计算的信任指信任是理性计算的结果并以契约形式规定下来；制度的信任指主体迫于法律制度或非正式社会规范的惩罚或约束而守信；个人的信任指主体基于私人关系而在契约缺陷或理性有限的条件下仍然守信。第二种思路认为主体基于嵌入的社会结构、社会关系而作出行动选择，"经济人"假设无法解释个体经济行为与所处社会的关系，无法解释个体基于文化而产生的信任。格兰诺维特从嵌入理论解释和分析了信任与经济秩序和经济

---

〔1〕 参见张超、严燥："政府信用与民众信任"，载《社会》2002年第11期。

〔2〕 参见丁香桃：《变化社会中的信任与秩序——以马克思人学理论为视角》，浙江大学出版社2013版，第9页。

交易成本的关系；福山则从文化与经济关系视角对信任问题作了跨文化的研究，认为信任与经济效益、经济规模、经济繁荣的关系密切。[1]综上分析，经济学的信任研究虽然关注和分析信任与经济的关系，但其信任是基于理性"经济人"的计算或文化的影响而产生的主体之间的信赖，也是一种个体或经济组织之间的人际信任研究。

环境法治的人际信任是解释中国环境法治绩效二元结构的重要视角。从环境法治观念视角分析，作为一定环境法治网络成员对环境法律及实施的伦理价值和精神内涵，环境法治观念是个体公民和组织中的决策者基于一定心理现象而产生的思想认知、心理需求和预期，环境法治观念的形成离不开人际信任的支持，没有心理上对一定环境法治观念的需求和预期，信任关系就难以有效形成；同样，没有基于心理学视野上的人际信任的存在，特别是没有个体公民对环境法治观念的一致预期或近似预期，环境法治观念也难以形成，即使能够形成，环境法治观念也是相互冲突的。

从环境法律制度视角分析，包括正式制度与非正式制度在内的制度都是基于一定网络成员或组织中的决策者的心理需求与预期而产生的。非正式制度是一定网络成员基于内在博弈均衡或自生自发，也就必然是一定个体公民或组织中的决策者基于心理需求和预期也即人际信任而形成的制度；正式制度虽然由官方机构或正式组织人为设计并强制其成员遵守，但实质上也是个人或社会对某些思想习惯和通行的非正式制度的综合，[2]因而正式制度也大多源于个体公民或组织中的决策者的心理需求和预期所产生，只是官方的机构或正式组织把这种心理需求和预期，通过一定程序综合后制定并以成文方式表达。同时，人际信任也有利于正式制度与非正式制度得到网络成员的普遍认同和遵守，因为这些制度体现了他们的心理需求和预期；反之，如果制度特别是正式制度缺少人际信任的支持，不能反映和体现网络成员的心理需求和预期，就难以获得网络成员的认同和遵守。

从环境法治的运行环节分析，环境立法、执法、司法、守法都需要人际

---

〔1〕 参见马俊峰等：《当代中国社会信任问题研究》，北京师范大学出版社2012年版，第40~42页；[美]马克·格兰诺维特：《镶嵌：社会网与经济行动》，罗家德译，社会科学文献出版社2007年版；[美]弗兰西斯·福山：《信任——社会道德与繁荣的创造》，李宛蓉译，远方出版社1998年版。

〔2〕 参见[美]凡勃伦：《有闲阶级论——关于制度的经济研究》，蔡受百译，商务印书馆1964年版，第139~140页。

信任的支持。环境立法涉及中央和地方多个层级的立法，每个层级也有不同的立法主体，他们在环境立法特别是针对同样或同类事项开展环境立法过程中，既会从不同层级标准考虑个体公民或组织中的决策者对环境立法的需求和预期，也会加强对不同层级立法主体相互之间的信赖，以确保不同层级立法的统一；环境执法是执法主体按照法定职权和程序实施环境法律法规的专门活动，是实现个体公民或组织中决策者心理需求和预期的关键环节，直接关系到环境法律制度能否转化为环境治理效能，促进经济社会发展特别是生态文明建设；环境司法是司法机关按照法定职责和程序解决环境法律纠纷的专门活动，是对个体公民或组织中决策者心理需求和预期不能实现或信赖被破坏后的一种救济；环境守法也关系个体公民或组织中决策者心理需求与预期的直接满足与否，如果个体公民或组织中的决策者认为其心理需求与预期基本实现，并相信他人类似需求与预期也将实现，那么就会认真遵守国家环境法律制度，否则将会因不信任而不遵守环境法律制度甚至为追求利益而加剧对生态环境的恣意破坏或掠夺。

二、环境法治的社会信任

社会信任是各大学科研究的重要主题，在社会学研究中也是一个中心课题。社会学除关注人与人之间的信任关系外，更关注信任与社会系统和秩序的关系，更注重研究信任的社会功能与作用。从社会学视野来看，信任就是社会信任，是与一定社会结构、社会关系及其政治、经济、文化等密切相关的一种社会现象，是"社会秩序的基础"[1]。社会学家韦伯较早就把信任分为特殊信任和普遍信任，认为特殊信任是建立在地缘、血缘或者情感、私人关系基础上的信任关系，而普遍信任是建立在契约和法律之上的不以情感而以信仰共同体为基础的信任。普遍信任使人际交往从熟人范围向外扩大，为整个社会的人际关系和社会秩序奠定了稳固的基础。[2]卢曼认为信任是社会生活的基本事实，信任最重要的功能是简化社会的复杂性机制从而使社会发展成为可能，[3]并与社会结构和制度变迁之间存在互动关系。他还将信任分

---

〔1〕 马俊峰等：《当代中国社会信任问题研究》，北京师范大学出版社 2012 年版，第 49 页。

〔2〕 参见马俊峰等：《当代中国社会信任问题研究》，北京师范大学出版社 2012 年版，第 50 页。

〔3〕 参见 [德] 尼克拉斯·卢曼：《信任：一个社会复杂性的简化机制》，瞿铁鹏、李强译，上海人民出版社 2005 年版，第 3 页。

为人格信任和系统信任或人格信任和制度信任，认为前者主要靠人际情感来联结社会关系，而后者主要靠社会规范、法律制度来联结社会关系。吉登斯对信任的界定是"对一个人或一个系统之可依赖性所持有的信心，在一系列给定的后果或事件中，这种信心表达了对诚实或他人的爱的信念，或者，对抽象原则之正确性的信念"[1]。他对信任的基本分类是特殊信任和制度信任或特殊信任和系统信任，认为前者主要靠亲缘、地域、宗教、传统等因素来联结社会关系，是前现代社会的主要信任模式；而后者主要靠友谊、抽象体系、未来取向等因素来联结社会关系，是现代社会的主要信任模式。[2]中国著名社会学家郑也夫教授认为，现代社会主要建立在抽象系统之上，抽象信任是社会秩序的基础，[3]抽象信任主体具有不确定性，并且往往借助抽象的一般化的媒介联结社会关系；而传统社会是熟人社会，熟人社区是社会的基本单元，具体信任是社会关系的基本模式和社会秩序的稳定基础，信任主体往往是明确的且一般直接结成社会关系。[4]综上所述，社会信任主要围绕信任与社会的关系而展开，虽然不同学者对社会信任的具体内涵存在一定争议，但他们对社会信任的基本分类主要是特殊信任与普遍信任、人格信任与系统信任、具体信任与抽象信任。

管理学或组织行为学从跨学科视角研究的信任也涉及社会信任，主要从宏观、中观、微观三个层面探讨组织的信任问题。宏观层面从经济学、社会学、心理学等相通的视角研究了信任的生成模式，认为组织中的信任是可实现的，并且是调控组织运行的机制和推动网络组织运行的关键；[5]中观层面侧重研究各种合作的具体网络中信任建立的机制，认为信任有助于解决复杂的现实问题并比权威等其他手段更加具有效率；[6]微观层面的研究关注组织中具体主体间的信任，与心理学、社会学研究的信任密切相关。管理学或组

〔1〕 [英]安东尼·吉登斯：《现代性的后果》，田禾译，译林出版社2000年版，第30页。

〔2〕 参见林聚任等：《社会信任和社会资本重建——当前乡村社会关系研究》，山东人民出版社2007年版，第147页。

〔3〕 参见郑也夫：《信任论》，中国广播电视出版社2001年版，第170页。

〔4〕 参见马新福、杨清望："法律信任初论"，载《河北法学》2006年第8期。

〔5〕 参见 [美]罗德里克·M.克雷默、汤姆·R.泰勒编：《组织中的信任》，管兵等译，中国城市出版社2003年版，第21~46页。

〔6〕 参见 [美]罗德里克·M.克雷默、汤姆·R.泰勒编：《组织中的信任》，管兵等译，中国城市出版社2003年版，第22页。

织行为学的信任研究表明，信任已超越个体心理需求与预期的人际信任，涉及社会关系以及社会结构和文化层面的社会信任。

环境法治的社会信任是解释中国环境法治绩效二元结构的重要视角。从环境法治观念视角分析，一定的环境法治观念必然建立在一定的社会关系和社会秩序的基础上，在处理人与生态环境之间的关系及以生态环境为中介的人与人之间的关系时，以普遍信任、系统信任、抽象信任为基本信任模式的社会关系和社会秩序，就会更容易形成符合生态文明价值理念的环境法治观；而以特殊信任、人格信任和具体信任为基本信任模式的社会关系和社会秩序，往往基于情感特别是基于私人情感的合谋更容易形成攫取生态环境资源的环境法治观，而更少考虑生态环境自身的价值。

从环境法律制度视角分析，法律制度建设和实施情况，本身就决定一个社会的基本信任模式，当法律制度建设实施良好，社会关系整体建立在契约和法律之上，社会信任的基本模式就是普遍信任、系统信任和抽象信任，而普遍信任、系统信任和抽象信任又有利于推动包括环境法律制度在内的各种法律制度的优化和完善；当法律制度建设不全或者虽有健全的法律制度但实施不好，整个社会建立并依赖血缘、地缘或情感为基础的秩序而运行，社会信任的基本模式就是特殊信任、人格信任和具体信任，人们在处理人与生态环境关系以及以生态环境为中介的人与人之间关系时，主要依靠的是亲情、熟人和情感关系，而不会诉诸法律制度。

从环境法治的运行环节分析，环境立法、执法、司法、守法既是建立在以一定社会信任模式为基础的社会秩序上，其运行效果也会对一定社会秩序的信任模式产生积极或消极影响。在以普遍信任、系统信任和抽象信任为基础的社会秩序中，环境立法、执法、司法、守法必然运行良好，并能进一步加强和巩固普遍信任、系统信任和抽象信任作为社会秩序基本信任模式的地位，而在以特殊信任、人格信任和具体信任为基础的社会秩序中，环境立法、执法、司法、守法必然难以有效运行，并进一步加剧法律和契约在社会秩序中的式微地位。

三、环境法治的政治信任

政治信任主要是政治学研究的视角。政治学从跨学科的视野，综合运用心理学、社会学等学科知识研究了政治信任问题。政治信任关注的重点不是人与人或人与社会之间的信任和依赖，而是"外在客观条件的反映，它不是'信任人格'基本特征的表达，而是对政治现实的评价"[1]，主要包括民众对执政党的信任、对政府的信任、对国家法律的信任以及对整个政治制度的信任，还包括政府和政治性组织之间、政府和政治性组织与民间组织、经济组织等社会组织之间的信任，体现为政府信任、政府诚信、政府信用和政府公信等政治信任。"政治信任被认为是一种对政府的基本评价或情感性的取向。"[2]政治信任建设情况取决于对政治体系的认同和信赖程度，或虽不完全认同和信赖这种政治体系但仍愿意接受的程度。

环境法治的政治信任也是解释中国环境法治绩效二元结构的重要视角。从环境法治的观念视角分析，人类社会进入生态文明时代后，环境法治观念已成为政治体系的范畴和意识形态的重要组成，政治信任建设情况即对政治体系的信任状况也往往决定于一定的环境法治观念；同样，占主导地位的环境法治观念在一定社会网络内形成和传播，也在一定程度上影响着政治信任的状况。

从环境法律制度视角分析，政治信任也直接反映了信任与制度的关系。政治信任作为跨越心理学、社会学等学科视野的一种信任的基本模式，基于制度的信任、对制度的信任就是其中的重要内容和构成，换句话说，构建包含环境法律制度在内的健全完备、和谐统一的法律制度并推动其有效实施，是政治信任建设的重要机制。"制度居间促成信任，因为制度'代表'和体现着某种价值观，而且为对这些价值观的忠诚和向这些价值观的靠拢提供了激励和合理性证明。"[3]相关的研究也表明，制度环境的有效性越高，政治信任和社会信任水平也就越高。[4]同时，政治信任有助于推动环境法律制度的完善，特别是对环境法律制度的运行可以提供良好的条件。"经济、政治或法律的系统需要信任作为前提条件，没有信任就不能在有风险的场合激发支持性活动。"[5]从整个社会来看，一方面，包含环境法律制度在内的各种制度的建

〔1〕　Kenneth Newton, "Trust, Social Capital, Civil Society, and Democracy", *International Political Science Review*, Vol. 22, No. 2., 2001, p. 204.

〔2〕　Arthur H. Miller, "Political Issues and Trust in Government：1964-1970", *American Political Science Review*, Vol. 68, No. 3., 1974, p. 951.

〔3〕　［美］马克·E. 沃伦编：《民主与信任》，吴辉译，华夏出版社2004年版，第68页。

〔4〕　参见上官酒瑞：《现代社会的政治信任逻辑》，上海人民出版社2012年版，第134页。

〔5〕　N. Lumiliarity, "Famililiarity, Confidence, Trust：Problems and Alternative", in D. Gambella, Basil Black well eds, *Trust：Making and Breaking Cooperative Relations*, 1998, p. 103.

立和完善，促进了政治信任的生成和政治信任水平的提高，推动社会信任模式由特殊信任转向普遍信任、由人格信任转向系统信任以及由具体信任转向抽象信任；另一方面，政治信任水平的提升、社会信任模式的转型，又将进一步推动包括环境法律制度在内的各种法律制度的优化和完善。相反，政治信任水平的下降，则会导致民众和社会对包括环境法律制度在内的各种制度及其承载的政治体系的不信任，并将进一步导致政治信任的滑坡。

从环境法治的运行环节分析，环境立法、执法、司法主要是由立法机关、执法机关和司法机关等国家机构负责实施，环境法治的运行情况直接反映了政治信任水平，即民众和社会对法律制度及承载的政治体系的信任状况，环境法治的良好运行有利于促进政治信任建设和政治信任水平提升。同时，良好的政治信任又为环境法治运行提供积极社会资本，增添有效润滑剂，推动环境立法的科学化和民主化、环境执法的严肃和统一、环境司法的公平和公正、环境守法的普遍性，从而更好地体现环境法治的权威和秩序；反之，政治信任的下降则会为环境法治运行提供消极社会资本，阻碍环境立法、执法、司法和守法建设，影响环境法治权威，使得中国环境法治绩效呈现二元结构。

综上所述，环境法治的信任包括人际信任、社会信任、政治信任等信任的基本类型，环境法治的人际信任是一定环境法治网络内主体对环境法治观念、制度和运行的心理需求和预期，这种心理需求和预期如果能够得到满足和实现，那么环境法治网络成员就会对环境法治认同、信赖并遵守，或者虽不完全认同和信赖，但仍选择以环境法治为主来调控其与生态环境之间的关系以及以生态环境为中介的其与他人之间的关系，遵守相关环境法律制度；反之，如果这种心理需求和预期不能得到满足和实现，那么环境法治网络成员就难以认同和信赖环境法治，环境法治在生态文明建设实践中就难以发挥作用或者发挥作用十分有限。环境法治的社会信任，如果是以普遍信任、系统信任、抽象信任为基本信任模式，那么就主要靠法律制度和契约结成社会关系和社会秩序，发挥环境法治在促进生态文明建设中的作用；反之，如果是以特殊信任、人格信任和具体信任为基本信任模式，那么就主要靠亲情、熟人和情感结成社会关系和社会秩序，环境法治在促进生态文明建设中的作用就会难以发挥。环境法治的政治信任，如果能够使得民众和社会对保障环境法治实施的政治体系予以认同和好评，就会为环境法治建设提供积极社会资本，推动生态环境依法治理并促进生态文明与经济社会发展一体推进；反之，如果民众对保障环境法治实施的政治体系不能认同或者虽然表面认同但在实际行动中不能一致，那么就会为环境法治建设提供消极社会资本，阻碍生态环境法治建设，或者虽然在环境法治自身建设上取得一定绩效，但对促进经济社会发展特别是对生态文明建设难以发挥促进作用，致使中国环境法治绩效出现二元结构问题。

第四章 社会资本缺失：中国环境法治绩效二元结构的原因分析

"没有哪种纯粹的法律制度能够经受民众高度的疏远或怀疑，也没有哪种法律体系能在法律无法获得高度信任和尊重的情况下有效运转。"

——［澳］菲利普·佩迪特：《共和主义：一种关于自由与政府的理论》

"汉代至清朝的正统法律思想是"德主刑辅"的思想，法律制度要取得儒家学说'礼'的支持并以'礼'所强调的纲常关系来保证落实，往往视'经义'的效力等于法律，或高于法律。"

——杨鸿烈：《中国法律思想史》

中国环境法治绩效的二元结构表明，与环境法治自身建设取得的成绩相比，中国环境法治绩效在促进经济社会发展特别是在促进生态文明建设方面存在巨大差距。从社会资本理论视角分析，产生这种巨大差距的原因可以归结为社会资本的缺失。前文已述，网络、规范和信任是社会资本的基本构成要素并可以成为社会资本解释中国环境法治绩效二元结构的新视角，本书认为，网络缺陷、规范冲突、信任不足是中国环境法治绩效社会资本缺失的主要体现，是中国环境法治绩效出现二元结构问题的重要原因。

第一节 中国环境法治的网络缺陷

"社会资本可以被想象为一系列的网络。"[1]在社会资本中具有基础性地位的网络，与环境法治有着紧密的内在关联，是环境法治取得绩效特别是促

---

〔1〕 ［美］J. 斯蒂格利茨："正式和非正式的制度"，载曹荣湘选编：《走出囚徒困境——社会资本与制度分析》，上海三联书店 2003 年版，第 117 页。

进经济社会发展和生态文明建设的客观基础，也是解释中国环境法治绩效二元结构问题的重要范式。环境法治自身建设和环境法治促进经济社会发展和生态文明建设情况，决定于一定的经济结构、政治结构和社会阶层结构等作为宏观网络的社会结构，源自环境执法网络、环境司法网络、环境法治监督网络等中观层面网络中的丰富法律实践。

从宏观网络层面分析，环境法治绩效的二元结构根源于一定的社会结构。经济结构作为广义的社会结构具有基础性地位和决定性作用，但中国现行经济结构和产业结构还不够合理，虽然近年来正在由高速增长向高质量发展转型，但粗放型和高能耗的发展模式还没有根本改变，煤炭在中国能源消费中的比重仍然过大，绿色发展理念和生态文明理念较难进入环境治理制度，或者虽进入环境立法但在环境执法、司法等环境法治的具体实践贯彻落实中还有差距。此外，中国社会主体逐渐由一元化向多元化转型，[1]社会组织和公众保护生态环境的意识增强，环境维权和参与环境法治的热情高涨，但中国环境立法、执法、司法等环境法治的运行仍建立在高度组织化的政治结构上，国家机构和政权组织的改革进程与社会主体多元化、社会公众权利意识日益觉醒的要求还有一定差距，也是导致中国环境法治二元结构的重要社会结构因素。

从中观网络层面分析，环境法治绩效的二元结构问题更直接源于环境立法网络、环境执法网络、环境司法网络和环境法治监督等基本网络存在的缺陷，因而有必要运用网络的相关理论，重点从环境法治的基本网络即环境立法网络、环境执法网络、环境司法网络和环境法治监督等视角予以解析。

一、环境立法网络的缺陷及对中国环境法治绩效的影响

环境立法网络是环境法治中观层面的基本网络。网络中蕴含的积极社会资本可以为环境法治促进经济社会发展特别是生态文明建设提供资源支撑，但其中的消极社会资本也会阻碍环境法治促进经济社会发展特别是生态文明建设，导致环境法治绩效出现二元结构。运用社会资本的网络理论分析中国环

---

〔1〕　一般认为社会主体一元化是中国改革前的典型社会特征，尽管当时社会也存在众多的个人和组织，但他们都不同程度地隶属或依附于国家机构并被国家以"单位制"的基本方式进行控制，因而不具有独立的主体地位；改革开放后，中国社会主体得以分化，各种组织和个人逐渐从国家的行政隶属中独立出来，取得了独立的法律地位和日益增多的自主权利，社会主体开始从一元化向多元化转型。

境立法网络，可以发现其中存在的缺陷及对中国环境法治绩效的影响主要如下：

（一）纵向网络突出而横向网络特别是公民参与网络不足，影响了环境法律制度的权威和社会公众的认同

中国环境立法网络既有纵向网络关系，也有横向网络关系，但纵向网络关系在中国现行环境立法网络中地位突出，占据了绝对的主导地位，而横向网络关系，特别是公民参与网络关系明显不足。从第一类网络成员即具有立法权的国家权力机关和行政机关形成的立法体制来看，上下级权力机关之间、上下级行政机关之间、同级权力机关与行政机关之间，突出了它们在立法体制中的地位、职责、权限、程序及其立法效力的层次和位阶，属于典型的纵向网络关系。立法体制之外的第二类网络成员，即不具有立法权却负责牵头起草相关环境法规规章的国家机关，往往是地方政府的职能部门，与第一类网络成员之间也主要是纵向网络。现行立法体制存在的唯一横向网络关系，主要体现在国务院组成部门可以联合制定规章，但在本应可以形成横向网络关系的不同行政区划的同级地方立法主体之间，现行立法体制未允许开展联合立法，即使是针对跨行政区划的同一生态功能区、同一或类似生态环境要素，不同行政区划的同级立法主体也不能开展联合立法，而只能由上级直至中央对跨行政区划的生态环境进行立法，如《太湖流域管理条例》和《长江保护法》，都是由中央直接开展立法，而没有组织地方开展联合立法。由此可见，现行立法体制在地方层面中缺少了一种需要针对同一或类似立法对象而开展联合立法或协同立法的重要横向网络关系。

在纵向环境立法网络关系中，网络成员之间形成的是上下级隶属关系、命令与服从关系、管理与被管理的关系，在环境立法的调研、起草、论证、讨论和征求意见等立法过程中，上下级之间很难以平等姿态协商对话，或者即使上级有意平等对话但下级迫于隶属关系、管理与被管理关系，而不敢充分表达对环境立法的不同意见。并且，在纵向为主的环境立法网络中，由于长期受官僚体制影响，立法主体虽然与第三类网络成员即有权参与立法的相关组织和公民不存在隶属关系，结成的是松散型横向网络关系，但相互之间也难以真正基于协商民主或商谈理性进行环境立法，有关环境立法特别是政府强势职能部门牵头负责起草的环境立法，缺少相关组织特别是公民的积极参与和意见的充分表达，抑或基于对生态环境破坏者的深恶痛绝而成为史上最严厉的法律，抑或基于与环境破坏者的利益同盟而成为"没长牙齿的法

律"，致使环境法律制度的权威不足和社会公众的认同度不高。

"有效的只是所有可能的相关者作为合理商谈的参与者有可能同意的那些行动规范。"[1]哈贝马斯的商谈理性表明，环境立法既要有国家层面的顶层设计，也要有利益相关者基于平等地位的沟通、协商和对话，形成的相关环境法律制度才能得到广泛认同并成为行动规范。否则，即使以国家强制力保证实施的环境法律规范，因缺少利益相关者的认同也难以在法律实践中树立权威和得到实施。中国现行以纵向为主的环境立法网络，显然缺少主体间的平等协商和商谈民主，即使是参与环境立法的相关机构、组织和公民，作为第三类网络成员与其他网络成员之间结成的是具有横向性质的环境立法网络，但其规模、密度较小且受现行立法体制和立法实际运行的影响，难以保障环境立法参与权的充分行使，致使相关环境法律制度在促进经济社会发展特别是生态文明建设中的作用不能充分发挥。

总之，中国环境立法网络的纵向特点突出，而横向网络不足，特别是公民或公民意见代表的环保组织的参与网络不足，难以搭建环境立法相关利益者的平等商谈或交往平台，难以通过横向网络基于平等协商而形成环境立法"生态善"的社会共识和体现"生态善"价值的环境法律规范，环境法律制度因而在社会实践中难以树立权威和获得广泛认同，必然影响相关立法在促进生态文明建设中的制度绩效。

（二）权威关系异化，致使权力机关和行政机关在环境立法网络中错位

权威关系是网络理论中的重点主题，被认为是基础性的社会关系和网络。权威关系一般指行动者拥有的能够控制他人行为以解决共同问题和增进共同利益的社会资本。"可以为权威关系定义如下：如果行动者甲有权控制乙的某些行动，则行动者甲和乙之间存在着权威关系。"[2]科尔曼认为，作为社会资本五大形态之一的权威关系是可以授予的，其授予方式有两种：一是支配者把权威授予被支配者但未授予出让权威的权利，二是支配者把权威授予被支配者时一并把出让权威的权利授予。前者被称为简单权威关系，而后者被称为复杂权威关系。"简单的权威结构仅包括两种行动：甲将权威授予乙，乙向

----

〔1〕〔德〕哈贝马斯：《在事实与规范之间：关于法律和民主法治国的商谈理论》，童世骏译，生活·读书·新知三联书店 2014 年版，第 132 页。

〔2〕〔美〕詹姆斯·S. 科尔曼：《社会理论的基础》（上），邓方译，社会科学文献出版社 1999年版，第 80 页。

甲行使权威。复杂的权威结构还包括另外两种行动：甲向乙授予权威的同时还向乙出让了转让这一权威至第三方丙（副手）的权利；乙将权威转让给丙。其结果，丙向甲行使权威。"〔1〕复杂权威关系可能危及授予权威主体的利益，因而其关注的重点问题包括如何不使丙恣意行使权威且不损害甲的利益，否则权威关系将出现异化并导致网络内部成员的错位。

从权威关系理论解释分析环境立法网络，不难发现其中充满着各种权威关系。根据中国宪法和法律的规定，中国实行人民代表大会制度，作为权力机关的各级人民代表大会及其常委会的法律地位要高于同级行政机关，因而权力机关在环境立法网络中较同级行政机关具有更高的地位，在立法上可以对行政机关拥有支配和控制权，即使行政机关依法享有制定法规和规章的权利，但其仍应接受同级权力机关的支配和控制，行政机关制定的法规和规章，不能与同级和上级权力机关的立法相抵触，否则会被权力机关宣布无效。由此可见，权力机关与行政机关二者之间形成了权威关系，需要我们具体分析这种权威关系是简单权威关系还是复杂权威关系，如果是复杂权威关系，需要关注是否会出现权威关系的异化，是否会危及授予权威主体的利益。

从中国环境立法实践来看，很多环境法律一般都先由全国人大及其常委会授权国务院或其组成部门先行制定行政法规或部门规章，待条件成熟后再通过权力机关将行政法规和部门规章上升为法律；甚至大量以全国人大常委会名义直接制定颁布的环境法律，通常也先由国务院的相关组成部门牵头起草，并最终以国务院相关组成部门的意见为主形成法律议案，通过一定立法程序出台有关环境法律。由于地方各级人大及其常委会的立法能力更加逊略，这种现象在地方环境立法中表现得更为突出。由此可见，中国的中央环境立法和地方环境立法，整体上形成以行政机关为主导的立法格局，一定程度上改变了权力机关与行政机关在《立法法》和立法体制中的地位。运用权威关系理论分析，中央环境立法网络中全国人大及其常委会可以主导和支配国务院的立法工作，二者之间形成权威关系。全国人大及其常委会授权或委托国务院牵头立法或起草相关法律的草案，属于支配者把权威授予被支配者，如未授予出让权威的权利，则二者之间形成的是简单权威关系；但国务院一般会再

---

〔1〕 ［美］詹姆斯·S. 科尔曼：《社会理论的基础》（上），邓方译，社会科学文献出版社1999年版，第195页。

委托其组成部门牵头起草相关法律，在全国人大及其常委会没有明确授予出让权威权力的情形下，以实际行动获得了出让权威的权力，因而形成了复杂权威关系。而在复杂权威关系中，最需要关注的是是否会出现权威关系的异化，是否会危及授予权威主体的利益。国务院的组成部门，在具体牵头起草立法的过程中，有可能不站在全面整体的角度，而是基于部门利益或系统利益恣意行使权威，危及全国人大及其常委会代表的国家意志和人民意志，致使全国人大及其常委会与国务院之间的权威关系异化，形成以行政机关为主导的立法格局，环境立法网络中也出现权力机关与行政机关的错位现象。

从地方环境立法网络来看，这一异化现象更加突出。地方权力机关与行政机关在立法上的权威关系，往往因为地方权力机关主动或被动授予权威后，强势政府甚至是政府职能部门基本把控了地方环境立法，并基于地方经济发展的需要而恣意行使权威，致使权威异化后出现地方权力机关与行政机关在环境立法网络中的错位，致使出台的地方性环境法规和规章也因是政府职能部门权力博弈的产物而不能得到广泛认同，甚至一些未能参与环境立法的政府及其职能部门，在未授予权威的前提下，通过制定"土政策"来改变环境法律法规而树立自己在环境治理中的权威，以牺牲生态环境为代价获得经济的发展，致使中国不少环境法律制度在实践中难以贯彻落实而不能发挥促进生态文明建设的制度绩效。

（三）强关系突出而弱关系不足，影响了环境立法的民主协商或理性商谈

强关系和弱关系的区分，是社会网络分析的重要方法。格兰诺维特是较早把网络关系分为强关系和弱关系的学者，认为强关系和弱关系在网络中发挥不同作用。强关系是指地位、阶层、身份和相关资源更加接近的更具同质性主体之间相互结成的网络关系，能够有效维系组织或群体内部的联系；而弱关系是指不同地位、阶层、身份和相关资源的更具异质性主体之间相互结成的网络关系，主要在组织之间、群体之间建立纽带关系。强关系与弱关系区分的维度主要有互动频率、情感强度、互惠交换和亲密程度四个方面。格兰诺维特认为弱关系在社会学上更有意义，能够充当联系不同群体的信息桥，创造更多、更短的局部桥梁并能在凝聚力量中发挥重要作用（见图4-1）。[1]林南在

---

〔1〕　See Mark S. Granovetter, "The Strength of Weak Ties", *American Journal of Sociology*, Vol. 78, No. 6., 1973, pp. 1365–1378.

格兰诺维特弱关系作用观点的基础上，进一步认为网络主体的异质性越大，就越能有更高的概率通过弱关系获取更多的社会资源。"关系越弱，自我在工具性行动中越可能获取好的社会资本。"〔1〕

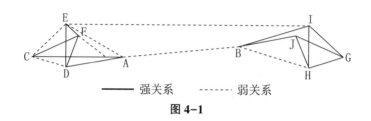

图 4-1

环境立法网络中同样存在强关系和弱关系。第一类网络成员是具有立法权的国家权力机关和行政机关，作为国家机构的基本组成，在社会地位和拥有的相关资源方面更具同质性，其内部及其相互之间在环境立法网络中结成的是强关系；第二类网络成员是不具有立法权但负责牵头起草相关环境法规规章的国家机关，在社会地位和拥有的相关资源方面同样具有同质性，其内部和相互之间也更具亲密度，在环境立法网络中结成的也是强关系；第一、二类网络成员都是国家机构的重要组成，相互之间也有较强的亲密度和同质性，在环境立法网络中结成的也主要是强关系；而第三类网络成员是有权参与立法的相关机构、组织和公民，他们内部在社会地位和拥有的相关资源方面更具异质性，与第一、二类网络成员之间差异较大，其内部及相互之间在环境立法网络中结成的是更具异质性的弱关系。

由此可见，中国环境立法网络中以强关系为主，权力机关特别是主导环境立法的行政机关的同质性更强；而弱关系相对不足，更具异质性的相关机构、组织和公民参与环境立法的积极性不高、能力不足、发挥作用有限。强关系虽然有利于相关立法主体或法律起草机构内部达成共识，更好更高效制定相关环境法律法规，但环境法律规范调整的对象最具复杂性，涉及各类主体即人与人甚至是人与自然之间的关系，仅靠强关系在立法机关和法律起草机构内部高效推动法律出台，而没有与法律调整对象的各类主体充分协商，容易忽视相关主体的利益保护和平衡，难以获得企业和民众的认同而影响环

〔1〕［美］林南：《社会资本——关于社会结构与行动的理论》，张磊译，上海人民出版社2005年版，第65页。

境法律规范调整生态环境关系的作用，进而影响环境法治对生态文明建设的绩效；而弱关系却强调不同组织、不同群体相互之间的联系和信息传递，有利于环境法律规范调整的各类主体经过广泛的理性商谈和民主协商，协调平衡以生态环境为中介的人与人的利益，推动环境立法的科学化和民主化，并使出台的相关法律规范得到广泛认同而为有效实施奠定基础，推动环境法治更好地促进经济社会发展特别是生态文明建设，最终达到通过法律实现环境善治的目标。

二、环境执法和司法网络的缺陷及对中国环境法治绩效的影响

环境执法和司法是环境法治的关键环节，环境执法网络和环境司法网络也是环境法治的基本网络。环境执法和司法网络中蕴涵的社会资本，会直接影响环境法治的绩效。从社会资本的网络理论视角分析，中国环境法治绩效的二元结构问题可归因于环境执法和司法网络中存在的以下缺陷。

（一）封闭性不足和"结构洞"过多，影响了环境执法的严格与司法的公正

分析网络的封闭性对社会资本的影响，是科尔曼研究社会资本的重要视角之一。他认为网络的封闭性是行动者在一定社会关系中保持密切联系，通过相互依赖、紧密关联，形成三角形状网络体系中的两两联系并构成一个闭合系统（见图4-2），以使网络内蕴涵的资源能够有效控制。封闭性强的网络可以促进网络内部成员的紧密依赖，形成网络内有利于网络运行的社会资本；而开放式的网络中存在不能联结的关系（见图4-3），博特把这种不能联结的关系称为"结构洞"（见图4-3中B-C之间的关系），而"结构洞"容易导致网络内部资源流失而使社会资本减弱。"如果结构具有封闭性……便可建立规范或确立某种必要的声望，使系统内部的行动者免受他人行动的影响。如果结构不具有封闭性……则难以确立规范等。"[1]存在"结构洞"的网络内部不能直接联结的成员，只能通过他们共同的联结点（见图4-3中A点）也即处于控制地位的网络成员才能建立网络，而这种能够控制资源的网络关系是对网络运行有很大影响的社会资本。

---

〔1〕〔美〕詹姆斯·S. 科尔曼：《社会理论的基础》（上），邓方译，社会科学文献出版社1999年版，第374页。

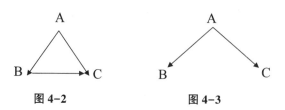

图 4-2   图 4-3

运用网络的封闭性和"结构洞"理论分析，在环境执法网络中，由于中国相关环境执法权分属不同职能部门，同级的第一类网络成员也即具有环境执法权的机关、组织及其公职人员之间，过于追求部门利益或者利益资源容易受外部力量干扰，相互依赖关系不够紧密，难以自发产生协同合作机制，无法形成封闭网络或网络的封闭性不强，以致其中有利于环境执法的积极社会资本积累不足，容易产生有利就争而有责就推，出现"钓鱼执法"〔1〕"选择性执法"〔2〕"九龙治水，治不了水"〔3〕等环境执法怪象；第二、三类网络成员即环境执法的相对人和为环境执法提供服务的第三方，相互之间信息不够公开，缺乏在环境利益资源方面的控制和依赖，难以形成封闭性强的网络关系；特别是在第一类网络成员与第二类网络成员结成的网络关系中，由于第二类网络成员即环境执法相对人之间信息无法传递或传递不畅，存在大量的"结构洞"（见图 4-4 中 B-C 之间的关系），第一类网络成员也即环境执法机关占据网络的共同联结点（见图 4-4 中 A_1、A_2、A_3 点）而绝对控制资源，以致第二类网络成员想方设法与第一类网络成员结成利益集团，或利用各自社会网络资源获取第一类网络成员的帮助而逃避法律惩罚，而不顾与本来就没有建立相互控制和依赖关系的其他企业应当共同遵守的规范甚至是国家法

---

〔1〕 钓鱼执法是英美法系的专门概念，也叫执法圈套（entrapment），是当事人无罪免责的理由。从法理上分析，当事人原本没有违法意图，在执法人员的引诱之下，才从事了违法活动，国家当然不应该惩罚这种行为。但我国环境执法中仍然存在为完成环境执法任务，而引诱当事人违反环境法律法规并处以重罚的现象，这引发了社会的广泛批评，被认为是政德摧毁道德的恶劣表现。

〔2〕 选择性执法是指执法主体对不同的管辖客体，刻意采取区别对待、有违执法公正的问题，在环境执法中主要表现为环境执法主体基于地方经济发展或其他重大利益考虑，对一些重大环境违法不管不问，而选择一些轻微的环境违法行为或没有重大利益支撑的环境违法行为进行处罚。

〔3〕 黄历中用"九龙治水"寓意来年的天气雨水很少，原因是多条龙布水，结果没有龙去管行云布雨之事。现在意思多指一件事多个人或多个部门管，结果一人一个意见，谁也管不好。环境执法中主要是指同一生态功能区或环境资源区域往往有多个部门共同执法并在环境执法中争夺利益而推卸责任，导致环境资源不仅没有得到执法的保护，反而在多头执法中被破坏，从而严重影响了环境法治的绩效和环境法治的权威。

律，致使环境执法无法严格执行。

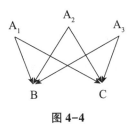

图 4-4

在环境司法网络中，由于中国环境司法专门化改革进展不平衡，不少地方的环境案件还分别归口不同的业务部门办理，第一类网络成员也即人民法院或人民检察院内部业务部门之间网络关系的封闭性不强，加上现行司法体系和司法人员自身的封闭性还不够，在处理环境案件时容易受到外部权力的干扰；第二、三类网络成员之间，由于信息不公开、信息无法传递或传递不畅，且相互缺乏在生态环境利益方面的控制和依赖，结成的网络关系的封闭性也不强。因此，第一类网络成员与第二类网络成员结成的环境司法网络关系中，也存在大量"结构洞"（见图 4-5 中 B_1-C_1 或 B_2-C_2、B_3-C_3 之间的关系），环境司法机关占据网络关系的共同联结点（见图 3-5 中 A_1、A_2、A_3 点）而绝对控制资源，以致第二类网络成员即相关当事人，也想方设法寻求各自社会网络资源获得司法机关偏爱而产生司法腐败，影响环境司法的公正。

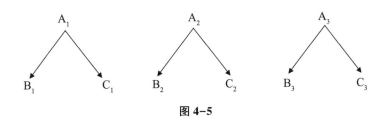

图 4-5

此外，由于环境执法与司法的衔接机制不畅，环境执法与司法机关结成的网络封闭性也不强，相互之间的依赖程度和资源控制关系也不紧密，也会直接影响环境执法的严格和环境司法的公正。

（二）权威关系不足与权威关系过度并存，影响了环境执法与司法的公信力

不管是环境执法网络还是司法网络，都以纵向网络为主，且在网络中难免存在不少"结构洞"，环境执法机关和司法机关占据了网络关系的共同联结点，本应可以对其他网络成员行使绝对的控制和支配，形成绝对的权威关系，以树立环境执法和司法的权威，确保环境执法的严格与环境司法的公正。但如果第二类网络成员即环境执法的相对人和环境司法的当事人，能够寻求自身所处社会网络的资源来干扰这种权威关系，就容易破坏环境执法的严格和环境司法的公正。"无论执掌规范者之间具有何等程度的封闭性联系，如果目标行动者与规范执行者之外的其他人有联系，目标行动者较少服从规范。"[1]何况中国环境执法职责较为分散、环境司法改革有待加强，环境执法机关、司法机关内部及相互之间结成的网络关系的封闭性不强、"结构洞"过多，这种本应形成的权威关系很容易受外界力量的干扰和破坏，影响环境执法机关和司法机关对第二类网络成员即环境执法相对人和环境司法当事人的控制和支配，纵容和包庇第二类网络成员即环境执法相对人和环境司法当事人不遵守环境法律法规，从而严重影响环境执法和环境司法的公信力。

权威关系在被某方环境执法相对人或环境司法当事人寻求社会网络资源破坏或减弱的同时，也会导致第一类网络成员与其他方或对方当事人之间的权威关系加强，出现权威关系过度或权威关系滥用的现象。如在环境执法网络中，因一方环境执法相对人寻求社会网络资源破坏或减弱环境执法机关与其之间的支配和控制关系后，环境执法机关为树立环境执法的权威或完成环境执法的工作任务，必然要从第二类网络成员中选择其他执法相对人来加大处罚力度，以强化这种支配与控制的权威关系，以致出现"选择性执法"；或者在难以完成环境执法任务时，制造条件诱导相对人违反相关环境法律法规而后予以执法，以致出现"钓鱼执法"。环境执法中的"选择性执法""钓鱼执法"怪象，会极大地损害环境执法的公信力。环境司法网络亦如此，在一方当事人寻求社会网络资源破坏或减弱环境司法机关对其的控制与支配关系后，必然会强化环境司法机关与另一方当事人的权威关系，导致环境司法不

---

[1]〔美〕詹姆斯·S.科尔曼：《社会理论的基础》（上），邓方译，社会科学文献出版社1999年版，第335页。

公和环境司法腐败，最终影响环境司法的公信力和整个环境法治的秩序。

（三）纵横向网络与强弱关系的结构不尽合理，影响了环境执法与环境司法的绩效

总体来看，在环境执法和环境司法网络中，纵向网络居多而横向网络较少。具体到环境执法网络，环境执法机关与行政相对人之间是命令与服从、管理与被管理的隶属关系，突出的是网络中的纵向关系，特别是近年来环境法律法规加大了处罚力度，环境违法成本明显增加，特别是"按日计罚"的实施更使持续的环境违法行为要按日连续接受处罚，环境执法机关与行政相对人的对立关系更加突出，致使一些行政相对人想方设法逃避处罚甚至以暴力抗法，影响了环境执法的效果。环境执法机关如果引入协商性执法，通过契约或约谈等非强制手段与行政相对人协商执法，或者引入环境法的私人实施机制，可以更好地协调环境执法机关与行政相对人的紧张对立关系，构建具有横向性质的网络关系而减轻二者的对立，以增强对环境执法的认同和自动履行环境执法决定的效果。"一个组织的建构越具有横向性，它就越能够在更广泛的共同体内部促进制度的成功。"[1]

在环境司法网络中，中国司法机关与当事人之间结成的也主要是纵向性质的网络关系而缺少横向性质的网络关系，突出了国家司法机关对生态环境侵害人的惩罚和对受害人的保护，突出了对与生态环境有关的人身权、财产权等环境法益的司法保护，但对生态环境的公共利益保护不足。随着中国近年来生态环境司法改革的力度不断加强，环境司法由被动型转向回应型，[2]特别是随着国家治理体系和治理能力现代化的大力推进，中共中央办公厅、国务院办公厅于 2020 年 3 月印发《关于构建现代环境治理体系的指导意见》，而现代环境治理体系的构建，更要求司法发挥在规范社会行为、协调社会关系、

---

〔1〕〔美〕罗伯特·D. 帕特南：《使民主运转起来：现代意大利的公民传统》，王列、赖海榕译，江西人民出版社 2001 年版，第 206 页。

〔2〕被动型环境司法注重用传统的司法模式救济环境污染造成的人身、财产损失，维护国家环境资源管理，惩治环境犯罪，充当权利和秩序的"安全阀"却收效甚微。因而近年来我国通过环境民事公益诉讼制度、生态环境损害赔偿诉讼、环境刑事司法解释与环境司法体制改革、环境司法专门化等改革逐渐塑造了回应型环境司法，突出对环境生态系统的完整性以及公民享有的基于环境生态系统服务功能的公共利益的保护。参见杜辉："论治理型环境司法——对'环境司法中国模式'的一个补充"，载《环境司法的理论与实践——第二届海峡两岸环境法研讨会论文集》，第 46~47 页。

化解社会矛盾、应对社会风险、保持社会稳定等方面的优势，[1]中国生态环境司法的改革还要走向治理型司法，突出司法在调和政策冲突、平衡价值争议、推动政策实施方面的角色。[2]而治理型环境司法强调多元主体通过平等协商和理性商谈的方式参与司法，更加要求改变纵向性质网络关系占绝对主导地位的现状，增加环境司法的横向网络关系，吸收公众参与生态环境司法，建立司法、政治与民意的良性互动机制，以更好地提高生态环境司法的公信度和生态环境司法裁决的履行效果。

从强关系和弱关系视角分析，不管是环境执法还是环境司法，每个案件的具体处理都将环境执法或环境司法机关与相关当事人形成一个内部网络群体，需要网络成员建立更具同质性的强关系，才能更好地贯彻落实或适用具体的环境法律法规。但生态环境具有综合性、系统性和整体性，大部分生态案件都呈现出复杂性，涉及的当事人广泛，影响的利益主体覆盖面广，很多时候还涉及公共生态环境利益，这导致具体案件的网络成员由于身份、阶层、地位和控制资源的巨大差异而很难形成更具同质性的强关系，致使具体的生态环境案件的处理都相当棘手，难以保证每个案件的处理结果都让当事人普遍认同并自觉履行。而在不同案件的处理中，即使是由同一环境执法机关或环境司法机关处理不同案件，环境执法或环境司法机关与相关当事人形成的是不同的网络群体，而不同的网络群体之间需要建立异质性的弱关系，以加强不同案件处理时的相互借鉴和参照对比，但中国不是判例法国家，环境执法和环境司法中的判例统一指导作用发挥还不够，有时同一环境执法机关或环境司法机关处理同类案件但结果迥然不同，有时同一生态环境案件由不同层级的环境执法或环境司法机关处理但结果大相径庭，这表明不同案件中更具异质性的不同群体之间的弱关系，缺少可以联系不同群体并传递信息的局部桥梁，以致难以在不同案件中相互借鉴并影响案件处理结果的公平公正。

三、环境法治监督网络的缺陷及对中国环境法治绩效的影响

环境法治监督是环境法治有效运行和取得绩效的重要保障，因而环境法

---

〔1〕 参见公丕祥：“试论司法在国家治理和社会管理中的作用”，载《人民法院报》2013年1月23日，第5版。

〔2〕 参见杜辉：“论治理型环境司法——对‘环境司法中国模式’的一个补充”，载《环境司法的理论与实践——第二届海峡两岸环境法研讨会论文集》，第47页。

治监督网络也是中国环境法治的基本网络。从中国环境法治监督体系建设的现状来看，中国已建立了一个由各种组织、机构、政党、公民、媒体等组成的包括国家监督和非国家监督在内的庞大的监督体系，结成了以权力机关、行政机关、司法机关、监察机关等国家机关为代表的及以政党、社会组织、媒体、公民等非国家机关为代表的两大类网络成员分别和共同组成的环境法治监督网络。但有如此庞大的环境法治监督体系，为何中国的环境法治绩效还会出现二元结构，不能发挥好对经济社会发展特别是生态文明建设的促进作用，其原因也可以从环境法治监督网络存在的缺陷中去寻找。

（一）纵向网络中的强关系突出，容易排斥圈外人而失去监督的作用

中国环境法治监督网络中的第一类网络成员主要由国家权力机关、行政机关、司法机关和监察机关构成，并因此建立了立法监督、一般行政监督和专门行政监督、司法监督、监察监督等监督形式。在行使监督职责时，即使是平级的国家机关之间，由于彼此是监督和被监督的关系，在第一类网络成员的不同国家机关内部及相互之间结成的网络更接近纵向网络。在环境法治监督的纵向网络中，从法律上看，即使权力机关、行政机关、司法机关和监察机关在职责上和行使监督的方式上有较大差异，但其在行使监督权时更多体现的是对环境法治监督的同质性，相互之间通过联系结成的网络关系主要是一种紧密联系的强关系。从理论上分析，强关系更容易产生有利于群体内部紧密联系的社会资本，对维系组织和群体内部的团结合作具有重要作用，因而，第一类网络成员结成的环境法治监督网络内的强关系，可以凝聚力量共同推进环境立法、环境执法与环境司法建设取得更大进步。但强关系过于突出，也很容易产生消极社会资本而排斥圈外人。第一类网络成员结成的环境法治监督网络内的强关系，因而也很容易排斥环境法治的其他监督主体，包庇环境法治国家机关在环境法治运行中的不当行为，致使以国家机关为主的这种内部监督方式难以有效发挥对环境法治的实际监督作用，影响了环境法治制度的落实和环境法治在促进生态文明建设方面的绩效。

（二）横向网络中的弱关系不足，致使环境法治的监督作用难以有效发挥

正如前文所述，除执政党可以凭借其组织和权力体系命令和管理环境法治机构外，环境法治监督网络中的其他第二类网络成员，即其他组织和公众相互之间及与相关环境法治机构之间结成的是更具横向性质的环境法治网络。但政党、社会组织、公众和新闻媒体等涉及社会的不同领域和行业，各自的

社会地位和控制的社会资源差异较大，特别是与第一类网络成员的国家机关之间更具异质性，其内部及相互之间结成的是弱关系。根据网络的弱关系原理，弱关系中如果有充分的信息桥，则能更好地通过获取积极社会资本而提升制度绩效。但第二类网络成员中，除执政党与国家机构和其他社会组织之间能够创造更多、更短的局部桥梁来加强联系外，其他社会组织、公众和新闻媒体相互之间及与国家机关之间缺乏共同的联系平台，难以创建信息桥导致这类横向网络中弱关系不足。因而，无论第二类网络成员构成何种形式的环境法治监督网络，大部分行使监督权的主体之间的信息桥都难以形成且规模和密度都不够，因而无法在弱关系中创造更多、更短的局部桥梁以凝聚第二类网络成员的力量共同发挥对环境立法、执法、司法等环境法治运行环节的监督作用，致使非国家机关的环境法治监督在实践中难以获得积极社会资本而不能取得环境法治监督的良好效果。

（三）"结构洞"过多，致使信息难以在网络内传递而减弱监督效果

以国家机关为主的第一类环境法治监督网络成员，构成的主要是纵向性质的网络关系，相互之间都具有类似的社会地位，也控制同等重要的社会资源，网络内部形成的主要是强关系。从总体来看，国家机关之间可以形成一个两两联结的闭合系统，以便有关信息在环境法治监督网络内部流动而更好地发挥环境法治监督的作用，但这个闭合系统内的信息更多是自上往下的单向流动，网络内部同级主体之间、下级对上级主体之间甚至是上级对下级主体之间，基于利益同盟或其他关系容易致使网络内部的监督信息被人为阻断，导致网络内部出现大量的"结构洞"，致使监督信息不能在环境法治监督网络内部形成循环流动，必然会影响环境法治的监督效果甚至失去作用。

以非国家机关为主的第二类网络成员，相互之间及与第一类网络成员之间形成的主要是横向性质的网络关系，相互之间及与第一类网络成员之间在社会地位和控制资源方面更具异质性，网络内部形成的主要是弱关系。由于第二类网络成员的社会组织、公众、新闻媒体等的监督属于非国家监督，其提供的监督信息和开展的监督行为不能直接产生法律效力，需通过传递至有权的国家机关并经法定职权和程序审查后决定是否启动具有法律效力的监督。正如前文所述，第二类网络成员之间及与第一类网络成员之间因缺少共同的联系平台，无法形成或者形成的信息桥的规范与密度不足，致使弱关系无法获取社会资本，而有权的国家机关基于享有的相关职权而可以成为第二类网

络成员之间的共同联结点，第二类网络成员之间也容易形成"结构洞"，致使相关的监督信息和监督行为不能在监督网络内循环流动，而只能流向占据共同联结点的有关国家机关，但国家机关基于各种利益关系特别是经济社会发展的需要而不一定启动具有法律效力的环境法治监督，致使第二类网络成员在之间及其与第一类网络成员之间形成的横向监督网络中发挥环境法治监督的作用有限，进而影响环境法治对生态文明建设的促进作用。

综上所述，从社会资本理论的网络视角分析，中国环境法治的立法网络、执法网络、司法网络、监督网络等基本网络都存在不同程度的缺陷，这些缺陷导致环境法治在促进经济社会发展特别是生态文明建设中难以发挥有效作用，致使中国环境法治绩效出现二元结构。

第二节　中国环境法治的规范冲突

从广义上分析，环境法律规范也是环境法治社会资本构成要素之一的规范中的一种，但环境法律规范体系本身是中国环境法治体系的五大体系之一，直接体现了中国环境法治在制度层面的建设现状，因而不宜将其作为社会资本的规范对环境法治的绩效进行解释。基于前文将环境法治的规范分为环境文化规范、环境习俗规范、环境软法规范三种基本类型，经比较分析这三种环境法治的规范及其与环境法律规范的关系，我们发现这三种规范内部及与环境法律规范之间存在一定冲突，影响了中国环境法治的绩效特别是影响了环境法治对促进生态文明建设的作用，致使中国环境法治绩效出现二元结构问题。

一、环境文化规范的冲突及对中国环境法治绩效的影响

环境文化规范作为环境法治规范的基本类型之一，如果能够形成积极社会资本，对环境法治自身建设及经济社会发展特别是生态文明建设有重要促进作用。但由于环境文化规范构成复杂、内部种类较多，相互之间及与环境法律规范之间难免存在各种冲突，容易形成消极社会资本，影响中国环境法治绩效的提高。

（一）环境文化规范的内在冲突及与环境法律规范的冲突

正如前文所述，目前对中国环境法治建设有较大影响且存在激烈冲突的文化规范主要体现在科学主义与人文主义、人类中心主义与非人类中心主义、

经济主义与生态主义等几对文化规范之中。

一是科学主义与人文主义的冲突。近代以前科学主义和人文主义这两种文化规范处于简单的融合状态，但随着科学技术的迅猛发展，二者在理念和建制上逐渐分离。近代科学诞生时期，二者开始了"逐渐分离"；而启蒙运动时期，二者在休谟和康德哲学的推动下开始了"自觉分离"；在19世纪中后期，二者在实证论中开始走向"激进割裂"，[1]引发了激烈的冲突甚至成为社会各种矛盾的焦点甚至是根源。20世纪50年代末，斯诺（C. P. Snow）系统阐述了二者的对立与差异，提出了二者割裂和冲突问题的"斯诺命题"、"斯诺困境"或"斯诺鸿沟"，[2]引发了关于科学主义与人文主义的几场大争论。[3]科学主义出发点和目的是运用科学技术认识自然规律、发现自然规律，为人类提供开发、利用和保护生态环境的技术和方法。科学主义作为一种文化或价值理念产生后，在科学狂热的推动下推动科技理性发展为科学万能，认为人类可以利用科技创造世界并彻底解决人与自然的关系问题，甚至认为可以用科技把一切生物消灭掉，创造一个更美好、更贴合人意的人工世界。[4]"现代科学技术把理性和智慧抬到了高于其他一切之上……发动了一场统治自然的狂热斗争，并虚伪地把这种斗争等同于进步。"[5]科学主义的理念体现在人与生态环境的关系中即人对大自然无节制的开发、利用甚至是肆意的侵略和

---

〔1〕 参见蔡守秋：《基于生态文明的法理学》，中国法制出版社2014年版，第536页。

〔2〕 斯诺在剑桥大学一场著名的瑞德演讲中指出，由于科学家和人文学者在教育背景、学科训练、研究对象以及所使用的方法和工具等诸多方面的差异，他们关于文化的基本理念和价值判断经常处于对立状态，以致相互之间不屑去理解对方的立场甚至彼此鄙视；这两种文化的对立导致对未来作出错误选择与估计并给整个社会造成损失。他认为这两种文化是难以融合的，给英国经济社会发展造成一系列困境。斯诺提到的上述问题被人们称为"斯诺命题"、"斯诺鸿沟"或"斯诺困境"。参见〔英〕C. P. 斯诺：《两种文化》，纪树立译，生活·读书·新知三联书店1994年版，第3~5页。

〔3〕 西方关于科学主义与人文主义的论战主要有19世纪50年代的生物学家与教会人员的大论战、19世纪60年代的"科学与文化"之争、20世纪中期的两种文化之争、20世纪90年代的科学文化人士与后现代思想家等人文文化人士之间的"科学大战"；我国类似的争论主要有新文化运动的科学与民主之争、20世纪20年代的"科玄论战"以及新中国成立后的意识形态领域的斗争和大批判运动中涉及的相关争论。虽然我国已提出了"科教兴国""以人为本"以及科学发展观等理念，但仍然不同程度地存在对"科学万能论"的幻想和对人文精神的漠视。参见蔡守秋：《基于生态文明的法理学》，中国法制出版社2014年版，第541~552页。

〔4〕 参见〔美〕马克·斯劳卡：《大冲突：赛博空间和高科技对现实的威胁》，黄锫坚译，江西教育出版社1999年版，第95页。

〔5〕 李瑜青等：《人文精神与法治文明关系研究》，法律出版社2007年版，第31页。

攫取，体现在环境治理中就是对生态环境的开发利用和先破坏后修复甚至无需修复以及先污染后治理，因为科技具备这种开发利用、生态修复或者无需修复直接开发替代品、污染治理等方面的能力。这种文化规范必然要求设计相应的法律制度和加强环境立法、执法、司法来支持和保障科技对生态环境的恣意开发利用甚至是破坏。而人文主义是一种以人为中心和准则的文化理念和思潮。在古希腊的早期萌芽、文艺复兴的人文张扬、启蒙运动的理性弘扬发展后，19世纪后期在科学理性的压制下通过对工业社会人异化的反思，指出人文精神面临消解的严峻的考验和挑战，并开始用一种新的人文理性看待人、生态环境与社会的关系，使保护生态环境成为最具正当的人文主义思潮运动。[1]人文主义的价值理念回归人自身和人的生活世界，充分体现了对生态环境的人文关怀，体现在环境治理中就是对生态环境资源有节制地开发利用和防治污染，切实维护作为人的利益重要组成的生态利益，实现人的可持续发展。这种文化规范必然要求法律制度的设计和环境立法、执法、司法等法治运行环节要协调人与自然的关系，实现人的可持续发展。

二是人类中心主义与非人类中心主义的冲突。在人类漫长的历史和长期的相互交往中，不仅自生自发了人与人之间关系的伦理观念和准则，也形成了人与自然和生态环境关系的伦理价值。人类中心主义与非人类中心主义这一对文化规范就具有很强的代表性，对环境治理产生了重要影响。人类中心主义的发展经历了以下阶段：第一，"上帝中心论"，认为人作为上帝之骄子拥有对自然的统治权力；第二，"理性中心论"，在近代自然科学的基础上，论证了人是中心、目的和自然的主人；第三，"科学主义"，认为人类能够控制自然甚至可以改变规律决定自然；21世纪人类中心主义逐渐走向改良后的弱人类中心主义，既强调以人为本和人的全面发展，也不否认大自然和自然体的价值。[2]总的来看，人类中心主义的基本观点认为只有人才有价值、目的和利益，只有人才能获得道德待遇和道德权利，而生物和自然界没有价值也不能获得伦理待遇，改良后的弱人类中心主义认为大自然有一定价值，人类对生态环境的破坏要负道德责任，但认为人与自然是对立的关系，人主要从自然和生态环境中获取利益。人类中心主义的观点在处理人与生态环境和

---

〔1〕　参见王继恒：《环境法的人文精神论纲》，中国社会科学出版社2014年版，第12~16页。

〔2〕　参见蔡守秋：《人与自然关系中的伦理与法》，湖南大学出版社2009年版，第55~61页。

自然的关系上与科学主义的观点很相似，强调为了人的利益开发利用生态环境而不惜污染或破坏生态环境，在环境立法、执法、司法等环境法治的运行进程中为保障人的这种目的的实现，往往难以顾及生态环境的容量和承载力。非人类中心主义是在批判人类中心主义的观点基础上形成的。一些学者通过激烈批判人类中心主义过于强调人的价值、目的和利益的观点，形成了生物中心主义[1]、生态中心主义[2]、生态整体主义[3]和非中心主义[4]等非人类中心主义的观点，主张应以生物、生态环境为中心或者不存在中心，认为生物个体的生存也具有道德优先性，道德共同体和权利主体的范围可以扩大到所有生物、非生物的自然存在物即生物及其生态环境构成的系统。[5]非人类中心主义的观点在处理人与生态环境和自然的关系中，把以人为中心转向以生态、生物为中心，或者不强调中心，认为生态、生物都可以享有道德待遇和道德权利，人类因此也要注重保护生态环境并赋予生物、生态环境可以成为法律上的权利主体，体现在环境治理中就要树立强化绿色理念，确立生态权利，推动法律的生态化，并在环境立法、执法、司法等法治的运行环节中一以贯之。

三是经济主义与生态主义的冲突。经济主义与生态主义也是生态环境领域的一组有重要影响的对立文化观。经济主义是随着市场发展并在"经济帝国主义"[6]思想的影响下逐渐形成的。经济主义的主要观点有：经济增长是个

---

[1] 生物中心主义是一种主张以生物为中心的主义，认为人类生存依赖于其他生物，维护自己的生存是所有有机体的生命目的的中心，主张将道德共同体和权利主体的范围扩大至所有生物。参见蔡守秋：《人与自然关系中的伦理与法》，湖南大学出版社2009年版，第81~82页。

[2] 生态中心主义是一种以生态或生态系统为中心的理论，认为人是生物中的一个组成部分，生物是生态系统的一个组成部分，人类的生存依赖于人类生态系统；物种和生态系统比生物个体更重要，维护生态系统的平衡和完整具有十分重要的意义；强调生物物种和生态系统的价值和权利，生物及其环境构成的生态系统和生态过程都是道德关心的对象。参见蔡守秋：《人与自然关系中的伦理与法》，湖南大学出版社2009年版，第82页。

[3] 生态整体主义主要强调生物及其生境的统一，强调从生态系统或人类生态系统这一整体去考虑问题。参见蔡守秋：《人与自然关系中的伦理与法》，湖南大学出版社2009年版，第82页。

[4] 非中心主义有两种说法，一是认为无中心，二是认为中心是相对的、变化的，而不是绝对的、僵化的。参见蔡守秋：《人与自然关系中的伦理与法》，湖南大学出版社2009年版，第82页。

[5] 参见蔡守秋：《人与自然关系中的伦理与法》，湖南大学出版社2009年版，第81~82页。

[6] "经济帝国主义"思想是经济学将其研究领域扩展到传统的非经济学关注的领域，并把其作为一门显学来解释人类社会的各种现象的思想。如其代表学者美国经济学家贝克尔认为，经济学可以解释所有的人类行为，从结婚生子到宗教信仰，都可以运用经济分析法进行解释，经济学已取代以往哲学的地位。

人追求幸福和实现社会福利的唯一源泉，经济增长推动社会和文明全面进步并可惠及所有人；人是经济动物，人具有通过经济理性无止境追求物质财富的本性；经济可以无止境地增长。[1] 在这种文化规范的指导下，市场主体在市场中往往按照资本逻辑实现资产增值的最大化，追求经济利益往往是市场主体最主要的甚至是唯一的目标，具体到生态环境领域，必然指导人类大肆开发利用生态环境中的各种资源，以满足大量生产和大量消费所需的各种自然资源，而全然不顾因此给生态环境造成的污染和对生态环境造成的破坏。经济主义指导下的环境治理，必然要求相关环境立法、执法、司法要保障对环境资源的利用和开发，即使提出要兼顾保护生态环境，往往也是以不损害生态环境资源的开发利用为前提。生态主义的基本观点强调，人不在自然之上、不在自然之外，而在自然之中，即人是自然和生态环境系统中的一个组成。[2] 生态主义要求人类的各项活动敬畏自然、尊重自然、遵循规律，并把对自然的干预限定在生态系统的承载限度之内。生态主义"以动物的权利、有机生命体权利、敬畏生命和赋予生物以内在价值等言语作为意义表征"[3]，经历保护动物权利、超越人类中心主义、生物中心主义和生态中心主义的历史阶段，奠定了主要思想。生态主义强调各种生命物种的价值主体地位并尊重和赋予它们权利，体现了与可持续发展和生态文明一致的系列价值理念，有利于加强生态环境保护、强化绿色发展，为环境立法、执法、司法等环境法治的运行提供了理论支撑。

环境文化规范的冲突不仅体现在前文所述的科学主义与人文主义、人类中心主义与非人类中心主义、经济主义与生态主义等文化规范的内部冲突中，还与支撑环境法治建设的环境法律规范存在冲突，有的冲突还潜藏甚至公然体现在已经颁布的环境法律规范构建的国家环境法律制度之中，并影响了中国环境法治的运行和环境法治的绩效。

科学主义与人文主义、人类中心主义与非人类中心主义、经济主义与生态主义之间的冲突，是科技与人文、经济与生态、经济利益与生态利益之间的矛盾和冲突，其背后关涉的是人类内部当代人与后代人以及政府、企业和

---

〔1〕 参见卢风："论环境法的思想根据"，载高鸿钧、王明远主编：《清华法治论衡——环境法：挑战与应对》，清华大学出版社 2010 年版，第 66~67 页。

〔2〕 参见卢风："论环境法的思想根据"，载高鸿钧、王明远主编：《清华法治论衡——环境法：挑战与应对》，清华大学出版社 2010 年版，第 70 页。

〔3〕 李京桦："当代西方生态主义道德话语的演进、悖论和局限"，载《伦理学研究》2021 年第 5 期。

公民之间的利益冲突。而法律规范的重要任务是关注与平衡各种利益博弈，"没有哪一个命令性概念可以脱离利益性概念而独立存在"[1]。"权利人主张的利益常常与否定其利益主张的他人的利益相对抗"[2]，作为命令性概念构成的法律规范是相互斗争的利益博弈的结果。[3]由于利益斗争中各方力量和地位的不同，往往科技主义、人类中心主义和经济主义在具体的环境法律规范制定过程中占据上风，致使中国不少环境法律制度与环境文化规范中的人文主义、非人类中心主义和生态主义存在冲突。如中国早期的自然资源立法，更多是通过《中华人民共和国水法》《中华人民共和国森林法》《中华人民共和国草原法》等自然资源法构建相应的法律制度来保障人类利用现代科技对大自然的征服和攫取，而对水、森林、草原的污染防治和生态保护重视不够。随着中国生态文明建设的力度不断加大，之后相关法律规范构建的环境影响评价制度、"三同时"制度、排污许可制度、公众参与等制度以及新修订的史上最严的《中华人民共和国环境保护法》，在立法中更多考虑了人文主义和生态主义，但在强大的政府和企业的抵制中常常在实践中被虚化或异化。[4]

（二）环境文化规范冲突对中国环境法治绩效的影响

科学主义与人文主义、人类中心主义与非人类中心主义、经济主义与生态主义等几组重要的环境文化规范的对立冲突及与环境法律规范的矛盾冲突，必然影响环境法治观念的形成和环境法律制度的权威，影响环境立法、执法、司法、守法和法治监督等环境法治的运行，最终对环境法治绩效产生消极作用，影响环境法治对促进经济社会发展特别是生态文明建设作用的发挥。

从环境立法层面来看，受一定宏观网络即国家的社会结构和中观网络即环境立法网络中的纵横向关系、权威关系和强弱关系的影响，虽然中国现行

---

〔1〕 Pilipp Heck et al. , *The Jurisprudence of Interests*, M. Magdalena Schoch translated and edited, Harvard Universtity Press, 1948, p. 42.

〔2〕 ［德］鲁道夫·冯·耶林：《为权利而斗争》，胡宝海译，中国法制出版社2004年版，第15页。

〔3〕 参见徐亚文主编：《西方法理学新论——解释的视角》，武汉大学出版社2010年版，第35~38页。

〔4〕 虚化的表现主要是政府和企业为追求经济发展或经济利益而置很多环境保护法律制度于不顾，甚至出台地方"土政策"或通过各种办法规避法律来保护环境污染和生态破坏行为，或者通过虚假的手段履行法律规定的相应程序；异化的表现主要是指以虚假手段通过环境影响评价、排污许可等环保要求而使对环境造成严重污染或对生态造成严重破坏的项目合法化后，结果是相关项目出现严重环境污染或生态破坏事故并造成对人类的伤害。如第一章中所列的不少环境群体性事件，特别是2015年发生的天津爆炸事件，有的是在权力庇护下置环保与安全要求于不顾，有的是采取各种虚假手段使其环境与安全措施合法化，结果造成重大环境或安全事故，对生态环境和人身安全造成严重损害。

法律特别是党的十八届四中全会和十九届四中全会精神规定和明确了人大主导的立法体制，但实际运行中更多是政府在主导环境立法，而基于追求经济发展的目标，有可能存在以经济主义思想主导环境立法，科学主义、人类中心主义、经济主义的文化规范在立法中占据主导地位，政府和企业的经济利益往往置于首位，而公民和公共的生态利益经常容易被忽视。即使很多环境法律法规都是以全国人大常委会或地方人大及其常委会的名义来颁布，但有不少环境法律缺乏操作性而需要政府的配套规章来落实，很多法律法规特别是地方性环境法规都是直接交由政府负责前期立法，人大及其常委会的立法权很容易在专业性很强的环境立法中被架空。

从环境执法和司法层面来看，环境执法机关和司法机关都是在一定环境文化规范特别是理念性规范的指导下贯彻落实环境法律制度或适用环境法律制度处理专门案件的。但嵌入中国环境法治实施网络中的环境文化规范主要是经济主义、部门主义而缺少生态主义、整体主义，其结果必然导致在环境执法和司法过程追求经济利益而牺牲生态利益、追求部门利益而牺牲整体利益，以致出现环境执法不严、选择性执法等怪象；出现环境公益诉讼、生态环境损害赔偿难以启动或虽启动但司法救济力度有限等环境司法问题；出现一些企业甘愿承担较低的违法代价或者冒险逃避高额的税费或法律惩罚，而不考虑遵守环境法律法规的乱象。

从环境法治监督层面来看，环境文化规范的冲突同样影响环境法治监督的效果。国家机关不仅受科技主义、人类中心主义和经济主义等环境文化规范的影响而对环境执法、司法采取消极态度的监督，而且很容易因官方机构更具同质性结成强关系而相互包庇偏袒；社会组织和公众也受经济主义思想影响而疏于监督，并基于个人主义角度认为生态环境利益与自己不直接相关而消极参与和监督环境立法、执法、司法。

当然，体现生态主义、生态伦理、生态本位的相关环境文化规范也在当代社会日益受到重视，成为嵌入环境法治网络的一种重要的文化规范，并在中国近年新修订的诸如《中华人民共和国环境保护法》等环境法律法规中一度占据主导地位。但环境法治网络是一个整体性的系统网络，即使在人文主义、非人类中心主义、生态主义的思想指导下的生态理念和可持续发展理念已写入相关环境立法，特别是最新出台的《中华人民共和国民法典》深入贯彻了绿色原则，制定了不少绿色条款，但其在环境立法、执法、司法等法治运行的整体网络中的全面贯彻落实还要一个很长的过程，中国环境法治在促进生态文明建设方面的作用还需要一定时间的培育。

综上所述，科学主义与人文主义、人类中心主义和非人类中心主义、经济主义与生态主义，是生态环境领域重要的几组对立的环境文化规范，但由于它们之间及与环境法律规范之间存在对立与冲突，一定程度上成为中国环境法治绩效的消极社会资本，影响了中国环境立法、执法、司法、守法等法治运行的效果，影响了中国环境法治的绩效并导致环境法治绩效的二元结构。

二、环境习俗规范的冲突及对中国环境法治绩效的影响

环境习俗规范作为环境法治规范的另一种基本类型，如果能够形成积极社会资本，对环境法治自身建设及对经济社会发展特别是生态文明建设有重要促进作用。但由于环境习俗规范具有鲜明的地域性，内部种类复杂，相互之间及与环境法律规范之间难免存在各种冲突，容易形成消极社会资本，影响中国环境法治绩效的提高。

（一）环境习俗规范的内在冲突及与环境法律规范的冲突

环境习俗规范是环境法治规范的重要组成，在人类早期历史上具有重要地位，在早期的生态环境保护和利用中发挥了重要作用，有不少还传承下来，成为现代生态文明法律制度的重要来源和基础。如西南少数民族地区的"游耕""刀耕火种"〔1〕等环境习俗规范，既是西南乃至全国较多地区的环境习俗规范，也被认为是现代环境规划制度的重要来源，对于保护生态环境和休养生息具有重要意义。〔2〕但中国地域广阔、民族众多，各地地理环境、气候条件、风土人情、文化传统等方面差异很大，环境习俗规范内部不可避免会存在较大冲突。由于环境习俗规范是经过长期的历史实践形成的，且主要在一定地域范围内形成和实践，具有较强的地域性和适应性，环境习俗规范内部存在的冲突并不会对环境法治绩效带来明显的影响。因而，对环境法治绩效有影响的主要是环境习俗规范与环境法律规范之间的冲突。

随着经济社会的发展特别是工业文明和市场经济的迅速发展，由国家制

---

〔1〕"游耕"又称迁移农业，是耕地和住所均不固定的一种原始农业形态；"刀耕火种"也是一种原始生荒耕作制的迁移农业，先以石斧后用铁斧砍伐地面上的树林等枯朽茎、草木晒干后用火焚烧。经过火烧的土地变得松软，不翻地，利用地表草木灰作肥料，播种后不再施肥，一般种一年后易地而种。
〔2〕参见尹绍亭：《云南山地民族文化生态的变迁》，云南教育出版社2009年版，第141页。

定法构建的环境法律规范体系日益完善，地位日益强势，特别是在具有成文法传统的中国，国家制定的环境法律规范根据现代生态文明建设的需要，在国家强制力的支持下，不断对环境习俗规范挤压和排斥，致使环境习俗规范与国家制定的环境法律规范产生较大冲突，环境习俗规范在国家制定法的日益扩张和排斥下日渐式微。但由于环境习俗规范已深深嵌入一定地域和传统的环境法治网络之中，得到了网络成员的认同，很容易形成一种力量抵制国家制定的环境法律规范，在一定程度上影响环境法律制度的权威和认同。

环境习俗规范与环境法律规范产生冲突的原因之一是二者产生的方式不同。从整体上看，中国制定的环境法律规范属于外生性规范，主要从西方的国家环境法律制度移植而来，且经国家"自上而下"的制定而形成。国家制定的环境法律规范作为西方舶来品，更多是以政府为主导的立法者基于人民意志人为设计，缺少环境立法网络成员特别是非立法机关的网络成员和广大民众的内在博弈均衡，以致一些国家制定的现代环境法律规范因其规定过严或过松而未能很好平衡各方利益，引起利益关涉方甚至各方的不满而难以在法律实施中认同。而环境习俗规范属于天然的内生性规范，往往深深嵌入一定地域环境法治网络的经济、文化甚至网络成员的行为中，是一定环境法治网络成员基于内在博弈均衡或自生自发的调整人与生态环境以及以生态环境为中介的人与人之间关系的准则和规则。环境习俗规范即使受到国家制定的环境法律规范的强势挤压排斥并与之形成激烈冲突，但仍能得到其所嵌入的网络成员的较高认同和自觉遵守。环境习俗规范作为"潜在的、活的法律……是人类相互作用的基本法典"[1]，必然要对环境法律制度甚至是整个环境法治的权威构成挑战和威胁。

环境习俗规范与环境法律规范产生冲突的另一原因是二者对环境治理的适应性不同。由于生态环境都具有较强的地域性，而不同地域的自然资源禀赋、生态系统结构以及经济文化等方面存在的巨大差异，环境治理具有复杂性和不可预期性，需要遵循"时空有宜的生态规律"。[2]而环境法律规范强调法的统一性，其建构的现代环境法律制度重点从统一性视角规范生态环境

---

[1]　[美] R. M. 昂格尔：《现代社会中的法律》，吴玉章、周汉华译，译林出版社2001年版，第233页。

[2]　"时空有宜的生态规律"是指每一个生态系统都有其独特之处，都有其特色的自然要素和社会经济要素，规划、开发、保护某特定区域的生态系统时，要充分考虑其特殊性，也需要有特殊的能适应特定区域生态系统的法律法规予以调整规范。

要素，而缺乏环境治理的适应性要求，很容易在具体实施中因为"水土不服"，不能适应具体的生态环境地域而得不到认同，进而影响环境法律规范的权威和环境法治的绩效。环境习俗规范却与之相反，具有天然的本土性和地域性，可以较好地适应不同自然生态环境禀赋的要求和不同区域经济文化的特点，以多种多样、因地制宜的规则来调整不同地域的人与生态环境之间以及以生态环境为中介的人与人之间的关系，致使其与强调统一性的环境法律规范之间不可避免地存在冲突。

综上所述，由于环境习俗规范和国家制定的环境法律规范在内生性与外生性、本土性与移植性等方面的差异，二者之间不可避免存在较大冲突。如中国藏区已形成一套明确的、具体的、系统的藏族环境习俗规范，而国家制定法中涉及藏区生态系统的相关法律法规却与藏族环境习俗规范存在较大不同，缺乏针对性和操作性。[1]国家制定的环境法律规范凭借其在现代环境法治体系中的绝对优势地位，已然对环境习俗规范进行挤压和排斥，但由于环境习俗规范深深嵌入一定地域环境治理网络，甚至是一定网络的经济、文化和人们的日常行为之中，环境法律规范不仅无法完全剥夺环境习俗规范的生存空间，反而会导致二者之间的冲突更加激烈。

（二）环境习俗规范冲突对中国环境法治绩效的影响

环境习俗规范作为嵌入一定环境治理网络的社会资本，有自己独特的产生发展路径、组织实施模式和具体救济方式，不仅对中国环境法治的观念的形成和环境法律制度的制定具有重要影响，而且会深深嵌入环境立法、执法、司法、守法等法治运行的环节，对环境法治在促进生态文明建设中的绩效产生重要影响。

从产生发展上看，环境习俗规范主要是在一定地域的环境治理网络中自生自发或内在博弈均衡而产生的，是在长期的环境治理历史实践中逐渐把大家共同认可的规则、准则和标准上升为共同认可并遵守的规范。基于这种产生方式，环境习俗规范天然具有的地域性和适应性，使其不可避免会存在一些与国家制定的环境法律规范相冲突甚至激烈冲突的地方；基于这种产生方式，环境习俗规范必然经过了网络成员充分融入与商谈，能够充分体现网络

---

〔1〕 参见吕志祥等：《藏区生态法研究——从藏族传统生态文明的视角》，中央民族大学出版社2013年版，第16~39页。

成员的共同意志。而国家制定的环境法律规范是由立法机关制定，具体实践中还往往是政府的具体职能部门负责起草制定，在产生方式上公众的参与较少，即使有参与更多也是泛泛参与。这与环境习俗规范的产生方式形成鲜明反差，因而容易导致网络成员甚至社会公众对环境立法方式的排斥而导致环境立法机制运行不畅和公众参与的不足，进而会影响环境法治自身的运行不畅，致使环境法治在促进生态文明建设方面的绩效明显不高。

从组织实施上看，由于环境习俗规范往往深深嵌入一定地域环境治理网络，甚至是融入一定地域社会网络的政治、经济、文化和网络成员的日常行为之中，其贯彻实施的方式是网络成员基于认同的自觉遵守，或者是依靠网络内的权威、传统、舆论、道德得到实施。当国家制定的环境法律规范要由官方机构依靠行政权力并以国家强制力为保障来贯彻执行时，容易引起一定地域环境治理网络成员的排斥，致使国家制定的环境法律规范不能落地或在执行中大打折扣，进而影响环境执法甚至整个环境法治对促进生态文明建设作用的发挥。

从救济方式上看，环境习俗规范是民间法重要组成，具有民间法的属性，其救济方式也具有民间性。国家制定的环境法律规范是通过国家强制力来保障实施，也通过国家暴力机构来校正、惩罚甚至是通过限制人身自由的方式来救济违反环境法律规范的行为，但环境习俗规范同时具备的"契约性强制力和文化性强制机制两方面特征的社会权力"是其实效的基础性力量。[1]也就是说，环境习俗规范既主要靠网络内的权威、舆论、道德约束和文化传统等来保障实施，也主要靠权威、舆论、道德约束和文化传统来敦促网络成员矫正违反环境习俗规范的行为。习惯于环境习俗规范救济方式的环境治理网络成员，在违反环境法律规范时，突然遭遇国家以强制力来保障甚至由国家暴力机构通过强力制裁来矫正其行为时，很容易因为不适应而抵触，并尽可能规避国家制定的环境法律规范，致使环境守法效果不佳、环境执法和司法难度更大，甚至是导致整个环境法治运行机制的不顺和相互衔接的不畅，极大地影响环境法治的绩效。

总之，环境习俗规范基于在产生发展、组织实施和救济方式等运行机制上与环境法律规范存在的巨大差异，致使二者不可避免地存在冲突并影响环

---

〔1〕　参见张明新："民间法与习惯法：原理、规范与方法——全国首届民间法、习惯法学术研讨会综述"，载《山东大学学报（哲学社会科学版）》2006年第1期。

境法治的绩效。即使在现代社会中，国家制定的环境法律规范日益强势推进而环境习俗规范日益式微运行，但这种式微运行如果在中国广大区域普遍存在，就会成为中国环境法治的消极社会资本，影响环境法治的绩效，致使中国环境法治在促进生态文明建设方面的作用发挥有限。如从 2015 年 12 月至 2018 年 1 月中央开展的首轮环保督察的反馈意见来看，各地都存在"推进落实不够有力""降低标准、放松要求""隐瞒违法事实"等现象，[1]不少地方在国家甚至当地已对相关生态环境作出明确规定的情形下，仍然基于追求经济发展或其他目的而不执行相关规定或放松执行甚至还隐瞒违法事实。[2]各地普遍存在的这些现象，表明其没有严格遵守环境法律规范甚至环境软法规范，而践行的是一种约定俗成的作为消极社会资本的环境习俗规范。

三、环境软法规范的冲突及对中国环境法治绩效的影响

环境软法规范作为一种与环境法律规范最为相似的环境法治规范，对环境法治自身建设及对经济社会发展特别是生态文明建设发挥了重要作用。但由于环境软法规范制定主体在层级和类型上众多，相互之间存在诸多利益争夺，相互之间及与环境法律规范之间难免存在各种冲突，容易形成消极社会资本，影响中国环境法治绩效的提高。

（一）环境软法规范的内在冲突及与环境法律规范的冲突

中国环境软法规范总体可以分为两大类：一是环保 NGO 等社会组织制定的自治规范和自律规范；二是相关国家机关和执政党等官方制定的生态环境政策文件以及签署的生态环境行政协议等不属于法律规范的规范性文件和行政协议。基于各自宗旨和追求利益的不同，环保组织制定的自治规范和自律规范必然存在冲突，但这种冲突属于合理可控范围，对于中国在推进生态文明制度建设进程中重点加强建设的官方软法规范和法律规范影响不大，因而官方制定的软法规范内部及其与法律规范之间的冲突更具有代表性。但由于

---

[1] 参见蔺雪春："论生态文明政策和制度的改革与完善——基于第一批中央环境保护督察及地方整改案例的分析"，载《社会主义研究》2017 年第 4 期。

[2] 如国务院明确严控钢铁新增产能，但江苏省 2013 年以来新增钢铁产能控制不力，盐城联鑫钢铁、徐州铁矿铸业、睢宁宁峰钢铁、冠兴轧辊等企业违规新建或续建钢铁产能；2016 年宁夏回族自治区对石嘴山、吴忠等污染较重地区的 PM10 年均浓度控制要求，较 2014 年《宁夏回族自治区大气污染防治行动计划（2013 年-2017 年）》确定的目标分别放宽 63% 和 62%；等等。详见生态环境部官网或《中国环境报》对各地环保督察情况的反馈意见。

环境法律规范和环境软法规范的文本数量都非常大，准确统计具体数量非常困难，本书选择 2018 年国务院机构改革方案和中央首轮环保督察反馈意见的公布稿为分析文本，简要梳理其中体现的环境软法规范内部及其与环境法律规范之间的主要冲突表现，虽然仅涉及法律规范与软法规范冲突之一小部分，却可窥一斑而见全貌。

2018 年全国人大通过的国务院机构改革方案，涉及生态文明管理机构的内容主要体现在整合了环境保护部和国土资源部等多个部门的职能，组建了生态环境部和自然资源部。方案虽由全国人大通过，但由于未以法律的形式出现，因而还属于软法规范的范畴。经简要梳理分析，就可以发现方案中关涉生态文明管理机构的软法规范与相关国家立法甚至最新立法都存在较多冲突（详见表 4-1）。

表 4-1　2018 年国务院机构改革方案与相关法律法规比较

国务院机构改革方案的相关内容	相关法律法规的规定	二者冲突的主要表现
国土资源部的监督防止地下水污染职责，水利部的编制水功能区划、排污口设置管理、流域水环境保护职责。	1.《中华人民共和国环境保护法》第 10 条第 2 款：县级以上人民政府有关部门和军队环保部门，依照有关法律的规定对资源保护和污染防治等环境保护工作实施监督管理。 2.《中华人民共和国水污染防治法》第 9 条第 3 款：县级以上人民政府水行政、国土资源、卫生、建设、农业、渔业等部门以及重要江河、湖泊的流域水资源保护机构，在各自的职责范围内，对有关水污染防治实施监督管理。	1. 2015 年 1 月 1 日实施的新《中华人民共和国环境保护法》规定了县级以上人民政府有关部门和军队环保部门的污染防治职责，而方案将相关部门的污染防治职责整合至生态环境部。 2. 2017 年 6 月修正的《中华人民共和国水污染防治法》规定了县级以上人民政府水行政、国土资源、卫生、建设、农业、渔业等部门的水污染防治职责，而方案将相关部门的污染防治职责整合至生态环境部。
国家海洋局的海洋环境保护职责整合至生态环境部。	《中华人民共和国海洋环境保护法》第 5 条第 2 款：国家海洋行政主管部门负责海洋环境的监督管理，组织海洋环境的调查、监测、监视、评价和科学研究，负责全国防治海洋工程建设项目和海洋倾倒废弃物对海洋污染损害的环境保护工作。	3. 2017 年 11 月修正的《中华人民共和国海洋环境保护法》规定了国家海洋行政主管部门的海洋污染损害环保职责，而方案将该职责整合至生态环境部。

国务院机构改革方案的相关内容	相关法律法规的规定	二者冲突的主要表现
水利部的水资源调查和确权登记管理职责整合至自然资源部。	《中华人民共和国水法》第12条第2款：国务院水行政主管部门负责全国水资源的统一管理和监督工作。	《中华人民共和国水法》规定的水行政部门职责包括了水资源调查和确权登记，而方案将该职责整合至自然资源部。
农业部的草原资源调查和确权登记管理职责整合至自然资源部。	《中华人民共和国草原法》第8条第1款：国务院草原行政主管部门主管全国草原监督管理工作。	《中华人民共和国草原法》规定的草原行政部门职责包括了草原资源调查和确权登记，而方案将该职责整合至自然资源部。
国家林业局的森林、湿地等资源调查和确权登记管理职责整合至自然资源部。	《湿地保护管理规定》第4条第1款：国家林业局负责全国湿地保护工作的组织、协调、指导和监督，并组织、协调有关国际湿地公约的履约工作。	《湿地保护管理规定》规定的国家林业局职责包括了森林资源调查和确权登记，而方案将国家林业局改组为国家林业和草原局，并将该职责整合至自然资源部。

自 2015 年 12 月至 2018 年 1 月，中央完成了首轮环保督察，实现了对 31 省市区的全覆盖，督察组并没有专门对各地的地方性法规、规章和规范文件作审查，但从反馈意见的公布稿来看，仍然指出了不少地方的法律规范、软法规范与中央的法律规范和软法规范相抵触。如宁夏回族自治区发展改革委批复的《灵武再生资源循环经济示范区总体规划》侵占白芨滩国家级自然保护区实验区 1293 亩；[1] 甘肃省环保厅 2015 年公布清理废除阻碍环境监管执法"土政策"的公告中称未发现存在阻碍环境监管执法的"土政策"，中央生态环境保护督察组的反馈意见中却指出《甘肃省矿产资源勘查开采审批管理办法》允许在自然保护区实验区内开采矿产，违背《中华人民共和国矿产资源法》《中华人民共和国自然保护区条例》上位法的规定，导致部分自然保护区内违法采矿问题突出；[2] 西藏自治区旅游发展委 2017 年的《西藏自治区

---

〔1〕 参见环境保护部："2016 年中央第一批环境保护督察组督察情况反馈"，载《中国环境监察》2016 年第 11 期。

〔2〕 参见白刘黎："中央第七环保督察组向甘肃反馈督察情况"，载《中国环境报》2017 年 4 月 14 日，第 1 版。

"十三五"旅游业发展规划》违反国家自然保护区规划，违规将部分重点项目规划在自然保护区缓冲区内；[1]陕西省渭南市违规出台阻碍环境执法的"土政策"。[2]

虽然环保督察组仅指出了个别省区与中央的法律规范、软法规范之间存在冲突，但在浩瀚的中央和地方环境法律规范和软法规范中，这种冲突的数量巨大、难以统计，如在根据国务院办公厅《关于加强环境监管执法的通知》开展的清理阻碍环境监管执法的"土政策"工作中，江西于 2015 年 2 月至 5 月月底就排查出阻碍环境监管执法的"土政策"95 件。[3]

（二）环境软法规范冲突对中国环境法治绩效的影响

环境软法规范本应是环境法律规范的重要补充，对于衔接贯彻落实环境法律规范可以发挥重要桥梁作用。但由于不同行业和不同地方以及中央与地方之间的利益博弈关系，两类不同的环境软法规范之间及其与环境法律规范之间存在的较大冲突，会极大影响国家制定的环境法律规范的权威和认同，进而影响环境法治对于生态文明建设的促进作用。

作为第一类环境软法规范的环境自治规范和自律规范，是环保 NGO 或行业协会等社会组织制定的规范某领域或本行业的生态环境关系的规则、标准、守则和准则，必然基于该组织及其成员的利益或者保护生态环境的公益目的，制定有别于国家制定的环境法律规范的环境软法规范即环境自治规范和自律规范，而环境软法规范内部及与环境法律规范之间必然会产生前述的相关矛盾和冲突。由于环境自治规范和自律规范深深根植或嵌入其组织结成的相关网络内部的经济、文化、社会关系甚至是成员的日常行为之中，在组织内部具有较高的认同度和权威性，且社会组织还可利用其组织和社会网络资源扩大环境自治规范和自律规范在社会上的影响，对环境法律规范的权威和实施构成影响和挑战，并进而影响环境法治的绩效。

作为第二类环境软法规范的国家机关和政党组织制定的规范性文件或签订的环境行政协议较为复杂，包括各级国家机关、事业单位、执政党和其他

---

〔1〕 参见宋杨："中央第六环保督察组向西藏反馈督察情况"，载《中国环境报》2018 年 1 月 4 日，第 1 版。

〔2〕 参见童克难："省部级干部被点名，党政'一把手'占比增高"，载《中国环境报》2018 年 3 月 30 日，第 1 版。

〔3〕 参见宋茜："全省环境质量状况总体良好"，载《江西日报》2015 年 6 月 5 日，第 A2 版。

政党组织制定的各类有关生态环境的规则、政策、指导规范、行政协议等。这些规范性文件特别是中央层面生态环境部门颁布的政策文件，在中国环境治理中的作用日益突显，成为环境法律规范实施的重要配套文件和具体贯彻落实的重要载体。但由于中国幅员辽阔、地区差异大、行政层级多，各级各地国家机关制定的规范性文件相互之间以及与国家制定的环境法律规范之间不可避免存在前述的相关冲突，一些地方政府特别是基层政府还为追求 GDP 发展而制定了不少保护破坏生态环境行为的"土政策"。这些"土政策"由于深深嵌入当地的政治、经济、文化、社会关系甚至是民众的日常思想和行为之中，得到了一定区域或系统范围内网络成员的较大认同和遵守，致使中国环境法律规范甚至是中央制定的生态环境保护政策难以在地方层面落实，影响了中国环境法律规范的权威和公众的认同，影响了环境法治的实施效果，导致环境法治绩效的二元结构。

环境软法规范作为嵌入环境法治网络，调整人与生态环境之间以及以生态环境为中介的人与人之间关系的规则、原则和准则，在制定方式、实施机制和救济途径上与环境法律规范既有相似之处也有独特之处，对环境立法、执法、司法等法治的运行同样会产生积极和消极作用，而这种消极作用就会导致环境法治绩效的二元结构的出现。

从制定方式来看，两种环境软法规范与国家制定的环境法律规范总体上都属于人为设计而不是自生自发的，都有其严格的制定程序，特别是官方机构制定的涉及环境治理的规范性文件，在制定主体、制定方式与国家制定环境法律规范特别是法规规章非常相似，只是在制定主体的权限、制定的具体程序和文件的表达方式上，不如作为国家制定法的环境法律规范那么严格。但中国环境软法规范特别是官方机构制定的规范性文件，涉及各级各地各类国家机关、单位和组织，关涉生态环境治理中的方方面面，不同的制定主体在制定软法规范时，往往难以超脱自身利益或地方利益的考量，在内部及与国家制定的环境法律规范之间，在内容、效力等方面不可避免地存在各种冲突，并对中国环境立法、执法、司法和守法等环境法治的运行造成消极影响，特别是在中国现行环境治理中，官方的规范性文件的数量、可操作性以及发挥的作用等方面，都远远超过了国家的环境法律规范，如果不能有效克服其内部及与环境法律规范之间存在的冲突，就会加剧对环境法治运行的消极影响，致使中国环境法治绩效特别是环境法治在促进生态文明建设方面的作用不能有效发挥。

　　从实施机制和救济途径来看，环境软法规范的具体实施和救济都是由官方机构或社会组织通过自身的组织体系甚至通过一定的强制力来保障实施。这与国家制定的环境法律规范的实施和救济具有相似之处，但相比环境法律规范，环境软法规范的实施和救济无论在实体上还是程序上都要简单随意，容易受外部干扰，在遭遇行政权力干预和领导主观意志左右时改变的可能性更大，有时还会成为规避环境法治特别是环境执法的主要路径。特别是我国现行环境治理还主要依赖以规范性文件为主的环境政策等软法规范，更容易干扰环境法治的运行并影响环境法治的绩效。

　　总之，在中国环境治理过程中，环境文化规范、环境习俗规范、环境软法规范作为中国环境法治的基本规范，一直伴随环境法律规范在环境法治网络中运行，成为调整人与生态环境及以生态环境为中介的人与人之间关系的重要规范补充，对环境法治建设及环境法治绩效产生重要影响。但由于各种原因，三种环境法治规范内部之间及与环境法律规范之间不可避免地存在冲突，如果这种冲突不能得到有效控制，不能实现三种环境法治规范内部及与环境法律规范之间的和谐统一，就会导致三种环境法治规范不仅不能有效发挥补充作用，反而成为中国环境法治的消极社会资本，影响中国环境法治的绩效，致使中国环境法治在促进经济社会发展特别是促进生态文明建设方面的作用难以发挥。

第三节　中国环境法治的信任不足

　　信任作为社会资本的核心构成要素，也是一定环境法治网络和环境法治规范有效运行的重要支撑和保障。从网络缺陷和规范冲突视角解释了环境法治绩效二元结构问题后，我们发现信任不足也是中国环境法治绩效不高的重要原因之一。基于前文把信任分为人际信任、社会信任、政治信任三种基本类型，中国环境法治绩效二元结构问题也可以从人际信任不足、社会信任不足、政治信任不足三个方面去寻求原因；同时，不管是环境法治自身建设，还是发挥环境法治对促进生态文明建设的积极作用，都需要以一定的环境法治观念作为思想基础，以一定的环境法律制度作为前提条件，以有效的环境立法、执法、司法和守法等环境法治的具体运行环节为基本保障。因而，中国环境法治的信任不足，可以从环境法治观念、环境法律制度、环境法治运行三个层面分析人际信任、社会信任、政治信任方面的不足及其对环境法治绩效的影响。

一、人际信任不足及对中国环境法治绩效的影响

环境法治的人际信任是指一定环境法治网络中的个体公民和组织中的决策者对环境法治价值取向的心理需求和预期，这种价值取向的心理需求和预期如果能在一定环境法治网络中取得共识并在网络成员中相互信赖，就能形成有利于环境法治发展和提升环境法治绩效的积极社会资本。但中国环境法治的人际信任整体上呈现信任不足，一定程度上影响甚至阻碍了环境法治建设和环境法治的绩效。

（一）环境法治观念中的人际信任不足及对中国环境法治绩效的影响

基于前文对环境文化规范的分析，中国的环境法治观念集中体现在科学主义与人文主义、人类中心主义与非人类中心主义、经济主义与生态主义等几组相互对立的价值观念之中。从人际信任的视角来看，中国环境法治观念的冲突，一定程度上可归因于不同群体对环境法治的心理需求和预期的信任不足。

科学主义与人文主义的冲突，可归因于科学家与人文社会科学家两大共同体之间的分裂和两种人格分裂，[1]其实也是两大共同体学者们基于心理需求和预期差异而产生的互不信任所致。从科学家共同体分析，他们的心理需求和预期，主要是希望通过科学技术征服自然并相信凭借科学技术的力量完全可以解决生态环境问题，而不信任人文社会科学家有关技术恐慌和技术理性狭隘偏执的谬论；从人文社会科学家共同体分析，他们的心理需求和预期是希望把制度与文化作为生态现代化的核心动力，[2]而对自然科学家的技术理性和科学万能论更多的是不信任和批判。因此，科学家与人文社会科学家两大共同体在心理需求与预期上的差异，表明两大共同体相互之间的信任不足，导致了科学主义与人文主义两种价值观念的冲突和环境法治观念内部的冲突。

人类中心主义与非人类中心主义、经济主义与生态主义在环境法治价值取向上的冲突，一定程度上也是不同群体对生态环境的认知差异以及心理需

---

〔1〕 参见蔡守秋：《基于生态文明的法理学》，中国法制出版社 2014 年版，第 553 页。

〔2〕 参见何爱国主编：《当代中国生态文明之路》，科学出版社 2012 年版，第 23 页。

求和预期差异而产生的不信任所致。人类中心主义源于人类中的部分群体在心理需求和预期上过于注重当代人类自身的利益而忽视了后代人利益、生态利益以及人类的长远利益；经济主义过于追求和保障经济发展的环境法治观，一定程度上也是信任不足所致。正是因为人类之间信任不足甚至不信任，致使无暇顾及长远利益和可持续发展，为满足当代人类当前的经济发展需要，只能对生态环境采取掠夺式的开发利用。非人类中心主义则使人类中的部分群体认知到生态环境对于人类的长远利益和可持续发展的重要性，其心理需求和预期凸显了对生态环境保护的重视，并倡导人类内部加强相互信任，共同把对生态环境的开发利用程度限制在其环境容量和生态承载范围之内；非人类中心主义对生态环境保护的价值取向，进一步发展就产生了生态主义的价值观。

认知的缺失或失真，是信任流失的直接形式。[1]正是由于科学家与人文社会科学家的思维定式认知差异、人类内部不同群体的认知差异以及心理需求和预期差异，导致人类内部的信任不足甚至是不信任，导致了科学主义与人文主义、人类中心主义与非人类中心主义、经济主义与生态主义等不同的相互冲突的环境法治观念，进而影响环境法律制度及其有效运行，最终影响中国环境法治的绩效。

（二）环境法律制度中的人际信任不足及对中国环境法治绩效的影响

环境法治建设要以健全完善的环境法律制度为前提条件，环境法治要发挥对经济社会发展特别是对生态文明建设的绩效的促进作用，相关的环境法律制度就要体现个体公民或组织中的决策者的心理需求与预期。中国的环境法律制度最早来源于环境习俗规范和环境软法规范，而环境习俗规范和环境软法规范能较好地体现一定地域或组织网络成员的心理需求与预期。在一定地域或组织网络的长期历史实践中，网络成员基于长期的生产生活实践，对生态环境问题的认知不断加强，逐渐形成了具有较高价值认同的调整人与生态环境以及以生态环境为中介的人与人之间关系的环境习俗规范，这些环境习俗规范一般较好地体现了网络成员的心理需求和预期，具有较强的生命力和调整力，在一定地域和组织网络中生存并能发挥对网络成员行为的调整规范作用。随着环境法律规范的日益增加和强势挤压，环境习俗规范的一些内容逐渐不能体现国家意志，在国家强力的干预下和价值引导下，部分环境习

---

〔1〕　参见上官酒瑞：《现代社会的政治信任逻辑》，上海人民出版社 2012 年版，第 152 页。

俗规范逐渐远离了网络成员的心理需求和预期，也逐渐因得不到网络成员的认同和信任，而很快被改变并被国家制定的环境法律规范取代。

环境软法规范不是自生自发而是人为设计的，也即由国家机构或自治组织通过一定程序制定的调整人与生态环境之间关系以及以生态环境为中介的人与人之间关系的规范，其制定的目的和思想基础，也是一定行业或系统内个体公民和组织中的决策者的心理需求和预期。换句话说，正是个体公民和组织中的决策者的心理需求才产生了环境软法规范；没有个体公民和组织中的决策者的心理需求，国家机构或自治组织也不会去制定环境软法规范。环境软法规范制定后，如果能够实现一定行业或系统内个体公民和组织中的决策者的预期，则这种环境软法规范能够更好地得到网络成员的广泛认同和信任，并能得到持续遵守和执行；反之，如果环境软法规范制定后，不能实现一定行业或系统内个体公民和组织中的决策者的预期，就难以获得网络成员的认同和信任，必将面临实施不能或实施效果不佳的困境。

环境法律制度是国家立法机关依据立法职权、通过立法程序制定的调整生态环境关系的相关法律规范的总和，应当已充分汲取环境习俗规范和环境软法规范的合理因素，因而也应能够较好地体现个体公民和组织中决策者的心理需求并能满足其心理预期。但中国由于环境立法网络中存在各种缺陷，现有环境法律制度在构建过程中对个体公民和组织中的决策者的心理需求体现不够，以致环境法律制度难以得到较高的认同，一些企业组织想方设法规避环境法律制度的约束，甚至寻求各种网络资源的支持公然违反环境法律制度，导致实践中中国环境法律制度越来越多、越来越严，但生态环境恶化的趋势并未得到有效控制，这种结果又进一步远离了公众对环境法律制度的心理预期，致使公众对环境法律制度更加不信任，转而寻求环境习俗规范、环境软法规范等其他规范来调整人与生态环境之间的关系以及以生态环境为中介的人与人之间的关系。在此背景下，一些地方政府的决策者也基于地方主义，甚至基于对中央制定的环境法律制度的不信任，而另行制定"土政策"保护本地利益特别是经济利益。这样，必然进一步加剧对环境法律制度认同度的下降，破坏环境法律制度的权威，致使中国环境法律制度与地方"土政策"双轨运行，进而影响环境法律制度甚至是整个环境法治的绩效。

(三) 环境法治运行中的人际信任不足及对中国环境法治绩效的影响

环境立法、执法、司法和守法等环境法治的具体环节的有效运行是提升环境法治绩效的基本保障，中国环境法治对促进生态文明建设绩效不高的原因可以从环境法治运行的人际信任不足中寻找。

环境立法是国家立法机关依照一定的职权和程序，通过制定或认可的方式来创制环境法律规范的专门活动。但作为国家立法机关，在制定或认可环境法律规范时，必然要调查了解社会公众和组织中的决策者对环境法治的心理需求和预期，并基于这种心理需求和预期制定、修改、废止相关环境法律法规。同时，不同层级、不同地方的环境立法机关及其核心成员之间，基于对环境法治的心理需求和预期，也会建立一定的信任关系。当公众对环境立法机关失去信任，就会在行使环境立法参与权中表现得消极懈怠，致使国家提供的环境立法公众参与权成为摆设或流于形式；当不同层级、不同地方的环境立法机关之间及其内部的核心成员之间失去立法信任，则会导致环境立法体制机制的运行不顺，进而使得环境法治绩效失去立法的基础支撑。

从环境执法、司法的理论层面分析，环境执法和环境司法离不开个体公民或组织中的决策者的信任支持，环境执法、司法机关、个体公民、组织中的决策者之间及其内部相互之间，都需要建立信任关系，才能更好地提升环境执法和环境司法的效率。如果环境执法机关和司法机关的执法和司法行为，与个体公民和组织中的决策者的心理需求和预期相差太远，就会导致个体公民和组织中的决策者和社会公众对环境执法、环境司法的不信任，进而影响环境守法的自觉性和认同感，并可能引发对环境执法、环境司法的抵制，甚至引发环境群体性事件抗拒环境法律制度的执行和适用。同样，不同层级的环境执法或司法机关、同一层级和同一环境执法或司法机关内部的核心成员之间相互不信任，很可能导致环境联合执法、环境综合执法甚至是本地本部门的环境执法效果不佳甚至环境执法不能，也可能致使跨行政区划的环境司法协同不足和本地本部门的环境司法效果不佳，甚至基于地方保护主义而出现有选择性的环境执法和环境司法。[1]

从中国的环境立法、执法和司法的实践层面来看，个体公民、组织中的

[1]　2015年8月25日，时任环境保护部部长陈吉宁在全国环保厅局长研讨班座谈会上提出要着力处理好四个方面的关系，其中之一就是处理中央与地方关系，并要求建立信任文化，形成工作合力，以便为落实中央的决策部署和实现公众的期盼共同奋斗，一定程度上可以反映出中国环境治理实践中存在中央与地方之间及内部的不信任。参见王昆婷："2015年全国环保厅局长研讨班座谈会在京召开"，载《中国环境报》2015年8月26日，第1版。

决策者对环境立法、执法、司法的心理需求和预期都较高，但现实中环境立法、执法、司法的运行方式特别是具体效果不明显，二者形成较大反差，致使个体公民、组织中的决策者与环境立法、执法、司法机关相互之间特别是内部的信任不足，导致中国环境法治运行各环节内部体制机制不顺，特别是环境执法与司法相互之间的衔接不畅，极大地影响公众对环境执法、司法参与的积极性和对环境法律制度遵守的自觉性，必然会影响环境法治对生态文明建设的促进作用。如中国环境立法实践中形成的行政主导地位，一定程度上体现了对人大立法能力的信任不足，而行政立法的强势，特别是行政立法中政府基于经济发展的目标对排污企业的偏袒又会加剧公众对行政立法的不信任；中国环境执法实践中出现的地方保护主义以及联合执法、综合执法力度不大，一定程度上体现了环境执法者内部的信任不足；中国跨行政区划的环境司法协同不足特别是跨行政区划的环境司法改革进展缓慢，一定程度上体现了对环境司法内部和对整个环境司法的信任不足；环境执法与环境司法的衔接不够，一定程度上体现了环境执法机关与环境司法机关相互之间的信任不足。"当前中央和地方环保部门以及地方各级环保部门之间，在工作中仍然存在一些问题……影响了上下、左右之间的信任关系。"[1]

此外，从环境守法层面来看，个体公民和组织中的决策者内部及其相互之间基于心理需求和预期的差异，相互之间信任也不足，守法者往往担心自己守法但他人不守法，会给自己带来利益损失，因而纷纷追求环境违法的巨额暴利甚至甘愿承担违法代价或冒险追求违法暴利。个体公民和组织中的决策者在获得这种利益甚至暴利之后，会加剧对环境立法机关、执法机关和司法机关的不信任，如果这种不信任扩大到一定程度，致使环境法治的运行架空，其结果不仅是使环境法治不能有效发挥对生态文明建设的促进作用，而且会使已然建立的环境法治体系遭到破坏。

二、社会信任不足及对中国环境法治绩效的影响

社会信任关注的是信任与社会系统和社会秩序的关系。如果环境法治的社会信任充足且能够支撑环境法治的发展，就能够作为一种积极社会资本助

---

[1]《中国环境报》评论员："建立信任文化形成工作合力——四论着力处理好环保工作中的四个关系"，载《中国环境报》2015年9月2日，第1版。

力环境法治绩效的提升。但中国环境法治的社会信任整体上呈现信任不足的状态，一定程度上影响甚至阻碍了环境法治建设和环境法治的绩效。

（一）环境法治观念中的社会信任不足及对中国环境法治绩效的影响

环境法治观念根源于一定的社会结构，嵌入一定社会关系及其经济、政治、文化等社会现象之中，因而一定的社会信任状况，与环境法治观念的产生、发展紧密关联。基于前文的分析，社会信任可以分为具体信任与抽象信任、人格信任与系统信任、特殊信任与普遍信任三种不同的基本信任模式。虽然这三种社会信任的基本模式分类不同，但它们在分类的依据上却有异曲同工之处。总的来看，具体信任、人格信任、特殊信任都强调该社会关系是以情感为基础的，是在特定具体的人与人之间建立的传统信赖关系；而抽象信任、系统信任、普遍信任都强调该社会关系不以情感而以规范、契约、信仰为基础，是在不特定人之间建立的抽象信赖关系。一般认为，前者主要出现在前现代社会或传统社会之中且以情感等人格因素为基础，可以称为传统人格信任；而后者主要出现在现代社会之中且不以情感等人格因素而以制度、组织等为基础，可以称为现代系统信任，二者及其演变关系可以解释中国环境法治观念的冲突及对环境法治绩效带来的影响。

传统人格信任作为一种特殊信任，主要出现在传统社会或前现代社会之中，而以血缘为纽带的家庭关系是传统社会的基本关系，传统社会的"结构比较简单，家庭是支配一切的社会单位，并以面对面的关系作为整个社会的特点"[1]。传统社会总体上是一个熟人社会，人与人相互之间形成的是一个熟人圈子，生活在一个熟人社会之中，形成的是以特定人之间的信任关系为主的社会信任关系，而不特定人特别是陌生人之间很难形成社会信任关系。"传统中国的家族主义文化强调和重视家庭、亲戚及血亲关系，将信任家族之外的人看作是一种不可允许的错误。"[2]随着改革开放的深入和市场经济的不断发展，中国传统社会关系已逐步解体并开始迈入现代社会的新型社会关系之

---

〔1〕［美］西里尔·E. 布莱克：《比较现代化》，杨豫、陈祖洲译，上海译文出版社 1996 年版，第 239 页。

〔2〕李伟民、梁玉成："特殊信任与普遍信任：中国人信任的结构与特征"，载《社会学研究》2002 年第 3 期。

中，但信任结构的变迁往往是滞后于整个社会其他方面的变迁的，[1]总的来看，中国社会的传统人格信任仍然根深蒂固，而现代社会发展所需要的系统信任并未随之而来。

中国在传统社会向现代社会转型的进程中，以血缘、地缘和情感为基础的社会联系有较大减弱，传统的人格信任模式也得到消减，但现代系统信任，特别是建立在法律、契约、制度基础上的普遍信任所需的利益主体之间的妥协和协商没有随之而来；相反，社会转型带来的人格信任消减与人际联系陌生感的增强，使得多元利益主体在市场规则的竞技场上不择手段加大了争夺，在生态环境领域体现为加剧了不同群体对待生态环境态度的分野和冲突，体现在环境法治观念中就是科学主义与人文主义、人类中心主义与非人类中心主义、经济主义与生态主义的反向与冲突。换句话说，环境法治观念的前述冲突一定程度上与中国社会的转型和信任结构的变迁存在关联，中国社会现代转型中的信任脱节也主要源于不同群体在恶性竞争中的信任感递减甚至缺失。由此可见，在中国社会转型过渡期，社会信任的转型脱节，一定程度上造成中国环境法治观念的冲突，进而影响中国的环境法治建设和环境法治绩效。

（二）环境法律制度中的社会信任不足及对中国环境法治绩效的影响

环境法律制度也根源于一定的社会结构，嵌入一定社会关系及其经济、政治、文化等社会现象之中，一定的社会信任状况与环境法律制度的产生、发展和实施紧密关联。在以传统人格信任为主的社会信任基本模式下，社会信任主要以血缘、地缘和情感为基础，国家制定的环境法律制度要想取得个体公民、组织中的决策和公众的信任，就要取得社会关系中的血缘、地缘和情感的支持。当国家制定的环境法律制度没有相应社会关系中的血缘、地缘和情感的支持时，个体公民、组织中的决策者和公众就很难建立对环境法律制度的信任。在以现代系统信任为主的社会信任模式下，社会信任不以血缘、地缘和情感为基础，而是以法律、契约、规范和信仰为基础，个体公民、组织中的决策者和公众对国家制定的环境法律制度的信任就是其中的重要内涵。

中国社会信任模式总体上仍属于传统的人格信任。在中国封建社会时期，

---

[1] 参见唐琪："一致与冲突：信任类型与市民社会结构研究"，上海交通大学 2013 年博士学位论文。

国家即使是出台了法律规范，但汉代至清朝的正统法律思想是"德主刑辅"，法律制度要取得儒家学说"礼"的支持并以"礼"所强调的纲常关系来保证落实，往往"视'经义'的效力等于法律，或高于法律"[1]。当下的中国社会结构与社会联系随着改革开放的不断推进和市场经济的不断发展，已逐渐打破了传统社会结构，并摆脱了封建社会儒家学说"礼"的纲常关系，但由于社会信任的转型具有滞后性，中国的社会信任模式并没有立即改变。在当下中国已然形成比较完善的中国特色社会主义法律体系的前提下，人们遇到矛盾纠纷时仍更多考虑寻求社会权力、人情关系等网络资源的支持，甚至在寻求法律保护过程中仍然不忘通过各种以血缘、地缘和情感为基础的关系来提高法律救济胜诉的概率，即使其权益在法律上完全具有正当性与合法性。由此可见，当下中国的社会信任模式没有随着社会结构的变迁和法律体系的日益完善而转型，整个社会的信任模式仍然以传统人格信任为主，尚未建立以法律、契约、规范为基础的现代系统信任模式。

在以传统人格信任为基本模式的社会信任环境中，环境法律制度很难没有任何情感支撑而直接获得个体公民、组织中的决策者和公众的信赖，人们无法认可环境法律制度是社会信任的桥梁，难以直接在环境法律制度上建立信任关系。相反，个体公民、组织中的决策者和公众在处理人与生态环境以及以生态环境为中介的人与人之间关系时，由于对现行法律制度的信任不足，转而寻求血缘、地缘和情感的支持，即往往要寻求环境习俗规范、环境软法规范的支持，或另行制定本地的"土政策"来调整相应的生态环境关系。这不仅影响了环境法律制度内部的统一协调，更会导致公众对环境法律制度的认同缺失，破坏环境法律制度的自身权威，导致中国环境法律制度中的信任不足，影响环境法治的绩效特别是在促进生态文明建设方面的绩效锐减。

（三）环境法治运行中的社会信任不足及对中国环境法治绩效的影响

"没有哪种纯粹的法律制度能够经受民众高度的疏远或怀疑，也没有哪种法律体系能在法律无法获得高度信任和尊重的情况下有效运转。"[2]中国环境

---

〔1〕　杨鸿烈：《中国法律思想史》，中国政法大学出版社 2004 年版，第 144 页。

〔2〕　[澳]菲利普·佩迪特：《共和主义：一种关于自由与政府的理论》，刘训练译，江苏人民出版社 2006 年版，第 268 页。

法治绩效不高和二元结构问题，不仅可以从环境法律制度中的社会信任不足中作出解释，更要从环境法律体系的运转特别是环境法治的运行环节的社会信任状况中作出解释。

环境立法、执法、司法和守法等环境法治的具体环节的有效运行是提升环境法治绩效的基本保障。但在以传统人格信任为主的社会信任模式之中，中国的社会信任主要建立在血缘、地缘和情感的基础上，而以血缘、地缘和情感为桥梁联结的社会网络之中，主要通过亲情而自生自发以习俗、伦理为主的社会规范，对国家立法机关依据一定职权并通过严格程序制定有关法律规范的需求不大；即使现代社会转型中能够产生对国家立法的需求，首要需求也是制定以调整人与人之间的人身和财产关系为主的法律规范，而更少需求制定调整以生态环境为中介的人与人之间的关系，更谈不上调整人与生态环境之间关系的法律规范。由此可见，在传统人格信任为基本模式的社会关系中，社会主体对环境立法的需求和心理预期都较少，更谈不上对环境执法、环境司法的心理需求与预期。只有在以现代系统信任为主的社会信任模式之下，由于社会的联系和社会信任是建立在法律、契约和信仰等的基础之上，社会关系的联结与血缘、地缘和情感等关系不大，相应的社会网络才会寻求法律制度的构建和契约权利的保护，因而对国家立法机关制定法律规范的需求会更强烈和急迫。具体到环境法治网络中，在面临调整人与生态环境之间以及以生态环境为中介的人与人之间的关系时，就会对环境立法和健全环境立法的体制机制产生强烈和急迫的需求，这种基于环境治理网络内在需求而形成的环境立法体制机制和公众参与机制，可以更好地保障环境立法符合生态文明建设的需要和满足公众对生态环境利益的法律保护需求。现代系统信任模式不仅要求建立健全法律规范构建的制度，还要求法律规范构建的制度有效运行，具体到相应的环境治理网络，必然要求在实践中贯彻落实环境法律规范，在处理生态环境纠纷案件中正确适用环境法律规范，环境执法、司法就成为环境治理网络的内在需求，并能基于网络的这种内在需求而形成顺畅和有效衔接的环境法治运行体制机制以及更加务实有效的公众参与环境执法和司法的机制。

但正如前文所述，中国的社会结构和社会关系虽然整体上正从传统社会向现代社会转型，但由于社会信任的相对独立性和社会信任转型的滞后性，社会信任的变迁难以和社会转型同步，中国当下的社会信任模式整体上仍具有鲜明的传统人格信任的特征，即使现代系统信任和普遍信任的某些特征也初现端倪，但现代系统信任和普遍信任所要求的基于利益主体理性协商的多元利益均衡不仅没有形成，社会转型中人格信任的消减使得人际联系的陌生感反而更强，一定程度上加剧了利益主体不择手段的争夺和冲突。[1]在这种社会背景和社会信任基本模式下，环境立法、执法、司法往往成为利益各方争夺的手段和工具，环境法治运行体制机制也在各方争夺中难以顺畅和有效衔接，处于利益争夺之中弱势群体地位的公众也就难以真正参与环境立法、执法、司法等环境法治的具体运行环节，致使中国环境法治绩效难以有效显现。

三、政治信任不足及对中国环境法治绩效的影响

环境法治的政治信任充足，有利于民众对环境法治观念、制度和运行的认可进而支撑环境法治的发展和环境法治绩效的提升。但中国环境法治的政治信任整体上呈现信任不足的状态，一定程度上影响甚至阻碍了环境法治建设和环境法治的绩效。

（一）环境法治观念中的政治信任不足及对中国环境法治绩效的影响

环境法治观念体现了国家机构、社会组织和公众对用法律治理生态环境问题的价值取向，而这种价值取向往往是政治体系关注的范畴和意识形态关注的对象。因此，一定程度上可以说，环境法治观念就是政治信任的对象。但环境法治观念中的价值取向，要成为环境法治实践的指导思想，要得到环境立法的确认以及执法、司法和守法行动的贯彻落实，并要求作为政治体系范围内的意识形态在全社会不断巩固和强化，以获取社会网络中广大民众的好评、认同和信赖。

但是，国家要在冲突矛盾的环境文化规范中整合既体现人民意志又体现国家意志的环境法治观念显得更加困难，即使国家通过立法程序在冲突矛盾的环境文化规范中整合出来环境法治观念，并以立法形式固化和以一定意识形态强化，但该环境法治观念要真正得到社会的认同和信赖，要有一定的政治信任支撑。如果政治信任不足，即使以立法形式固化和以意识形态强化呈

---

〔1〕　参见唐琪："一致与冲突：信任类型与市民社会结构研究"，上海交通大学 2013 年博士学位论文。

现的环境法治观念，也会因为社会公众对政治的不信任而难以认同。同时，没有政治信任支持和社会公众认同的环境法治观念，也容易被民间性质的环境文化规范冲击和干扰，致使环境法治观念的冲突矛盾在科学主义与人文主义、人类中心主义与非人类中心、经济主义与生态主义等相互对立的文化规范中更加凸显。

综上所述，环境法治的政治信任的不足，可以作为解释中国环境法治观念存在各种矛盾冲突的重要理由，而环境法治观念的冲突，必然会影响环境立法、执法、司法和守法等环境法治实施环节的有效运行，进而影响当下中国的环境法治绩效并导致环境法治绩效的二元结构问题。

（二）环境法律制度中的政治信任不足及对中国环境法治绩效的影响

环境法律制度是政治制度的重要组成，是政治制度在生态环境领域的重要体现，涉及国家对生态环境治理的基本制度、重要制度和具体制度，甚至关系到国家对生态环境安全管理的重要制度，必然也是政治信任对象的硬核层和核心构成。因此，对环境法律制度的信任就直接体现为一种政治信任，个体公民、组织中的决策者和公众对国家立法机关、行政机关制定并构建的环境法律制度的认同与信赖情况，可以直接作为检验政治信任重要表现的政府信任或信用情况；同时，政府信任或信用也可以通过其制定的环境法律法规直接传递至政治信任之中。由此可见，从社会资本理论视角分析，中国环境法律制度的权威不高和认同不够，既有人际信任和社会信任不足的原因，也有政治信任不足的原因。

具体到中国的生态环境治理实践，主要体现在政府为追求经济发展或官员腐败，而与企业合谋放任生态环境管制，致使中国不少生态环境法律规范及其构建的制度在一些地方束之高阁，特别是在中国生态环境法律制度不断完善的背景下，生态环境恶化的现象却没有得到有效控制，更加剧了公众因认为立法机关制定的生态环境法律制度难以发挥作用而产生的无规范感，这也进一步表明中国环境法律制度中的政治信任不足，影响了中国环境法治的绩效。

综上所述，中国环境法律制度的权威性不足、认同度不高和实施效果不好等问题引起的中国环境法治绩效不高和环境法治绩效的二元结构，可以从中国环境法律制度中的政治信任不足中作出解释。

（三）环境法治运行中的政治信任不足及对中国环境法治绩效的影响

环境法治绩效最终都要体现在环境立法、执法、司法等环境法治的具体环节的运行效果之中，因而，中国环境法绩效的政治信任不足也应从环境法治运行中作出解释。

中国的环境立法、执法和司法主体分别是国家立法机关、执法机关和司法机关及其工作人员，属于政治学范畴中的政治组织和政治行动者，是政治信任的重要载体和政治信任的重要对象，公众与上述机关的信任关系可以归为政治信任，总体属于政治信任结构中的公共组织信任和政治角色信任。[1]环境治理需要构建和积累政治信任，政治信任可以为环境法治的运行发挥润滑剂作用。个体公民、组织中的决策者和公众对环境立法机关、执法机关和司法机关等环境法治运行机关及其工作人员的信任状况、环境法治运行机关内部不同层级和同一层级的不同机关及其工作人员之间的信任状况，对环境立法、执法、司法等环境法治的运行都会产生重要影响。

总体上看，公众对中央政府的信任度最高，认可度和信任度比例达80%，但对地方政府和基层政府的信任度较低。[2]政治信任的不均衡性与级差性的存在，中央与地方不同层级的环境立法机关、执法机关和司法机关等环境法治的运行机关，在具体的环境立法、执法和司法工作中，获得的政治信任支持也会存在不均衡和差异化，中央环境法治运行机关总体上获得的政治信任支持更高，而地方环境法治运行机关获得的政治信任更低。为更好地实现地方环境治理的目的或为更好地开发利用生态环境资源，地方环境法治运行机关必然会想方设法甚至不惜干扰中央环境法治的有效运行来提升自己的信任度，这样，环境立法、执法和司法等环境法治的运行就会产生体制机制的不

---

〔1〕　政治信任结构一般包括政治共同体信任、政治价值信任、政治制度信任、公共政策信任、公共组织信任和政治角色信任，而公共组织信任是民众对政党、议会、行政机构、司法组织等的相信和支持，政治角色信任是对实际掌握和运行权力的人的相信和托付。参见上官酒瑞：《变革社会中的政治信任》，学林出版社2013年版，第73页。

〔2〕　该结论综合了2007年中国社会科学院的调查报告、零点研究咨询集团发布的《中国居民评价政府及政府公共服务研究报告（2003-2005）》和《中国公共服务公众评价指数报告（2006-2010）》以及美国杜克大学和清华大学史天健教授的调查结果。中国社科院2007年对全国28个省市居民的随机抽样调查要求选择对中央政府、地方政府、法官和警察、社区组织、行业协会、消费者协会、信访机构、宗教组织等八种社会基本权力的信任度，参见曹林："'最信任中央权力'隐含的民众焦虑"，载《中国青年报》2007年5月25日。

顺和相互衔接的不畅等问题，并影响公众参与环境法治运行环节的积极性，导致环境法治绩效难以充分发挥对生态文明建设的促进作用。

此外，政治信任的不均衡和级差性的存在，还体现在同一层级政权的环境立法机关、执法机关、司法机关之间及其内部不同部门和工作人员之间。总的来说，对环境立法机关及其工作人员的信任，要高于对环境执法机关及其工作人员和环境司法机关及其工作人员的信任，特别是环境执法和政策执行系统内部执行职能的碎片化（见图4-6）和权责倒置（见图4-7），[1]使得个体公民、组织中的决策者和公众对不同层级的环境执法机关及其工作人员的信任程度也会呈现不均衡性和级差性，同一层级的环境法治运行机关特别是环境执法和政策执行机关的信任度也会差异较大，致使同一层级的环境法治运行体制机制和相互衔接也会受到影响，进而影响整个环境法治的绩效。

综上所述，从信任视角解释中国环境法治绩效不高特别是产生二元结构的原因，一定程度上可以归结为中国环境法治的人际信任不足、社会信任不足和政治信任不足。人际信任的解释是从个体公民、组织中的决策者和社会公众的心理需求和预期层面着手，是解释中国环境法治信任不足的心理基础；社会信任的解释是从中国社会转型期的传统人格信任向现代系统信任过渡不

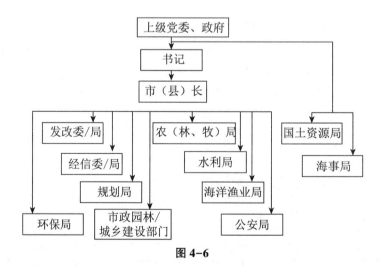

图 4-6

---

〔1〕 参见冉冉：《中国地方环境政治：政策与执行之间的距离》，中央编译出版社2015年版，第64~65页。

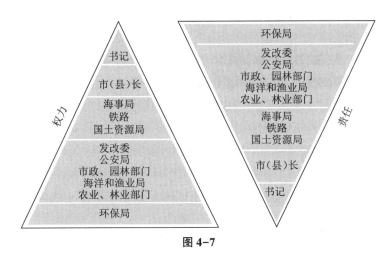

图 4-7

完整的角度着手，是解释中国环境法治信任不足的社会环境；而政治信任的解释是从中国政治信任的发展变迁及其政治信任状况着手，是解释中国环境法治信任的政治条件。总之，从信任视角解释中国环境法治的信任不足，为我们解释中国环境法治绩效不高特别是二元结构问题提供了新视角、开辟了新领域。

第五章 社会资本积累：消解中国环境法治绩效二元结构的对策思考

"垂直的网络，无论多么密集，无论对其参与者多么重要，都无法维系社会信任与合作。"

—— [美] 罗伯特·D. 帕特南：《使民主运转起来：现代意大利的公民传统》

"建立信任文化，形成工作合力，为落实中央的决策部署和实现公众的期盼共同奋斗。"

——时任环境保护部部长陈吉宁 2015 年 8 月 25 日
在全国环保厅局长研讨班座谈会上的讲话

中国环境法治绩效不高特别是中国环境法治绩效呈现的二元结构问题，基于社会资本理论的视角，可以从中国环境法治的网络缺陷、规范冲突、信任不足三个方面的社会资本缺失作出解释，那么，中国环境法治绩效二元结构的消解，也应从网络、规范、信任三个方面投入和积累社会资本。本书认为，优化中国环境法治的网络、整合中国环境法治的规范、建构中国环境法治的信任是投入和积累中国环境法治社会资本、推进中国环境法治建设、提升中国环境法治绩效的新路径。

第一节 优化中国环境法治的网络

从中国环境法治的宏观网络来看，环境法治的绩效问题在深层次上根源于一定的社会结构即经济结构、政治结构、社会阶层结构等。而整个社会结构优化是社会转型发展的缓慢过程：经济结构的转型要随着国家产业结构调整和绿色发展的深入推进，在加强生态文明建设中奠定环境法治发展的丰厚经济基础；政治结构的转型要随着国家政治体制改革和民主化进程的深入推进，在实现治理体系和治理能力的现代化进程中提供环境法治发展的政治保障；社会阶层结构的转型要随着传统社会向现代社会的转型，在国家治理体系中加强公众、社会组织和媒体的地位和作用，充分发挥各个社会阶层和多元化社会主体在环境法治建设中的重要作用。显然，宏观网络虽是环境法治发展的重要社会资本，但该层面的网络优化是一个漫长的渐进过程，本书因而将研究的重点聚焦于中观层面的网络优化，重点研究环境立法网络、环境执法和司法网络以及环境法治监督网络等环境法治基本网络的优化。

中国环境法治的绩效问题特别是二元结构问题，在网络层面主要归因于中观层面网络的缺陷，主要表现为环境立法网络、环境执法和司法网络、环境法治监督网络等基本网络中纵横向网络、权威关系、强弱关系、网络的封闭性和"结构洞"等方面的不尽合理。因而，优化中国环境法治网络中存在的上述问题，需要从环境立法网络、环境执法和司法网络、环境法治监督网络等方面着手，寻求优化相关网络结构和运行机制的路径，推动建立科学合理的纵横向网格、权威关系、强弱关系，减少网络的封闭性和"结构洞"，减少影响环境法治绩效的网络因素，为环境法治绩效的提高积累客观社会资本。

一、环境立法网络的优化

环境法治的实现及对经济社会发展促进作用的发挥，首先要有科学的环境立法。但正如前文分析，中国环境立法网络中的纵向网络突出而横向网络不足、权威关系异化、强关系突出而弱关系不足等方面的缺陷，影响了环境立法的民主协商，导致了权力机关和行政机关在环境立法网络中的错位，影响了环境法律制度的权威和社会的认同，最终影响了环境法治的绩效。因而，从投入和积累社会资本视角优化环境立法网络，也应从加强环境立法横向网络的构建、矫正环境立法网络的权威关系、强化环境立法网络异化的弱关系等方面着手。

（一）加强环境立法横向网络的构建

纵向网络突出而横向网络不足是中国环境立法网络的基本缺陷，影响了环境法律制度的权威和认同。优化环境立法网络首先要加强横向网络的构建，环境立法网络的重要体现是环境立法体制和环境立法机制，因而加强环境立法横向网络的构建也可以从环境立法体制和环境立法机制两个方面探讨。

从环境立法体制上看，第一类网络成员中具有立法权的上下级权力机关、行政机关以及同级权力机关与行政机关之间，突出的是各自在立法体制中的地位、职责、权限及其立法效力的层次和位阶，形成的是纵向网络关系。加强环境立法横向网络的构建，因而重点要放在同级的立法机关即具有立法权的同级权力机关或者行政机关之间。由于大多数生态区域特别是重点生态功能区都跨行政区划，[1] 为平衡不同行政区域的利益关系，中国环境立法更多是由上位立法机关甚至全国人大常委会负责，如跨三省市的太湖流域立法——《太湖流域管理条例》是由国务院制定的，跨十九省区市的长江流域立法——《长江保护法》是由全国人大常委会制定的。但不同生态区域甚至同一生态区域内不同行政区划的生态环境和自然资源禀赋差异较大，需要在充分尊重不同行政区划各方面的意见的基础上开展民主协商立法甚至联合立法，而上位立法机关凭借其在立法体制中的优越地位以及制定法律法规具有更高法律效力的优势，或者以避免地方保护主义为借口，在环境立法中往往难以与下位立法机关开展平等协商的民主立法。如果上位立法机关出台的环境法律法规，不能得到生态区域所在行政区划立法机关及其代表的意志主体——人民的认可，就会影响该法律法规构建制度的认同度，致使在环境法治实践中难以取得预期立法绩效。如果跨行政区划的环境立法能够加强横向网络构建，把该生态区域的环境立法主要交由不同行政区划的同级立法机关，允许不同地方开展环境联合立法，则可以较好地解决环境法律制度的认同问题，可以更好地提高环境立法的绩效。但是，目前只允许国务院各部委联合制定规章，至今未允许地方联合立法。由于不能开展联合立法，上位立法机关开展的环境立法存在认同度问题且也无法做到对所有跨行政区划的生态区域开展环境立法，不同地方基于自身利益最大化的追求而在相关地方环境立法中不可避免存在较大冲突，因而，中国环境立法迫切需要逐步允许地方立法机关联合制定生态环境方面的地方性法规和规章，推动最具实质性的环境立法横向网络

---

〔1〕 我国构建了以青藏高原生态屏障、黄土高原——川滇生态屏障、东北森林带、北方防沙带和南方丘陵山地带的"两屏三带"以及大江大河重要水系为骨架，以其他国家重点生态功能区为重要支撑，以点状分布的国家禁止开发区域为重要组成的生态安全战略格局。国家重点生态功能区为数众多、环境要素复杂、区域差异大，且大多跨省市级行政区域。参见国务院《关于印发全国主体功能区规划的通知》（国发〔2010〕46 号）。

的构建。

如果在短期内突破现行立法体制有很大阻力和困难，中国环境立法横向网络的构建，也可以通过完善环境立法机制即充分调动环境立法相关主体的积极性、在平等协商基础上大力推动环境立法协同来实现。以长江经济带为例，受现行立法体制限制，长江经济带各地不能开展联合立法，但可以依据《长江保护法》及其要求建立的长江流域协调机制，在上下级特别是中央和地方立法机关之间加强环境立法平等协商的基础上，重点推动同级立法机关构建环境立法横向网络，搭建信息共享、跨地跨部门会商、公众参与等协同机制，立足各地生态环境和资源禀赋差异、基于长江经济带生态系统的整体性和生态环境要素的复杂性加强立法协同，充分体现中央和各地环境立法的"最大公约数"，提升该经济带环境立法的认同度，推动该地经济带环境法治对促进生态文明建设的作用。

（二）矫正环境立法网络异化的权威关系

权威关系异化是中国环境立法网络的重要缺陷，一定程度上导致了权力机关和行政机关在环境立法网络中的错位，最终影响环境法律制度的认同和绩效。因而，优化环境立法网络，就要矫正异化的权威关系，突出人大及其常委会在立法中的主导地位，纠正权力机关与行政机关在环境立法网络中的错位。

正如前文所述，环境立法网络中的权威关系异化，主要体现为权力机关在立法时授权行政机关起草法律法规草案，行政机关却基于部门利益或争权诿责的需要起草法律法规并以行政机关的意见为主形成法律法规议案并得以通过，致使出现"国家权力的部门化、部门权力的利益化、部门利益的法制化"等问题，[1] 导致了环境立法网络中的权威关系异化，影响了环境法治的绩效。"目前，许多法律草案由政府有关部门起草，部门主导立法的问题普遍存在，要么导致各相关部门因利益冲突而相互扯皮、推诿塞责，使得该立的法迟迟立不起来；要么由于部门主导而致使部门利益法律化。"[2]

依照宪法和法律的规定，人大及其常委会在立法体制中处于核心地位，

---

〔1〕　参见张涛："进一步强化人大在立法中的主导作用"，载《学习时报》2019年10月9日，第A3版。

〔2〕　全国人大常委会法制工作委员会国家法室编著：《中华人民共和国立法法释义》，法律出版社2015年版，第160页。

具有绝对权威地位，理应成为环境立法网络中的权威，不能因环境立法的专业性强、涉及面广，需要授权政府起草立法而导致权威关系异化。党的十八届四中全会通过的《中共中央关于全面推进依法治国若干重大问题的决定》要求"健全有立法权的人大主导立法工作的体制机制，发挥人大及其常委会在立法工作中的主导作用"。党的十九大和十九届四中全会也都强调要发挥人大及其常委会在立法中的主导作用。但人大及其常委会应当如何主导立法，理论和实务上有争议。结合《立法法》的有关规定、全国人大常委会的有关文件和有关领导、工作机构负责人的讲话分析，人大及其常委会主导立法重点体现在对立法工作的组织协调上，[1]具体可从以下方面理解：

在主导的主体方面，党的十八届四中全会作出的决定要求发挥人大及其常委会在立法中的主导作用，包括"人大主导"和"人大常委会主导"两个层面，但该决定接着表述具体主导主体的语汇又包括全国人大的专门委员会、全国人大常委会法制工作委员会、全国人大常委会委员，甚至延伸到立法专家顾问。[2]李建国在2015年向全国人大会议所作的我国《立法法修正案（草案）的说明》中所说的主导主体，不仅包括全国人大、全国人大及其常委会、全国人大的专门委员会、常委会工作机构，还特别强调要发挥全国人大代表在立法中的作用。[3]修改后的《立法法》在相关表述中还增加了委员长会议这个主体。

在主导的环节方面，张德江委员长2015年9月在广东调研时强调人大及其常委会要"把握立项、起草、审议等关键环节""形成立法工作合力"，[4]即要在立法的关键环节发挥主导作用。《中华人民共和国立法法释义》一书指出："人大及其常委会的主导作用应当体现在法律法规的立项、起草、审议、修改、表决等各个环节。"[5]强调人大要在各个环节发挥主导作用，主导的是

---

〔1〕《立法法》第51条规定："全国人民代表大会及其常务委员会加强对立法工作的组织协调，发挥在立法工作中的主导作用。"

〔2〕 参见刘松山："人大主导立法的几个重要问题"，载《政治与法律》2018年第2期。

〔3〕 参见全国人大常委会法制工作委员会国家法室编著：《中华人民共和国立法法释义》，法律出版社2015年版，第56~57页。

〔4〕 陈菲："张德江在广东调研并出席全国地方立法研讨会时强调　发挥人大立法主导作用　加快形成完备的法律规范体系"，载《中国人大》2015年第18期。

〔5〕 全国人大常委会法制工作委员会国家法室编著：《中华人民共和国立法法释义》，法律出版社2015年版，第162页。

立法全过程。

但在强调人大及其常委会发挥立法主导作用的同时，不能理解为是人大包揽、不要政府发挥主动作用。"人大的主导作用、政府的重要作用、各方的协同作用，在这三个主要环节上都是不可或缺的，都需要应有的体现。就起草工作而言，对由政府有关部门负责起草的法规草案，人大有关专门委员会和常委会工作机构要积极主动介入，发挥督促、推动和支持作用，着力解决好立法中的重点问题、难点问题。对于某些重要的地方立法项目，可以由人大有关专门委员会和常委会工作机构组织起草，吸纳政府和有关方面参与。"〔1〕

（三）强化环境立法网络的弱关系

强关系突出而弱关系不足是中国环境立法网络的另一主要缺陷，影响了环境立法的民主协商或理性商谈，最终影响环境法律制度的认同和绩效。因而，优化环境立法网络，就要强化环境立法网络的弱关系，推动环境立法走向科学化民主化。

因在社会地位和拥有的相关资源方面具有同质性和亲密度，环境立法网络中的第一、二类成员即具有立法权的国家权力机关、行政机关和不具有立法权却牵头起草相关环境法律法规的国家机关内部及相互之间而结成的是强关系。强关系虽有利于内部达成共识而高效制定环境法律法规，但容易忽视强关系之外更具异质性的相关主体的利益。而环境法律规范的调整对象包括人与人之间以及以自然为中介的人与人之间甚至人与自然之间的关系，涉及的主体利益广泛，需要更具异质性的相关主体结成弱关系参与环境立法，并在环境立法中发挥不同组织、不同群体相互之间的联系和信息传递作用，推动环境立法的理性商谈和民主协商，但中国环境立法网络中的弱关系显然不足。

强化环境立法网络中的弱关系，重点是要大力推动环境立法的社会参与，发挥社会组织和社会力量在环境立法中的作用，而其中的重点是支持以环保NGO为代表的社会组织的发展及其在环境立法中的作用发挥。环保NGO作为非政府环保社会组织，作为一支重要社会力量，能够在环境立法网络之间并与相关立法主体之间结成弱关系，并更好推动环境立法的理性商谈和民主协

---

〔1〕　沈春耀："适应全面依法治国新形势　进一步加强和改进立法工作"，载《法治日报》2017年9月12日，第9版。

商。近些年来，中国政府越来越重视社会组织的发展及其在国家治理中的作用。2005 年国务院出台《关于落实科学发展观加强环境保护的决定》（国发〔2005〕39 号），2010 年原环境保护部发布《关于培育引导环保社会组织有序发展的指导意见》，都充分体现了中国政府对环保 NGO 发展的积极支持。但依据中国现有政策，环保 NGO 的成立实行的是许可主义而不是登记主义，即成立环保 NGO，需要法定主管部门批准，且现有注册登记条件较高，不少环保 NGO 虽然成立，却不能合法注册，面临合法性、资金筹集和人员配备等系列问题。[1]这需要修改《社会团体登记管理条例》等法规，放宽环保 NGO 等社会组织的登记审批条件，改经业务主管部门审查同意为直接向民政部门登记管理并为其筹集社会资金，提供税收等经济政策上的便利。

环保 NGO 作为致力于推动生态环境保护事业的公益性社会组织，是包括环境立法网络在内的现代环境法治网络中的重要成员，团结了关爱环保事业的各界人士，可以发挥社会组织在国家治理特别是生态环境治理中的作用，凝聚社会各界力量与相关立法主体结成弱关系，传递社会各界对环境立法的意志，为环境利益各方代表的对话、沟通与协商提供理性商谈的平台，在环境立法中可以发挥其专业优势并代表社会力量表达公众和社会的生态实践理性，[2]推进环境立法的科学化和民主化。

二、环境执法和司法网络的优化

环境法治的实现及其对经济社会发展促进作用的发挥，要有严格的环境执法和公正的环境司法。但正如前文分析，中国环境执法和司法网络中的封闭性不足、"结构洞"过多、权威关系不足与过度并存、纵横向网络与强弱关系结构不合理等方面的缺陷，影响了环境执法与司法的严格公正以及公信力，影响了环境法治的绩效。因而，从投入和积累社会资本视角优化环境执法和

---

〔1〕 参见曹明德："中国环保非政府组织存在和发展的政策法律分析"，载高鸿钧、王明远主编：《清华法治论衡——环境法治与文明转型》2013 年第 3 期，清华大学出版社 2013 年版，第 26~28 页。

〔2〕 生态实践理性是立足于康德古典理性哲学中实践理性哲学的"人是目的"的基本立场，从环境与资源开发、利用和保护的社会实践活动出发，主张和倡导通过社会对话、沟通与协商的社会建构的基本立场和价值取向，兼顾人作为主体的内在价值需要和外在生态客观规律，致力推动与促进以生态价值、生态伦理道德的社会共识为核心的"生态善"的社会实现。参见柯坚：《环境法的生态实践理性原理》，中国社会科学出版社 2012 年版，第 5~8 页。本书在此引用"生态实践理性"这一概念的目的是体现环保 NGO 在形成和实现生态实践理性中的作用。

司法网络，也应从强化环境执法和司法网络的封闭性、防止环境执法和司法网络的"结构洞"、加强横向网络和弱关系建设等方面着手。

（一）强化环境执法和司法网络的封闭性建设

网络的封闭性越强，越能更好促进网络成员紧密依赖，形成有利于网络运行的社会资本。环境执法和司法需要在封闭性网络中进行，才能更好地构建网络中的权威关系，防止权威关系不足而影响严格执法和公正司法，也才能更好地减少外部权威关系过度而影响严格执法和公正司法。

从环境执法和司法机构自身来看，网络封闭性不足的主要原因是环境执法权分属不同部门和环境资源审判归口不同业务庭室，因而其网络的优化重点应是环境执法体制和环境司法体制的改革创新。

环境执法方面，根据 2018 年的国务院机构改革方案已组建生态环境部，把国家发改委、国土资源部、水利部、农业部、国家海洋局、南水北调工程的相关生态环境保护职责整合进入生态环境部；2018 年 12 月，中共中央办公厅、国务院办公厅印发了《关于深化生态环境保护综合行政执法改革的指导意见》；2021 年 6 月月底，生态环境部印发了《关于加强生态环境保护综合行政执法队伍建设的实施意见》。接下来，重点要贯彻习近平生态文明思想和法治思想，按照两个意见精神，在整合执法职责、组建执法队伍、规范机构设置、优化职能配置、明确执法层级、加强队伍建设的基础上，[1]重点从以下方面推进环境执法体制改革创新：一是继续深入推进大部制改革，进一步整合相关生态环境保护职责，把环境执法权进一步集中，确保环境执法网络的封闭性以及适当的权威关系；二是规范环境执法管理，清理没有法律、法规、规章依据的执法事项，严格规范环境执法程序，确保环境执法环节的封闭性并不受任何权威关系的干扰；三是强化协调联动，加强生态环境领域的综合执法、联合执法、协作执法的组织指挥和统筹协调，[2]加大力度、加快步伐构建环境执法的区域联动和协同机制，健全行政执法与司法衔接机制，在更大范围加强环境执法网络的封闭性建设；四是创新执法方式，健全以

---

〔1〕　参见《中共中央办公厅、国务院办公厅印发〈关于深化生态环境保护综合行政执法改革的指导意见〉的通知》（中办发〔2018〕64 号），2018 年 12 月 4 日发布。

〔2〕　参见中共中央、国务院：《法治政府建设实施纲要（2021～2025 年）》第 13 项"深化行政执法体制改革"。

"双随机、一公开"[1]为监管基本手段、以重点监管为补充、以信用监管为基础的监管机制，推进"互联网+执法"，推进非现场执法，依托现代信息技术提升监控预警能力和科学办案水平，为加强环境执法网络的封闭性和减少权威关系的影响提供制度和技术支撑。

环境司法方面，全国法院系统近年来加快推进了环境司法专门化，加强了专门审判机构建设，基本形成专门化的环境资源审判组织体系，推进归口审理和集中管辖机制建设，为环境司法网络的封闭性建设奠定了基础。接下来，要重点从以下方面推进环境司法体制改革创新：一是进一步健全环境资源审判专门机构，探索建立环境法院，确保环境司法网络在组织体系上的封闭性越来越严；二是强化环境资源案件的集中管辖和集中审理，在环境资源刑事、民事、行政、执行案件"三合一"或"四合一"归口审理的基础上，积极构建以生态系统或者生态功能区为单位的跨行政区划集中管辖机制，并促进集中管辖法院和非集中管辖法院协同配合，确保环境司法网络在管辖审理上的封闭性越来越严；三是加强环境执法与司法的衔接和良性互动机制，推进人民法院与检察机关、公安机关、行政执法部门的协调联动机制，充分发挥行政调解、行政裁决、人民调解、磋商等非诉讼纠纷解决方式的作用及其与司法确认的衔接配合，深化环境司法与环境治理的协调联动和多元共治，以便在环境执法和司法网络中形成一个更加封闭的系统，从而积累社会资本并提高环境法治绩效。

（二）防止环境执法和司法网络的"结构洞"

环境执法与司法网络各成员之间，只有相互紧密联系、形成三角形状网络体系并在该网络体系中形成两两联结的闭合系统，才能有效控制网络内蕴涵的资源，保障环境执法和司法的公正。与前述网络的封闭性不足紧密相关的是，在环境执法和司法网络体系中存在两两之间不能联结的"结构洞"。存在"结构洞"的网络内部不能直接联结的成员，只能通过他们的共同联结点即处于控制地位的网络成员才能建立联系，而处于控制地位的网络成员很可能利用其控制与支配地位，与其他网络成员形成绝对权威关系，但这种权威

---

[1] "双随机、一公开"是国务院办公厅于2015年7月发布的《关于推广随机抽查规范事中事后监管的通知》中要求在全国全面推行的一种监管模式，在监管过程中随机抽取检查对象，随机选派执法检查人员，抽查情况及查处结果及时向社会公开。

关系在网络的封闭性不足时很可能被外界干扰而被破坏。因此，"结构洞"过多与网络封闭性不足结合在一起，就容易导致网络内部资源流失而影响环境执法与司法的公正。

环境执法与司法网络"结构洞"过多的主要原因是信息不对称，不能联络的网络成员在信息不对称的情境下，很容易被处于控制地位的网络成员控制和支配。因此，有效防止环境执法和司法网络的"结构洞"，减少权威关系被外界破坏而影响环境执法与司法的公正，除如前文所述要加强网络的封闭性之外，重点要加强环境信息公开，推进环境执法与司法的公众参与即环境民主。

环境信息公开是推进公众参与环境执法与司法的前提。近年来，中国制定或修改了《中华人民共和国政府信息公开条例》《中华人民共和国环境保护法（2014 年）》等法律规范，政策信念明显向着保障公众知情权及参与权等公民环境权利方面发展，[1]为减少环境执法与司法网络中不能联结的成员信息不对称和权威关系被外界破坏发挥了一定作用，但环境信息公开规范框架尚显粗糙，无论在公开主体、公开内容还是效果确保手段上都有进一步细化的空间。[2]接下来，重点要从以下方面推进环境信息公开以防止环境执法与司法网络的"结构洞"：一是进一步规范统一相关法律法规和政策，推动现有法律法规中关键条款落实与系统发力，为环境执法和司法网络成员获取环境信息提供法律政策保障；二是进一步明确并逐步扩大环境信息公开主体和范围，提升环境信息公开的数据质量，增强环境执法和司法网络成员获取环境信息的真实性和可靠性；三是进一步细化环境信息公开的方式、程序，拓宽公众参与渠道，为环境执法和司法网络成员获取环境信息提供共享共治新局面；四是进一步完善环境信息公开的责任机制，建立相关校核机制和配套奖惩机制，确保环境信息公开形成良性机制。

公众参与是环境法的基本原则之一，又称为环境民主原则，是指公众有权通过一定的程序或途径参与一切与公众环境权益相关的开发决策等活动，并有权得到相应的法律保护和救济，以防止决策的盲目性，使得该决策符合广大公众的切身利益和需要。[3]公众有效参与环境执法与司法，可以打破环

---

〔1〕　参见孙岩等："中国环境信息公开的政策变迁：路径与逻辑解释"，载《中国人口·资源与环境》2018 年第 2 期。

〔2〕　参见陈积敏、江林升："企业环境信息公开法治路径建构"，载《社会科学家》2020 年第 10 期。

〔3〕　参见汪劲：《环境法学》，北京大学出版社 2018 年版，第 61 页。

境信息壁垒，使环境信息和执法司法信息在网络内自由流动，使各类环境行为和执法司法行为均处于阳光之下，防止网络内"结构洞"对环境执法和司法的影响。中国一直重视环境执法与司法的公众参与，早期就在政策法规中作出了公众参与环境保护工作的规定，2014 年修订的《中华人民共和国环境保护法》第 5 条把公众参与确认为环境法的一项基本原则并设立"信息公开和公众参与"专章；原环保部 2014 年制定《关于推进环境保护公众参与的指导意见》后，2015 年又颁布《环境保护公众参与办法》，不断推进环境执法和司法的公众参与。但现有环境执法和司法的公众参与也存在不少问题。接下来，重点要从以下方面推进环境执法和司法的公众参与：一是进一步完善相关法律法规，把有关公众参与的原则性规定具体化和程序化，使其可操作，确保公众参与在环境执法和司法中从一种口号式的理念落地实施；二是进一步建立健全全过程公众参与机制，在加大环境信息公开的基础上，明确公众参与环境执法和司法在各个阶段中的权利义务，确定有关人员侵犯公众合法权益、违反程序时所应承担的法律责任；三是鼓励各类非政府环境组织和专家代表公众参与环境执法和司法，在现有环境公益诉讼的基础上，建立相关制度鼓励社会组织参与环境执法，建立健全鼓励有关专家参与环境资源案件审理以及纠纷调处的多元纠纷解决机制，形成环境资源保护合力。

（三）加强环境执法和司法的横向网络和弱关系建设

纵横向网络和强弱关系的结构不尽合理，主要体现为横向网络和弱关系不足，影响了环境执法和司法的绩效。因而，优化环境执法和司法网络，必然要求加强环境执法、司法的横向网络和弱关系建设。

在环境执法网络中，要克服纵向网络和强关系突出的问题，不论是加强横向网络还是弱关系建设，在深化环境执法体制机制改革的同时，要多引入市场、契约等私法手段，引进行政约谈等非强制手段，推动中国环境执法从"命令—控制"型走向市场型和自愿协议型，[1]强化环境执法中的横向网络和弱关系。中国传统的环境执法总体属于"命令—控制"型，一般是政府选

---

〔1〕 根据环境管理政策工具的特征和演变历程，三分法把环境政策类型分为第一代工具——传统的"命令控制型"；第二代工具——市场化工具或基于市场的政策工具；第三代工具——自愿环境管制。本文在此引用作为环境执法的发展阶段并把后两者作为改善环境执法纵向网络关系过多而优化环境执法网络关系的重要措施。参见肖建华：《生态环境政策工具的治道变革》，知识产权出版社2010 年版，第 17~33 页。

择法律或行政的方法制定环境质量标准，限制或者禁止污染，违反者将受到法律制裁，政府可选用法规与禁令，以避免或限制有害活动的措施。[1]"命令—控制"型的政府管制工具主要包括两类，即强制性法律法规和干预性行政命令，[2]因而在环境执法网络中形成的是纵向网络。而市场型和自愿协议型，前者是鼓励基于市场信号作出行为决策，而不是制定明确的污染控制水平或方法来规范人们的行为；[3]后者是基于自愿协议方式建立政府、企业、其他组织内部及相互之间的关系，促进企业或行业改进其环境管理行为，改善环境质量或提高资源的利用效率的方法或手段。[4]由此可见，市场型和自愿协议型更有利于环境执法建立横向网络，也有利于强化网络内部异质性成员之间的弱关系，可以提高对环境执法的认同度从而提高环境执法的绩效。

在环境司法网络中，要克服纵向网络和强关系突出的问题，不论是加强横向网络还是弱关系建设，在深化司法体制机制改革的同时，都要加强公众对环境司法的监督，推动中国环境司法走向治理型，[5]实现环境司法网络的扁平化，并搭建沟通不同群体的信息桥而强化弱关系。治理型环境司法是国家治理体系和治理能力现代化背景下在环境司法实践中产生并在理论上有所反应的一个新型司法模式，功能是在保证个案正义、维护公共利益之外，致力于在法律规则和政治话语的双重限定下获得社会治理的实际力量，塑造"司法治理"的新常态。[6]治理型环境司法宏观上要求建立司法、政治与民意的良性互动机制，中观上要求确立环境司法的开放性规则，微观上要求建立案例指导和司法解释机制，[7]必然会强化环境司法的横向网络和弱关系，并有利于环境司法取得更好的绩效。如在中观层面的具体进路中，强化司法

---

〔1〕　参见［美］丹尼尔·F. 史普博：《管制与市场》，余晖等译，上海三联书店、上海人民出版社 1999 年版，第 56 页。

〔2〕　参见肖建华：《生态环境政策工具的治道变革》，知识产权出版社 2010 年版，第 19 页。

〔3〕　参见［美］保罗·R. 伯特尼、罗伯特·N. 史蒂文斯主编：《环境保护的公共政策》，穆贤清、方志伟译，上海三联书店、上海人民出版社 2004 年版，第 42 页。

〔4〕　参见肖建华：《生态环境政策工具的治道变革》，知识产权出版社 2010 年版，第 27~28 页。

〔5〕　参见杜辉："论治理型环境司法——对'环境司法中国模式'的一个补充"，载《环境司法的理论与实践——第二届海峡两岸环境法研讨会论文集》，第 46~47 页。

〔6〕　参见杜辉："环境司法的公共治理面向——基于'环境司法中国模式'的建构"，载《法学评论》2015 年第 4 期。

〔7〕　参见杜辉："环境司法的公共治理面向——基于'环境司法中国模式'的建构"，载《法学评论》2015 年第 4 期。

通道的开放性，必然会降低原告资格要求，使得社会组织甚至公民个人为维护环境公共利益有权提起公益诉讼；推动裁判方法的开放性，必然会为法院更多考量公共政策、社会公共利益、法律的基本原则或其他价值规范等要素留有余地；推动个案司法过程的开放性，必然会通过具有影响力的个案打通利益相关者、公众、社会监督力量与国家意志和权力机构之间的沟通渠道，形成最大限度的关于利益救济、环境保护、社会治理的法律共识。[1]

三、环境法治监督网络的优化

环境法治的实现及其对经济社会发展促进作用的发挥，还要有严密的环境法治监督。但正如前文分析，中国环境法治监督纵向网络中的强关系突出、横向网络中的弱关系不足以及"结构洞"普遍存在等方面的缺陷，导致排斥圈外人、减弱监督效果甚至难以发挥监督作用，影响了环境法治的绩效。因而，从投入和积累社会资本视角优化环境法治监督网络，也应从弱化强关系、强化弱关系和减少"结构洞"等方面着手。

（一）强化环境法治公开和社会监督，弱化纵向网络中的强关系

环境法治监督的纵向网络主要是由国家机关基于对环境法治的监督而结成的网络关系，其中的强关系过于突出导致容易排斥圈外人，很容易在履行环境法治监督职责中相互偏袒包庇。要减少因国家机关之间结成强关系排斥圈外人情况的发生，主要办法可以从两个方面着手：一是推进环境法治监督信息的公开透明，使国家机关自身行为符合法治要求，使国家机关对法治的监督职责公布于公众之下，而使其无法相互包庇偏袒；二是为避免环境法治监督纵向网络中的强关系过多，通过增加横向网络而改变其网络结构。

环境法治监督纵向网络中的成员主要是国家机关，包括权力机关、行政机关、司法机关、监察机关，其对环境法治的监督形式有立法监督、行政监督、司法监督、监察监督。从立法监督方面分析，根据《中华人民共和国各级人民代表大会常务委员会监督法》的规定，权力机关的监督形式较多、监督内容广泛，主要有听取和审议政府、法院和检察院专项工作报告，审查批准决算、听取审议国民经济社会发展计划和预算的执行情况报告、听取和审

---

〔1〕 参见杜辉："环境司法的公共治理面向——基于'环境司法中国模式'的建构"，载《法学评论》2015 年第 4 期。

议审计工作报告，法律法规实施情况的检查，规范性文件的备案审查，询问和质询，特定问题调查等。具体到环境法治中，可以对环境立法、执法和司法进行全面监督，但权力机关的监督存在刚性不强、监督方式单一，有时还存在监督缺位等问题，[1]特别是对环境执法的监督还不够，对环境立法的监督透明度不够，需要今后进一步加强监督的刚性、方式和效果，强化对环境执法监督的信息公开。从行政监督方面分析，要减少行政机关对环境执法的相互包庇，要在完善"三单一网"（权力清单、责任清单、市场准入负面清单及政务服务网）、推动权力公开透明规范运行、推进政府职能转变的大前提下，重点加强环境执法体制机制改革，深入实施省以下生态环境监测监察执法垂直管理，整合部门权力推进环境综合执法。从司法监督方面分析，要防止环境法治监督中排斥圈外人，除了进一步推进司法公开，推动裁判文书上网外，重点要加强环境司法改革，大力推进环境公益诉讼改革，把社会组织提起环境公益诉讼的范围从民事公益诉讼扩大至行政公益诉讼，并扩大环境公益诉讼原告范围，甚至允许公民提起环境民事公益诉讼和环境行政公益诉讼。从监察监督方面分析，随着我国监察体制的改革，监察监督在环境法治中发挥了重要作用，但规范监察监督的相关法律法规还不够完善，需要建立健全相关制度，进一步规范监察权力行使的对象、范围和程序，保证监察监督的公开公平公正以及规范化和法治化。

要弱化环境法治监督纵向网络中的强关系，还可以通过增加环境法治的横向网络来实现。而增加横向网络，就是要强化环境法治的社会监督，即加强政党、社会组织、公众和新闻媒体等在环境法治监督中的作用。从政党监督来看，由于执政党在国家权力体系中占据领导地位并具有绝对权威，其结成的网络属于纵向网络，故增加环境法治的横向网络，重点是民主党派和相关统战团体通过政治协商等路径加强环境法治监督；从社会组织和公众监督来看，重点是推进环境法治的公众参与，包括社会组织和公众参与环境立法、执法和司法，前文已述加强环境立法的社会参与以及环境执法和司法的公众参与的主要路径，此处不再赘述；新闻媒体监督在环境法治监督中发挥了重要作用，如近年来中央生态环境保护督察充分发挥中央媒体监督作用，通过

---

[1] 参见章楚加："环境治理中的人大监督：规范构造、实践现状及完善方向"，载《环境保护》2020年第Z2期。

曝光生态环境问题督促地方政府加强整改，取得了很好的社会反响和环境法治监督效果，需要进一步发挥新闻媒体对环境法治各运行环节特别是环境执法的监督作用。

（二）搭建环境法治监督网络的信息桥，强化横向网络中的弱关系

中国环境法治监督的横向网络主要是由社会组织、公众和新闻媒体等非国家机关基于对环境法治的监督而结成的网络，其相互之间及与国家机关之间形成的是弱关系，当这种弱关系明显不足时就难以发挥监督作用。强化这种弱关系的办法，就是要在网络内增加更多的局部桥或信息桥，以更好地加强非国家机关之间及其与国家机关的紧密联系而强化弱关系，充分发挥弱关系中蕴含的社会资本从而提高环境法治监督效果。搭建环境法治监督网络的信息桥，主要可以从以下两方面着手：一是充分发挥人民代表大会代表联系选民的机制，架起社会组织、公众和新闻媒体等非国家机关与国家机关之间的信息桥；二是充分发挥环保 NGO 等社会组织和新闻媒体表达公众意志的作用，在非国家机关之间及其与国家机关之间架起更多的信息桥。

人大代表联系选民的机制是人民代表大会制度的重要内容。党的十九届四中全会提出："密切人大代表同人民群众的联系，健全代表联络机制，更好发挥人大代表作用。"〔1〕人大代表作为选民的代言人，可以把选民意愿和社情民意整理形成提案，提交人大审议通过后交由相关国家机关处理。人大代表联系选民的机制较好地在非国家机关与国家机关之间架起了联结，可以成为环境法治监督横向网络的信息桥，在环境法治的社会监督不能更好发挥作用时或者发挥作用效果不佳时，通过这个信息桥强化环境法治监督横向网络的弱关系，以便构建和积累积极社会资本，更好地发挥该网络相关成员对环境法治的监督作用。但人大代表联系选民机制在实践中实施得还不够好，需要探索人大代表联系选民的新方式、新渠道，不断完善代表联系选民的定期走访联络机制、建议办理沟通机制、能力素质提升机制、正向考评激励机制，构建多样化、常态化、有效化工作模式，督促人大代表更好地发挥作用。

环保 NGO 等社会组织和新闻媒体能够较好地代表和表达公众意志，不仅能够在环境立法、执法、司法和法治监督中加大横向网络建设，而且能够成

---

〔1〕 本书编写组编著：《党的十九届四中全会〈决定〉学习辅导百问》，党建读物出版社、学习出版社 2019 年版，第 8 页。

为环境法治监督横向网络中的信息桥，使得横向网络中的弱关系更加充足，从而积累社会资本促进环境法治监督作用的发挥。环保 NGO 等社会组织作为生态环境公共利益的代表，在获得法律授权提起环境民事公益诉讼资格后，较好地作为信息桥架起了公众与司法机关的联结，通过直接参与环境司法强化了环境法治监督横向网络中的弱关系。今后应进一步扩大环保 NGO 等社会组织的职能，赋予其提起环境行政公益诉讼和生态环境损害赔偿诉讼的资格，这样才能更好地作为信息桥架起公众与各类国家机关特别是行政机关的联结，并通过参与更广泛的环境司法和环境执法，强化环境法治监督横向网络中的弱关系。新闻媒体在中央生态环境保护督察中作用的发挥，表明新闻媒体也可以通过收集环保举报等社情民意后集中曝光各类生态环境问题，督促地方政府加强整改生态环境问题，架起公众与地方政府等国家机关之间的联结，强化横向网络中的弱关系。今后，新闻媒体应当更广泛地与各类环境法治的国家监督主体合作，广泛建立起公众与各类国家机关的信息桥，全面强化环境法治监督横向网络中的弱关系，积累社会资本促进环境法治绩效的提升。

（三）加强环境法治监督协同，减少环境法治监督网络的"结构洞"

环境法治监督网络各成员之间，只有形成两两紧密联结的闭合系统，才能有效控制网络内蕴涵的资源并在内部循环流动，发挥环境法治监督的作用。但环境法治监督中，由国家机关组成的第一类网络成员之间基于利益同盟而容易阻断监督信息，导致网络内部出现"结构洞"；由非国家机关组成的第二类网络成员之间及与第一类网络成员之间，也因相关监督需要通过他们的共同联结点即有权的国家机关启动才能产生法律效力，也存在大量"结构洞"。"结构洞"的大量存在，容易使信息难以在网络内传递而减弱监督作用。由此可见，环境法治监督网络大量"结构洞"存在的原因主要有三点：一是国家机关之间基于利益同盟而在同级甚至上下级之间相互包庇；二是国家机关基于利益而在同级甚至上下级之间或相互争夺或相互推脱；三是国家机关基于占据网络的共同联结点而谋求权力寻租。

要减少基于以上三点原因形成的"结构洞"，除了要推进环境信息公开和环境法治公开外，重点是要加强各类环境法治监督主体的协同。环境信息公开和环境法治公开，是在规范权力行使的基础上把权力置于阳光下运行，前文已作相关论述，此处不再赘述。以下重点就加强环境法治监督协同论述如下：

从第一类环境法治监督网络即有权国家机关形成的网络来看，要破除其利益同盟或利益争夺，就要加强不同主体的环境法治监督协同，减少网络内部监督信息的阻断，以便提高环境法治监督的效果。利益同盟最容易在系统内部或同一行政区域内部产生，要破除系统内部的利益同盟，就要打破系统界限，加强不同系统即权力机关、行政机关、司法机关、监察机关相互之间的协同监督，减少不同系统之间的"结构洞"；要破除同一行政区域内部的利益同盟，就要加强行政区域之间的环境法治监督协同，减少不同行政区域之间的"结构洞"。利益争夺表明系统内部或不同系统之间、行政区域内部或不同行政区域之间已然形成"结构洞"，只有加强相互之间的环境法治监督协同，才能更好地减少"结构洞"从而提高环境法治监督的效果。

从第二类环境法治监督网络即社会监督形成的网络来看，要防止有权国家机关占据网络的共同联结点而寻求权力寻租，也要加强社会监督主体之间及其与国家机关之间的协同监督，特别是要利用环保NGO和新闻媒体搭建相互交流的平台，培养公民参与网络和保护生态环境的公共精神，减少非国家机关之间的"结构洞"，减少环境法治监督网络内部的信息阻断，从而防止减弱环境法治监督的效果。

此外，环境立法网络、环境执法网络、环境司法网络和环境法治监督网络相互之间，也要通过网络成员加强互动和有效衔接，构建环境法治内部各基本环节的良性互动机制，达到通过优化网络提高环境法治社会资本的目的，进而提升中国环境法治的绩效，消解中国环境法治绩效的二元结构。

第二节　整合中国环境法治的规范

环境法律规范体系是环境法治体系的基础。但在中国环境法律规范体系之外，还存在环境文化规范、环境习俗规范、环境软法规范等属于本书研究的社会资本的规范。这些规范的内部及与环境法律规范之间存在的冲突，很大程度上影响了中国环境法治的绩效，并一定程度上导致了中国环境法治绩效的二元结构。因而，要提高中国环境法治绩效、消解中国环境法治绩效的二元结构，必然要整合好作为社会资本的这些规范，正确处理好作为社会资本的这些规范与环境法律规范的关系。

法治的道路或法治的驱动模式，一般概括为政府推进型、社会推进型、政府社会互动型三种。[1]虽然不少学者综合考虑各种因素，认为中国要走政府社会互动型法治模式，[2]但中国法治建设实践总体上属于政府推进型。环境法治建设作为中国法治建设的重要组成，目前也是政府推进型或者是政府主导推进型的法治模式。中国政府在推进环境法治建设中如何处理好环境法律规范与环境文化规范、环境习俗规范和环境软法规范等其他规范的关系，在理论上有两种模式：一是法律国家主义模式，也即法律一元主义或国家中心主义，强调法律是主权国家通过一定立法程序制定的或以主权国家名义确认的调整人们行为的规则，而将其他诸如习惯法、民间法等非国家制定的社会规范排除在法律之外；[3]二是法律多元主义模式，强调法律拥有多个中心或层次，是指"两种或多种法律制度在同一社会中共存的一种状况"，或"在每个社会都存在与群体多样性相适应的法律结构的多样性，它们是相互独立的、相互依赖的、相互渗透的或者三者都存在"。[4]由于法律国家主义模式在中国当前和今后很长一段时间的环境法治的规范整合中的不可取且不可能，也由于法律多元主义模式面临模糊国家制定法与其他规范的区别以及非国家法内部规范区别的危险和困境，环境法治的规范整合不宜简单地对上述两种模式进行选择。本书认为，借鉴中国软法理论提出的一元多样的软硬法混合治理的相关研究成果，[5]中国应当推动环境法律规范与环境文化规范、环境习俗规范和环境软法规范有机融合和混合共治，走向"一元多样"的环境法治规范整合模式。其中，"一元"体现为环境法治精神、核心价值理念以及国家制定法规定的环境法律基本制度，"多样"包括国家制定的环境法律规范以及环境文化规范、习俗规范、软法规范等非国家制定法。

一、环境文化规范的整合

环境文化规范作为环境法治规范的基本类型之一，是一定环境法治网络

---

〔1〕　政府推进型法治模式主要依靠政府对法治目标和实现步骤进行理性设计和战略规划；社会推进型法治模式反对通过政府理性设计而寻求社会力量驱动法治建设，主张关注基于社会自发秩序所产生的习惯法和惯例是法治的不可缺少部分；政府社会互动型法治模式主张政府和社会双轨驱动法治建设。参见汪太贤、艾明：《法治的理念与方略》，中国检察出版社 2001 年版，第 231~232 页。

〔2〕　参见汪太贤、艾明：《法治的理念与方略》，中国检察出版社 2001 年版，第 247~255 页。

〔3〕　参见王晶宇："国家中心主义及其法理学倾向"，载《法制与社会发展》2012 年第 4 期。

〔4〕　See Sally Engle Merry, "Legal Pluralism", *Law and Society Review*, Vol. 22, No. 5. , 1988, p. 870.

〔5〕　参见罗豪才、周强："软法研究的多维思考"，载《中国法学》2013 年第 5 期。

成员基于内在博弈均衡而自生自发的关涉环境的理念观念，对环境法治能否取得良好绩效具有重要影响。但中国环境文化规范种类较多，内部存在较多冲突，迫切需要加强自身的融合创新并把融合创新的成果整合进入环境法治的各个层面。

（一）整合环境文化规范的重要意义

环境文化规范包含范围较广，从狭义视角分析，环境文化规范主要包括环境伦理观、环境价值观和相关的文化理念，而环境伦理观特别是相应的环境价值观和相关的文化理念对环境法治建设和环境法治取得更好绩效具有重要的基础性和指导性意义。

从观念层面分析，环境法治观念来源于一定的环境文化规范特别是其中的环境伦理观和价值观，主流的环境伦理观和价值观往往推动形成主流的环境法治观念。在经济主义、人类中心主义、科学主义盛行之下，中国环境法治也围绕追逐人类物质利益，不惜通过法治的方式保障人类利用各种科学技术大力甚至无节制地开发生态环境资源；而在党的十八大把生态文明建设纳入中国特色社会主义事业"五位一体"总体布局之后，生态主义、非人类中心主义、人文主义对中国环境法治产生了重要影响，中国环境法治观念也正在习近平生态文明思想和法治思想指引下转型发展。但由于受各种环境文化规范的影响，中国环境法治观念在实践中面临各种冲突，也与环境文化规范的多元性特别是环境价值观中的人类中心主义与非人类中心主义、生态主义与经济主义、科学主义与人文主义、分配正义与环境正义、个人主义与团体主义等的相互对立有着紧密关联。

从制度层面分析，环境文化规范特别是其中的环境伦理观和价值观对环境法律制度的形成、发展和演变都具有重要意义。一定环境法律制度的产生和发展总是与相应的环境价值理念相伴相随、相生相长，如早期的环境法律在制度设计上强调开发利用，把开发利用摆在优先位置，而在习近平生态文明思想指导下，近年的环境法律制度都强调生态优先，甚至中国刚颁布的以保护个人利益为主流价值导向的《中华人民共和国民法典》也把保护生态环境作为基本原则并在相关制度中一以贯之；同时，一定的环境伦理和价值观得到社会广泛认同并具有法律意义后，最终也要由文化规范上升为法律规范而形成环境法律制度或者要修改相应的法律规范而形成新的环境法律制度。

从运行层面分析，环境立法、执法、司法、守法和法治监督等环境法治环节的具体运行，也都反映出一定的环境文化规范并形成相应的环境立法理念、执法理念、司法理念、守法理念和法治监督理念；而不同的环境价值观和文化理念也会体现或嵌入具体的环境立法、执法、司法和守法等环境法治运行和环境法治主体的行为之中。

由此可见，环境文化规范对环境法治的观念、制度和运行都具有重要意义，最终影响环境法治自身建设及对经济社会发展特别是对生态文明建设作用的发挥。

（二）环境文化规范自身的融合创新

由于环境文化规范内部存在较多冲突，环境文化规范的整合要从自身着手，把冲突的文化规范整合为统一的价值理念。环境文化规范的内容很多，对环境法治绩效具有重要影响的主要是科学主义与人文主义、人类中心主义与非人类中心主义、经济主义与生态主义等几组相互对立的理念层面的文化规范。正是这几组理念层面的环境文化规范相互之间的冲突，影响了中国环境法治的绩效，一定程度导致了中国环境法治绩效的二元结构，因而环境法治的规范整合首先要对这几对理念层面的环境文化规范进行整合。这几对理念层面的环境文化规范之间存在的冲突，是否不可调和，或者它们之间是否存在不可逾越的鸿沟？

从科学主义与人文主义的关系来看，蔡守秋教授把二者之间的冲突称为"斯诺命题"，认为二者的冲突不是固定不变的，历史上它们就一直是分分合合、若聚若离的关系；造成二者分裂的原因主要有科学共同体与人文共同体的分裂、两种文化的差异、人文教育与科学教育的隔绝以及特定历史时代和国家区域等诸多因素；两种文化融合的趋势已经在当代西方思潮中有较多体现，并已被当代西方的实践验证，因而可以通过倡导两种文化融合、加强相关学科自身的研究与发展、建立相关的体制机制，特别是可以建立跨学科发展的第三种文化促进二者的融合与创新。[1]

人类中心主义与非人类中心主义经过长期的争论后，二者也开始相互借鉴和融合。如人类中心主义针对非人类中心主义的批判，引入全人类和人类整体利益范畴，把以个人为中心改为以全人类为中心，不仅将道德关心延伸至后代人，而且还基于人类利益原则把道德关心延展至非人类的动物和其他

---

〔1〕 参见蔡守秋：《基于生态文明的法理学》，中国法制出版社2014年版，第527~571页。

生物，甚至是整个自然界，形成了人类中心的现代观或弱人类中心观；[1]而非人类中心主义也由以往一味强调生物中心、生态中心转向生态整体主义，把人与其他生物构成的生态系统作为一个整体来对待和考虑。[2]由此可见，人类中心主义与非人类中心在人类的生态利益和生态的整体利益上可以发现很多共通之处。

经济主义与生态主义的冲突也不是绝对的，二者之间也具有通约性和契合性。经济主义虽然以追求经济发展和经济利益作为主要目标，但如果经济发展在自然资源的开发利用中不顾生态环境的承载力，其结果必然是对生态环境的破坏并导致经济发展的不可持续甚至最终危及理性的"经济人"。因而，经济主义的当代发展必然是走向生态经济主义，走向科学发展和可持续的发展道路。[3]而生态主义也不是绝对地排斥经济发展，没有经济发展的生态主义也没有实际意义，生态价值观只是要求市场规律或经济规律服从生态规律，特别是市场规律与生态规律发生冲突时要服从生态规律，而不是只服从市场规律。[4]

综上所述，环境文化规范中几组相互对立的理念之间的通约与契合之处，为相互融合奠定了基础。但环境文化规范的融合仅仅是几组理念之间的融合吗？其融合中应以何为指导，融合后又该走向何处？本书认为，环境文化规范的融合应与当前正在进行的生态文明建设紧密结合，以生态文明的价值理念为指导建设生态文化，并经过一定创新后塑造生态人文精神，使之成为环境法治的精神和核心价值理念，成为环境法治规范整合模式中"一元"统帅在文化规范上的集中体现。

（三）环境文化规范与环境法治的整合

环境文化规范自身融合创新后，应当把融合创新的成果即生态文明价值理念和生态人文精神整合进入环境法治观念，成为环境法治的精神和核心价值理念，并融入环境法治的各项制度，推动环境法治的有效运行，取得更好

---

[1] 参见蔡守秋：《人与自然关系中的伦理与法》，湖南大学出版社2009年版，第69~71页。
[2] 参见蔡守秋：《人与自然关系中的伦理与法》，湖南大学出版社2009年版，第81~82页。
[3] 参见卢风："论环境法的思想根据"，载高鸿钧、王明远主编：《清华法治论衡——环境法：挑战与应对》，清华大学出版社2010年版，第69页。
[4] 参见王明远等："'环境法治的拷问与省思'研讨会纪要"，载高鸿钧、王明远主编：《清华法治论衡——环境法：挑战与应对》，清华大学出版社2010年版，第442页。

的环境法治绩效。

从环境法治观念层面来看，科学主义与人文主义、人类中心主义与非人类中心主义、经济主义与生态主义等几组相互对立的环境文化规范，在融合创新后应发展为在习近平生态文明思想指引下的生态文明价值理念和生态人文精神，并使之成为指导环境法治建设的核心价值观念和环境法治精神，指导引领和贯彻落实于环境法治的各方面建设。这种生态文明价值理念和生态人文精神要融合前述几对环境文化规范中的科学与人文、人类与生态、生态与经济中的核心价值和生态优先的理念，体现尊重自然、顺应自然、保护自然的生态文明观，推动自然与生态之间、人与自然之间的协变和谐[1]以及人与人之间的和谐共处。

从环境法律制度层面来看，应当把融合创新后的环境文化规范的核心规范即生态文明价值理念和生态人文精神，整合到国家环境法律制度中，使之成为各类环境法律制度的指导思想、价值取向、基本原则和评判标准，成为各类环境法律规范的内在精神、文化底蕴和精神支撑。各类环境法律制度也应以之为标准，检验制度设计的初衷是否符合生态文明价值理念和生态人文精神，检验相关组成规范是否符合生态文明价值理念和生态人文精神，对不符合的要及时修改或废止。

从环境法治运行层面来看，环境立法应树立生态文明价值理念，遵循生态人文精神，确保新制定的环境法律制度和环境法律规范符合生态文明价值理念和生态人文精神，防止与生态文明价值理念和生态人文精神相悖的文化规范进入新的环境法律制度，特别是要防止地方政府基于追求经济利益的目标主导地方立法或者在地方政府制定中有违生态文明价值理念和生态人文精神规章；环境执法应贯彻生态文明价值理念和生态人文精神，确保体现生态文明价值理念和生态人文精神的法律制度和法律规范在社会实践中贯彻落实，在法律制度和法律规范规定不明时应以生态文明价值理念和生态人文精神指导、解释执行，防止地方政府出现环境执法不严或选择性执法的怪象；环境

---

〔1〕　自然生态的生生和谐是自然内部的自我和谐状态，即自然界天地万物自然本体普遍的、本然的和谐状态；人与自然的协变和谐是人与自然之间的相互协调状态，即人类在尊重自然生态规律的前提下，在协调和优化人与自然关系的努力中，保证自然生态朝着更加完整、稳定、多样和复杂的方向不断演进，从而实现自然价值递增的同时，也能给人类自身的生存和发展造就更好的环境基础的状态。参见王继恒：《环境法的人文精神论纲》，中国社会科学出版社2014年版，第198~201页。

司法应当按照生态文明价值理念和生态人文精神的要求适用法律，围绕生态文明价值理念和生态人文精神的要求推动改革，完善环境公益诉讼和生态环境损害赔偿诉讼，加大对生态环境的司法保护力度；环境法治监督要深入贯彻生态文明价值理念和生态人文精神，防止相关监督主体受经济主义思想影响而疏于监督甚至充当"保护伞"。

二、环境习俗规范的整合

环境习俗规范也是环境法治规范的基本类型之一，是一定环境法治网络成员在长期历史实践中基于一定文化孕育和价值认同经内在博弈均衡和自生自发形成的关涉环境的行为标准、准则和规则，对环境法治能否取得良好绩效具有重要影响。但中国环境习俗规范具有较强的地域性，内部存在较多冲突特别是与环境法律规范存在较大冲突，迫切需要在加强其自身的现代价值梳理和选择后，获得国家制定法的认同而进入环境法律规范，推动环境习俗规范与环境法治的有效整合，进而不断实现提高环境法治绩效的目的。

（一）整合环境习俗规范的重要意义

环境法治除了需要生态文明价值理念和生态人文精神贯穿于法治的各个运行环节并树立对法律的信仰和尊法守法的精神外，更需要环境法律制度在实践运行中取得良好效果，以建立环境法治追求的秩序和正义。但国家制定法构建的环境法律规范一元构想总会与现实的多元规范不可避免地发生冲突，特别是我国环境法律制度更多来自西方的外生性规则，天然地存在本土性供给的文化断裂。这种断裂也说明了要在我国建立一个运行有效力并高效率的社会主义法治，依据、借助和利用本土的传统和惯例的重要性。[1]

环境习俗规范基于长期历史实践的内在博弈均衡而自生自发并嵌入一定社会网络的政治、经济、文化甚至是网络成员的行为之中，具有很强的本土性和地域性，往往得到一定区域或一定环境法治网络成员的高度认可和普遍遵守，既可以为国家制定的环境法律制度的文化断裂提供本土性供给的弥合，从而成为国家立法的重要渊源和参考；也可以在国家制定环境法律规范面临一元构想困境之时，提供具有本土性的环境习俗规范的支撑力量。

但如果国家制定的环境法律规范总是不顾能够得到较高认可的环境习俗

---

〔1〕 参见苏力：《法治及其本土资源》，中国政法大学出版社 2004 年版，第 14 页。

规范的存在，而另辟他径寻求外来的异质性行为规范或自行制定本土认同度不高的行为规范，则不可避免地会导致国家制定的环境法律规范与环境习俗规范之间的激烈冲突。从环境法治的具体运行来看，国家制定的环境法律规范与环境习俗规范的激烈冲突，必然会导致环境法治网络内部成员对国家制定的法律规范的不适应甚至是排斥，即使国家制定的环境法律规范能够得到公力的强势推行而环境习俗规范只能微弱运行，但最终会在本土的排斥下而影响环境法治的绩效并一定程度导致环境法治绩效呈现二元结构。同时，由于我国地域广阔、民族众多、各地差异较大，环境习俗规范因地因群而异，内部不可避免地存在众多冲突，也很容易成为抵制国家法在当地实施的借口而影响环境法治的运行和环境法治的绩效。因而，有必要从环境习俗规范角度整合中国环境法治，使环境习俗规范能够进行现代价值梳理，把具有现代价值的环境习俗规范整合进入环境法律规范，使之能够在环境法治中有效运行本土规范，助力环境法治不断提高绩效，推动经济社会发展特别是生态文明建设。

（二）环境习俗规范的现代价值梳理和选择

"法律产生于习俗，是习俗的实际规律性创造了法律，习俗是产生惯例和法的源泉。"[1]虽然环境习俗规范内部及其与环境法律制度之间存在一定的冲突并给环境法治的运行带来不良影响，但其所具有的现代价值和对环境法律制度甚至是整个环境法治的补充与弥合作用也是不言而喻的。"只有那些植根于社会之中，特别是能够深深植根于历史深处和大多数人内心深处的法律，才是社会学意义上的'活法'。"[2]但环境习俗规范数量众多、差异巨大，且在内容上良莠不齐，要在环境法治中实现环境习俗规范的现代价值，就要在整合环境法治规范中对其内容进行梳理，区分"善恶"并作出选择。一味盲目地认为环境习惯法都会促进现代可持续发展的观点是幼稚的……应当认识到对任何一项环境习惯法进行合理性评估后才有意义。[3]

〔1〕[德]马克思·韦伯：《经济与社会》（上卷），林荣远译，商务印书馆1997年版，第368页。

〔2〕尹伊君：《社会变迁的法律解释》，商务印书馆2003年版，第114页。

〔3〕See Fred Bosselman, "The Choice of Customary Law", in Peter Orebech et al., *The Role of Customary Law in Sustainable Development*, Cambridge University Press, Vol. 1, 2005, p. 435.

那么，面对如此众多的环境习俗规范，该按照何标准进行合理性或合法性[1]评估的梳理和选择，可谓众说纷纭。本书认为，在前文界定的"一元多样"的环境法治规范整合模式下，一是要以"一元"即符合生态文明建设要求的环境法治精神、核心价值理念和基本制度，指导环境习俗规范的合理性或合法性评估，凡是违背生态文明建设背景下的环境法治精神、核心价值理念和基本制度的环境习俗规范，就因其不具现代价值而排除在外。二是要在"多样"原则的指导下梳理和选择环境习俗规范的现代价值。对此，可以参考马克思·韦伯提出的以"经验性动机和信念"为基础的经验性合法性和哈贝马斯提出的在"商谈理性"基础之上的"重建性"合法性来对环境习俗进行评估。经验性合法性是指"相信结构、程序、行为、决定、政策的正确性和适宜性，相信官员或国家的政治领导人具有在道德上良好的品质，并且应该借此而得到承认"[2]，强调主体对规范的内心认同和自觉遵守，是一种信仰的合法。[3]具体来说，当一定环境法治网络成员能够普遍对环境习俗规范的正当性基于内心的认同和信仰而自觉遵守，就符合经验性合法性评估的要求而可以认定其可能具有现代价值并进行选择。"重建性"合法性强调规范的正当性是主体通过外在民主商谈而达成的理性共识，是一种合法性的外在方面，具体来说，当环境习俗规范是在哈贝马斯视野中作为合法意志集束之平台的公共领域，以及作为合法性来源与基础的商谈民主有系统的理解和认识的基础上，通过自由、平等、开放、包容、审慎的公共商谈程序，达致理性的共识[4]，那么就可以认定其符合"重建性"合法性评估要求而可能具有现代价值并进行选择。

综上所述，环境习俗规范的现代价值梳理与选择，应按照"一元多样"的环境法治整合模式的要求，以符合生态文明建设的环境法治精神、核心价值理念和基本制度为指导，在经验性合法性和"重建性"合法性的标准下进

---

〔1〕 合法性一词具有两种含义：一是指个体行为合乎法律规定；二是指某种公共权力或政治秩序的正当性、权威性和实际有效性。本文在此更多指后者的含义因而与合理性的含义基本相通。参见严存生："法的合法性问题研究"，载《法律科学（西北政法学院学报）》2002年第3期。

〔2〕 [德]哈贝马斯：《交往与社会进化》，张博树译，重庆出版社1989年版，第206页。

〔3〕 参见[德]马克思·韦伯：《经济与社会》（上卷），林荣远译，商务印书馆1997年版，第239页。

〔4〕 参见张娟："公共领域、商谈民主与政治合法性——哈贝马斯'重建性'合法性对传统合法性理论的重建"，载《湖北行政学院学报》2011年第4期。

行。此外，如果环境习俗规范从形式上符合国家制定的环境法律规范或认可的公共政策和自治规范等环境软法规范的要求，也可以认为其具有现代价值并进行整合和转换。[1]

（三）环境习俗规范与环境法治的整合

环境习俗规范进行现代价值梳理后，应当把符合环境法治精神、核心价值理念和基本制度要求的标准、准则、规则整合进入环境法治观念、环境法律制度和具体的环境法治运行，以便推动环境法治取得更好的绩效。由于环境习俗蕴含的法治观念往往是以环境文化规范的形式呈现，环境习俗规范进入环境法治运行也要以得到国家认可而以环境法律规范形式呈现为前提，故环境习俗规范与环境法治的整合重点是环境法律制度层面的整合，而这种整合可以通过"自上而下"和"自下而上"的方式进行。

"自上而下"是指以国家环境制定法为主导，依靠国家立法主动将具有现代价值的环境习俗规范上升为国家环境法律规范。"法律制定者如果对那些促进非正式合作的社会条件缺乏眼力，他们就可能造就一个法律更多但秩序更少的世界。"[2]毋庸置疑，浩瀚的环境习俗规范大多是一定环境法治网络成员基于内在博弈均衡或自生自发而受到网络成员的高度认同和自觉遵守，国家在制定环境法律规范的过程中就应在梳理和选择环境习俗规范现代价值的基础上，把一些民众认可度高但不违背环境法治精神、核心价值理念和基本制度的环境习俗规范上升为国家环境法律制度。通过这种"自上而下"的方式，可以使国家环境法律制度因摄取了环境习俗规范的本土基因而更容易得到认同并可树立法律权威，推动相关环境法律规范的实施取得更好的法治绩效。

"自下而上"是指以环境习俗规范为主导，通过环境习俗规范的主动修正或调适，使其相关规范适应国家环境法律规范、环境法治精神或基本环境法律制度，或者通过环境习俗规范嵌入的网络成员积极参与和争取，迫使国家立法机关被动接受、认可相关环境习俗规范具有法律效力，如在相关立法中

---

〔1〕　本书从经验性合法性、"重建性"合法性和形式合法性来梳理与选择环境习俗规范的现代价值，借鉴了武汉大学郭武博士关于环境习惯法现代价值实现的条件、路径中有关环境习惯法内容的梳理与选择的部分思路，参见郭武："论环境习惯法的现代价值"，武汉大学2012年博士学位论文。

〔2〕　〔美〕罗伯特·C·埃里克森：《无需法律的秩序——邻人如何解决纠纷》，苏力译，中国政法大学出版社2003年版，第354页。

明确环境习俗规范适用的原则、条件及对法律的解释功能。[1]"社会中的习惯、道德、惯例、风俗等社会规范从来都是一个社会的秩序和制度的一个部分,因此也是其法治的构成部分,并且是不可缺少的部分。没有这些非正式制度的支撑和配合,国家正式的制度也就缺乏坚实的基础。"[2]由此可见,通过环境习俗规范"自下而上"的整合,也可以提高环境法律制度的认同和权威,为更好地提高环境法治绩效、推动地方经济社会发展特别是生态文明建设发挥更大作用。

三、环境软法规范的整合

环境软法规范与环境法律规范都属于正式规范的范畴,是最接近环境法律规范的一种环境法治规范的基本类型,在环境法治实践中发挥了重要作用,对取得良好环境法治绩效具有重要影响。但中国环境软法规范制定主体较多,内部存在较多冲突特别是与环境法律规范难免存在较大冲突,需要在对其规范化、系统化后,推动环境软法规范与环境法治的有效整合,为提高环境法治绩效提供有力支撑。

(一) 整合环境软法规范的重要意义

由于我国的环境法律规范主要是外生性规则,本土资源特别是本土官方机构和正式组织的支撑力度不够,以致在实践中因得不到本土资源的支持而致实施效果不佳,影响了环境法治对经济社会发展特别是对生态文明建设的作用发挥。而环境软法规范,不管是国家有关机构签订或制定的环境合同、环境保护政策、环境保护行业标准、环境行政指导规范,还是民间组织制定的环境自治规则、环境保护自律规范,对环境法律制度的辅助、补充和完善功能是不言而喻的,对环境法治绩效的提高具有重要影响。

从理论上分析,环境软法规范是由本土官方机构或正式组织制定的,而本土正式组织特别是官方机构往往是环境法律规范的起草者或立法调研的信息提供者,既可以总结之前制定环境软法规范的经验教训,为环境法律规范的制定提供具有重要价值的参考;也可以紧密结合之前环境软法规范实施的

---

〔1〕 参见袁翔珠:《石缝中的生态法文明:中国西南亚热带岩溶地区少数民族生态保护习惯研究》,中国法制出版社 2010 年版,第 559~560 页。

〔2〕 苏力:《道路通向城市:转型中国的法治》,法律出版社 2004 年版,第 26 页。

实际或者站在生态环境实践一线的优势，在环境法律规范制定后的具体实施中通过官方机构的环境保护政策和行政指导规范等来细化具体操作、弥补可能存在的不足。特别是环保民间组织等民间机构的自治规范和自律规范，不仅可以提供制度上的支撑，还可以提供文化与理念上的通约。

从实践上看，作为公共治理重要组成部分的中国环境治理，环境软法规范在其中发挥的作用和取得的实效已远远超过了国家法律规范。如《中华人民共和国大气污染防治法》和《中华人民共和国水污染防治法》等国家法律出台多年并多次修改，但其在环境治理中的作用显然不如国务院 2013 年出台的《大气污染防治行动计划》、2015 年出台的《水污染防治行动计划》以及中共中央、国务院 2015 年出台的《关于加快推进生态文明建设的意见》等环境软法规范。

但中国现有的环境软法规范较为复杂，在中央国家机关出台相关环境保护政策加强环境保护和推进生态文明建设的同时，地方国家机关也出台或默认很多地方"土政策"来阻挠或规避国家环境法律规范甚至是中央环保政策的实施，而民间环保组织和其他社会组织基于各自既得利益或利益集团的考虑，制定的相关环境保护自治规范和自律规范也与国家法律规范和其他环境软法规范存在不同程度的冲突，影响了我国环境法治甚至是环境治理的绩效。因此，从环境软法规范视角整合中国环境法治，要使环境软法规范能够进行规范化和系统化，并把规范化和系统化后的环境软法规范整合进入环境法律规范，使之能够在环境法治中有效运行本土规范，助力环境法治更好地推动经济社会发展特别是生态文明建设。

（二）环境软法规范的规范化与系统化

从近些年来中国的环境治理实践来看，国家除了加大环境立法力度，出台大量的环境法律法规外，还颁布了大量贯彻落实国家环境法律法规的生态环境政策，已初步形成了结构合理、门类齐全、内容丰富的环境政策体系且效力作用日益增强。[1]一定程度上可以说，中国以环境政策为主要形式的环境软法规范在生态环境治理中发挥了甚至超过环境法律规范的更重要的作用，中国生态环境治理领域呈现了软法之治的现象。但中国环境软法规范内部的冲突矛盾及其对环境法治绩效的影响，需要在环境法治规范的整合中引起重

---

〔1〕　参见蔡守秋主编：《环境政策学》，科学出版社 2009 年版，第 128 页。

视。而目前环境软法规范特别是官方的环境保护政策和行政指导规范中存在的主要问题是政出多门、政出多层、政令不清，地方"土政策"与中央政策双轨甚至多轨运行，迫切需要通过规范化和系统化的方式，使其在环境法治的规范整合中得到有效解决。

规范化强调从技术上使环境软法规范逐步科学化和合理化，要求正确界定环境软法规范的制定主体及其权限，明确环境软法规范的制定程序特别是公众参与制定的程序，完善环境软法规范的监督机制。[1]具体来说，就是要明确官方机构、社会组织或自治机构等不同类型、不同层次的制定主体及其制定环境软法规范的范围和权限，并规范不同主体制定环境软法规范的程序，建立健全监督环境软法规范的制定、实施和救济的相应机制，特别是要对各级行政机关制定环境保护政策、环境行政指导规范、环境保护标准等软法规范提出明确具体的规范化要求。此外，本书认为，规范化还要求明确不同环境软法规范的制定标准、规格和表现形式，明确承载不同环境软法规范的文件名称、内容甚至是篇章条目结构和语言文字等具体的规范化要求，以使环境软法规范形成一个内在逻辑自洽、结构合理完善的统一整体。如党内法规作为一种最重要的软法规范，近年来加强了规范化建设，中共中央专门发布的《中国共产党党内法规制定条例》，明确了党内法规的名称、制定主体、制定程序、调整事项和效力层次等内容，在推进规范化建设方面做了很好的示范。

系统化强调从实质上推动环境软法规范的科学化和合理化，是按照一定的标准和方式对已经制定的环境软法规范进行汇编、清理和精细化加工，以尽可能地减少环境软法规范内部及其与环境法律规范之间存在的冲突矛盾，致力于形成一个更加和谐统一、逻辑严密的体系化、系统化的整体。具体来说，就是要按照一定标准和程序对现行不同种类的环境软法规范进行分类和汇编成册，按照一定的职权和程序进行清理，以确定环境软法规范的废、改、立，并在此基础上进行审查、修改、补充以及编纂相应的规范性文件，以使不同环境软法规范之间及其与环境法律规范之间能够更加内在协调和减少冲突。如党内法规近年来特别注重系统化，经过加大理论研究指导、顶层设计体系构建、体制机制保障以及及时地立、改、废和汇编清理，已将全党现行

---

〔1〕 该观点参照了姜明安："软法的兴起与软法之治"，载《中国法学》2006年第2期。

有效的3615部党内法规系统化成由党章、党组织法规、党的领导法规、党的自身建设法规、党的监督保障法规构成的党内法规体系。[1]

（三）环境软法规范与环境法治的整合

由于环境软法规范对环境法治绩效的提升具有重要意义，在其规范化和系统化前后及整个过程中，要加强环境软法规范与环境法治观念、环境法律制度和环境法治运行的整合，使得环境软法规范能够体现生态文明价值理念和环境法治精神，反映环境基本法律制度的要求，推动环境法治有效运行，从而为环境法治绩效的提升发挥更好的作用。

从环境法治观念层面来看，环境软法规范应主动在习近平生态文明思想指导下，以环境法治精神和生态文明核心价值理念为指引，对环境软法规范进行规范化和系统化，使生态文明价值理念和生态人文精神成为环境软法规范的精神支撑。对于不符合环境法治精神和生态文明核心价值理念的环境软法规范要坚决修改甚至废止，对于符合环境法治精神和生态文明核心价值理念的环境软法规范，要在规范化、系统化的基础上融入环境法治并成为环境法治观念的重要组成。

从环境法律制度层面来看，环境软法规范与环境法律规范的整合，也可以通过"自上而下"和"自下而上"的两种路径实现。"自上而下"以国家环境制定法为主导，立法机关主动将经过规范化和系统化后且具有成功经验的环境软法规范上升为国家环境制定法。通过这种"自上而下"的方式，可以使国家环境法律制度因摄取了环境软法规范的实用因素而更容易得到认同并可树立法律权威。"自下而上"以环境软法规范为主导，通过环境软法规范的主动修正或调适，使其相关规范适应环境法治精神、核心价值理念或基本环境法律制度，或者通过环境软法规范的制定主体的积极参与和争取，迫使国家立法机关被动接受，将相关环境软法规范上升为环境法律规范，如在相关立法中明确参照适用环境软法规范的原则、条件及对法律的贯彻落实。通过环境软法规范与环境法律规范"自下而上"的整合，也可以提高环境法律制度的认同和权威。

从环境法治运行层面来看，环境立法应将符合生态文明价值理念和生态

---

[1] 参见中共中央办公厅法规局：《中国共产党党内法规体系（2021年7月）》，人民出版社2021年版。

人文精神的环境软法规范吸收进入新的环境法律制度。环境执法应在贯彻环境法律规范过程中，以环境法治精神、生态文明价值理念为指导，注重运用规范化、系统化的环境软法规范特别是官方机构制定的环境政策规范细化操作，在法律规范规定不明时参照指导解释，使体现生态文明价值理念和生态人文精神的法律规范在环境治理实践中落实。环境司法也可以在相关环境法律出台时机尚不成熟或者尚不明确时，通过官方机构特别是党中央和国务院联合出台相关环境政策试点创新环境司法，如环境公益诉讼是先在相关地方政策支持下试点推进，后在《中华人民共和国民事诉讼法》和《中华人民共和国环境保护法》等相关法律规范中确立并全面实施；生态环境损害赔偿制度是由中共中央办公厅、国务院办公厅颁布《生态环境损害赔偿制度改革方案》组织实施后在《中华人民共和国民法典》中得到原则确认，目前仍需在实践中进一步探索后才能在相关生态环境实体法和诉讼法中确立。环境法治监督也离不开相关环境软法特别是党内法规、中央和地方政策的支持和保障，如中央生态环境保护督察取得明显效果，得益于由中央办公厅和国务院办公厅联合发布的具有党内法规和国家政策双重性质的《中央生态环境保护督察工作规定》。

总之，通过推动环境法治与环境文化规范、环境习俗规范和环境软法规范的整合，可以实现环境法律规范与环境法治的相关规范双向互动和相辅相成，消解环境法治建设中的规范冲突因素，提高环境法治绩效，破解环境法治绩效的二元结构问题。

第三节　建构中国环境法治的信任

人无信不立，法无信不威。信任作为社会资本的核心构成，是公共生活的润滑剂和社会治理的重要因素，也是环境法治发挥绩效特别是促进生态文明建设的润滑剂。"法律只在受到信任，并且因而并不要求强制力制裁的时候，才是有效的。"[1]

中国环境法治发展状况与环境法治的信任紧密相关，中国环境法治的绩

---

〔1〕［美］伯尔曼：《法律与宗教》，梁治平译，生活·读书·新知三联书店 1991 年版，第 43页。

效的二元结构问题，可以从信任不足的视角作出解释，中国环境法治绩效的提升和二元结构的消解，也应当从信任视角构建和积累社会资本。波兰社会学家彼得·什托姆普卡认为，信任的构成要素主要包括规制、效率、可靠性、代表性、公平性、责任性、善心德行等方面，[1]表明信任建设的路径可以从价值观念、制度、过程环境、基础等方面进行，具体到环境法治中主要体现为环境法治的观念、制度和运行。基于前文从人际信任不足、社会信任不足、政治信任不足三个方面分析了环境法治绩效二元结构的原因，本章因此从环境法治观念、环境法律制度以及环境立法、执法和司法等环境法治运行环节的视角，研究人际信任、社会信任和政治信任建构的基本路径。

一、环境法治的人际信任建构

基于前文对中国环境法治信任不足的分析，环境法治的人际信任不足，主要体现为环境法治观念中的人际信任不足、环境法律制度中的人际信任不足和环境法治运行中的人际信任不足，故环境法治的人际信任建构也应当从环境法治观念的人际信任建构、环境法律制度的人际信任建构、环境法治运行的人际信任建构着手。

（一）环境法治观念中的人际信任建构

人际信任作为一种心理学上的现象，对环境法治观念的形成具有重要意义。正是基于一定网络成员心理需求与预期得到普遍满足才产生一种普遍的观念，环境法治观念的形成，因而是一定环境法治网络成员对环境法治产生共同的心理需求和预期并得到普遍满足的结果；如果一定环境法治网络成员对环境法治产生不同的心理需求和预期，或者虽产生共同的心理需求与预期，但得到不同的满足，就会产生不同甚至相互冲突的环境法治观念。

中国环境法治观念中的人际信任不足，主要体现在科学主义与人文主义、人类中心与非人类中心主义、经济主义与生态主义等价值观念的内在矛盾和冲突中，这种冲突在人际信任中可归因于不同群体的认知差异、心理需求与预期差异，或者心理需求与预期满足程度不同的差异。因而，环境法治观念的人际信任建构，不应以主体的理性计算为基础，而要走向文化价值的认同，

---

[1] 参见［波兰］彼得·什托姆普卡：《信任：一种社会学理论》，程胜利译，中华书局2005年版，第186～200页。

通过一种更为普适的价值观念来统一不同群体的心理认知、心理需求和心理预期。

在经济主义、科学主义和人类中心主义文化统治下，作为理性"经济人"的个体信任与否，往往是基于理性计算利益得失的结果。具体到环境法治的信任中，个体对环境法治观念的信任，也要经过计算后认为符合其利益才会选择信任，否则选择不信任。而国家对生态环境的管理，通常会影响经济利益的获得，个体公民或企业组织中的决策往往经过理性计算后会选择对环境法治的背信。而在生态主义、人文主义、非人类中心主义的信念中，信任"是在一个社团之中，成员对彼此常态、诚实、合作行为的期待，基础是社团成员共同拥有的规范……这里所指的规范可能是深层的'价值观'……它通常是经由宗教、传统、历史习惯等文化机制所建立起来的"〔1〕。据此，具体到我国的环境法治实践，要在体现生态文明核心价值理念的环境法治观念中构建人际信任，不是个体的理性选择而更多是个体在一定文化影响下对环境法治文化及环境法治价值的认同。

这种环境法治文化和价值观念应能够较好地平衡科学与人文、人类与自然、经济与生态等方面的矛盾关系，重点应落在不同群体对待人、自然及其相互关系的态度上，更好地满足不同群体对生态环境的心理需求和预期。具体可以表述为"以人为本、以自然为根、以人与人和谐以及人与自然和谐为魂"〔2〕。"以人为本"中的"人"是生态人，不仅强调人的经济利益，也强调人的生态利益，还强调未来人的利益；"以自然为根"中的"自然"不仅需要科学技术的开发、利用和保护，也需要对自然给予人文的关怀。如此，才能真正实现人与人的和谐以及人与自然的和谐，克服环境法治观念中的各种冲突，推动环境法治观念中的人际信任建构和环境法治绩效的提高。

（二）环境法律制度中的人际信任建构

人际信任对环境法律制度的形成也具有重要作用。环境法律制度的形成，

---

〔1〕 ［美］弗兰西斯·福山：《信任——社会道德与繁荣的创造》，李宛蓉译，远方出版社 1998 年版，第 35 页。

〔2〕 这一表述是蔡守秋教授和敖安强博士在论述生态文明对法治建设的改革性、渐进性影响时提出的法治建设指导思想，笔者认为其能较好地统一不同群体对待人、自然及其相互关系的态度并在此使其作为环境法治的观念信任的价值基石。参见蔡守秋、敖安强："生态文明建设对法治建设的影响"，载《吉林大学社会科学学报》2011 年第 6 期。

是一定环境法治网络成员对一定环境法律制度产生共同的心理需求和预期并得到立法确认的结果，这种立法确认的结果因满足了网络成员的心理需求和预期而能得到较好认同和遵守；如果一定环境法治网络成员对环境法律制度产生不同的心理需求和预期，或者虽产生共同的心理需求与预期，但得不到立法的确认，就会难以形成环境法律制度，一定网络成员会转而寻求环境习俗规范或环境软法规范等其他制度的支持。

中国环境法律制度中的人际信任不足，主要表明中国环境法律制度对个体公民和组织中的决策者的心理需求和预期满足不够，难以得到较高的认同，甚至导致一些企业寻求各种网络资源的支持公然违反环境法律制度。要在环境法律制度建设中构建人际信任，就要求国家制定的环境法律制度除要吸收环境习俗规范和环境软法规范的本土基因和实用因素外，还要加强制度的合理性和科学性。中国已构建了一套比较完善的环境法律制度体系，但仍存在不少问题。究其原因，除了与国家的制度执行体系有关外，与环境法律制度本身的设计是否科学合理也紧密相关。要建设科学合理的环境法律制度，重点应抓住制度设计的"五个维度"即理性维度、标准维度、约束维度、时空维度、情感维度。[1]具体到环境法律制度的设计之中，理性维度要求环境法律规范的出台要紧密结合现实的需要，要以相关自然科学特别是生态环境科学的相关数据为基础，要有相关的上位法律为依据；标准维度要求环境法律制度的设计要注重操作性，具体的规范措施要量化，不能脱离实际和模糊不清；约束维度要求环境法律制度的法律责任要明确，责任主体要清晰，避免责任主体虚化和责任追究不能；时空维度则对环境法律制度出台的时间、地点、背景和环境等要求明确具体；而情感维度是对环境法律制度的人性要求，要尊重前文所述的生态人文精神。唯此，才能更好地提高中国环境法律制度的人际信任。

（三）环境法治运行中的人际信任建构

信任作为社会关系和社会秩序的有效润滑剂以及组织管理运行机制和政

---

〔1〕 理性维度是指制度的出台是否有现实性、科学依据以及与相关制度是否在内容或精神上相符；标准维度是指制度的标准要符合实际，尽可能量化；约束维度是指制度的约束对象必须明确；时空维度是指制度的时间、地点、背景和环境等要明确；情感维度是指制度建设要遵循"人本精神"，体现制度对人的情感、公平关怀。参见陈满雄："提高制度执行力"，载《中国行政管理》2007年第11期。

治运行的重要动力，可以更好地推动环境立法、执法、司法和守法等环境法治运行环节的有效实施。人际信任作为信任的基本类型，可以从个体公民和组织中的决策者的心理需求和预期的满足方面推动环境立法、执法、司法和守法以取得更好的绩效。个体公民和组织中的决策者对环境立法的心理需求和预期得到满足，环境立法就能得到更广泛的认同和更高的权威；个体公民和组织中的决策者对环境执法的心理需求和预期得到满足，环境法律制度就能更好地转化为环境治理实践中的行为准则和具体的环境治理秩序；个体公民和组织中的决策者对环境司法的心理需求和预期得到满足，就能推动环境法律纠纷得到更好解决并实现环境正义；个体公民和组织中的决策者对环境守法的心理需求和预期得到满足，就会使其更好地遵守国家环境法律制度从而推动环境法治运行进入良性循环。

中国环境法治运行中的人际信任不足，主要体现为环境立法、执法、司法和守法不能较好地满足人们对环境法治的心理需求和预期，故环境法治运行中的人际信任建构，应围绕满足个体公民和组织中的决策者对环境立法、执法、司法和守法的心理需求和预期来推进。

环境立法是立法机关根据法定职责和权限并按照一定程序制定环境法律法规的专门活动。我国的环境立法从中央到地方有多个层级，每个层级又有多个立法主体，他们在制定环境法的过程中特别是对同样事项制定不同层级的环境法律法规过程中，要积极运用新媒体新技术拓宽立法的公众参与渠道，完善立法听证、民意调查机制，[1] 充分了解社会公众和组织对环境立法的心理需求和预期，推动建立不同个体公民和组织中的决策者的人际信任，加强不同层级立法主体中的具体立法者相互之间的信赖，并基于这种信任开展立法。环境执法作为一定执法主体按照法定职权和程序贯彻落实国家环境法律法规的专门活动，要满足和实现个体公民或组织中决策者的心理需求和预期，除了保证科学合理制定环境法律制度外，还要加强执法的公平、公正、公开，建立严格的环境执法体制机制，把权力置于阳光之下和制度的牢笼之中。环境司法作为国家司法机关按照法定职责和程序解决环境法律纠纷的专门活动，要确保司法的公平正义和高效权威，才能满足个体公民或组织中决策者的心

---

〔1〕 参见中共中央、国务院：《法治政府建设实施纲要（2021－2025年）》第（八）项"完善立法工作机制"。

理需求和预期，或者对破坏的心理需求和预期进行事后救济。环境守法涉及个体公民或组织中决策者心理需求与预期的直接满足和实现与否，如个体公民或组织中的决策者认为其心理需求与预期基本实现并信赖他人类似需求与预期也将实现，则其将遵守国家环境法律制度的要求而从事自己的行为，否则，将因不信任而不遵守制度要求甚至为追求利益而加剧对生态环境的恣意破坏或掠夺。

总之，环境立法、执法、司法和守法是从不同层面对体现个体公民或组织中决策者的心理需求和预期的信任的确定、落实、救济和满足，满足环境法治运行对个体公民和组织中的决策者的心理需求和预期，就可以在环境法治运行中建构好人际信任和积累社会资本，助推环境法治取得更好的绩效。

二、环境法治的社会信任建构

基于前文对中国环境法治信任不足的分析，环境法治的社会信任不足，主要体现为环境法治观念中的社会信任不足、环境法律制度中的社会信任不足和环境法治运行中的社会信任不足，故环境法治的社会信任建构应当从环境法治观念中的社会信任建构、环境法律制度中的社会信任建构、环境法治运行中的社会信任建构着手。

（一）环境法治观念中的社会信任建构

社会信任与环境法治观念紧密相关。作为环境法治的伦理基础、价值取向和精神内涵，环境法治观念产生于一定的社会结构并随其历史变迁，而一定的社会结构及历史变迁会产生不同的社会信任模式。在特殊信任、人格信任、具体信任的传统人格信任模式中，人与人之间的信赖关系基于血缘、地缘和情感，在没有血缘、地缘和情感支持的社会关系中，就会产生不信任而榨取生态环境资源，形成不正确的环境法治观念；在普遍信任、系统信任、抽象信任的现代系统信任模式中，在没有血缘、地缘和情感支持的社会关系中，仍可基于契约、规范、信仰而保持信任关系，形成体现生态文明价值理念的环境法治观念。

中国环境法治观念中的社会信任不足，主要体现为中国社会在向现代社会转型过程中，在传统人格信任虽有削减但现代系统信任尚未完全建立的社会信任过渡模式中，经济主义、人类中心主义和科学主义的文化规范体现的环境法治观念仍在社会信任的理念层面占有重要地位，而以生态文明价值理念为核心的环境法治观念不能得到足够的社会信任支撑。

因此，建构环境法治观念中的社会信任，应在中国加快传统人格信任向现代系统信任转型的进程，围绕建立以普遍信任、系统信任、抽象信任为基本类型的社会信任模式，大力塑造环境法治精神和生态文明核心价值理念，并把生态文明核心价值理念和生态人文精神作为占主导地位的环境文化规范和精神力量，助力在全社会加强信任和信用体系建设。从具体操作层面来看，一方面，国家应结合社会结构转型和社会变迁，在全社会加强信任或信用文化建设；另一方面，国家在信任文化建设中要融入生态文明核心价值理念和生态人文精神。国务院于 2014 年 6 月发布的《社会信用体系建设规划纲要（2014—2020 年）》提出，要普及诚信教育和加强诚信文化建设，把诚信教育贯穿公民道德和精神文化建设全过程，并大力倡导诚信道德规范、诚信优良传统和现代市场经济的契约精神。本书认为，具体到环境法治观念中的社会信任建构，更应在全社会重塑法伦理文化，在社会结构转型和社会变迁进程中树立包括环境法律在内的各种法律的权威，形成法律至上的观念，培养公民的权利意识特别是生态环境保护意识、生态人文精神，并推动法律的道德性回归和与生态伦理的融合，[1]为现代系统信任在社会信任中占据主导和支配地位奠定基础。

（二）环境法律制度中的社会信任建构

社会信任与环境法律制度紧密相关。环境法律制度的形成源于一定的社会结构和社会关系模式，环境法律制度在社会中的地位也取决于一定的社会信任模式。在传统人格信任模式中，社会关系和社会运行主要与血缘、地缘和情感有关系，对环境法律制度的需求不大；即使存在环境法律制度，也难以体现生态文明价值理念和环境法治精神；即使体现了生态文明价值理念和环境法治精神，也可能在血缘、地缘和情感联结的社会信任中难以贯彻执行或者虽贯彻执行却服务于血缘、地缘和情感联结的社会关系。同时，不健全的环境法律制度、没有体现生态文明价值理念和环境法治精神的环境法律制度、只服务于血缘、地缘和情感联结的社会关系的环境法律制度，对现代社会所需的现代系统信任也会造成影响，致使普遍信任、系统信任、抽象信任难以建立。

中国环境法律制度中的社会信任不足，主要体现为中国环境法律制度的

---

[1] 参见欧运祥："法律的信任——法理型权威的合法性基础"，东南大学 2010 年博士学位论文。

社会支撑主要还是以血缘、地缘和情感为基础的传统人格信任，而以契约、规范、信仰为基础的现代系统信任尚未完全建立，难以建立和贯彻体现生态文明价值理念和生态人文精神的环境法律制度体系。因此，中国环境法律制度中的社会信任建构，应在中国加快传统人格信任向现代系统信任转型的进程中，围绕建立以普遍信任、系统信任、抽象信任为基本类型的社会信任模式，加强环境法律制度自身建设。一要在全社会弘扬契约精神和加强规范建设，减弱血缘、地缘和情感在调整社会关系中的作用，强化用契约、规范调整各类社会关系特别是以自然为中介的人与人之间的社会关系，保障社会有序运行和生态环境管理的有序组织；二要注重利用制度引导和保障全社会的信任或信用文化建设，发挥制度的固根本、稳预期、利长远的作用，具体到生态环境领域的信任建设中，要针对生态环境领域的不信任现象，用制度调整和规范中央和地方、地方相互之间以及政府与企业、企业相互之间的生态环境关系，明确各方在生态环境领域的职责职权以及权利义务，尽可能使生态环境领域的不信任得到制度的纠偏；三要加强环境法律制度自身的建设，确保环境法律的科学，而环境法律制度的科学合理重点也应从前文论述的"五个维度"方面着手，在此不重复赘述。

除此之外，环境法律制度中的社会信任建构，还要发挥制度在促进社会信任建设中的作用，用制度和制度的有效实施助力以契约、规范、信仰为基础的现代系统信任的建立健全。政府要发挥好带头作用，加快推进依法行政、建设法治政府的步伐，发挥政府践行和维护制度信任建设的示范作用，加强政府守信践诺机制建设和公务员的诚信管理和教育等。[1]

（三）环境法治运行中的社会信任建构

社会信任与环境立法信任、执法信任和司法信任等环境法治的运行及其运行效果紧密相关。社会信任作为信任的基本类型，可以从一定的社会关系和社会秩序的视角推动环境立法、执法、司法和守法取得更好的绩效。以契约、规范、信仰为基础的现代系统信任对环境立法、执法、司法都会有更多的需求，且以充足的社会信任保障环境立法达成共识和提高质量，推动环境执法的严格和法律制度的要求转化为环境治理的秩序，保证环境司法的公正

---

〔1〕 上述观点参见国务院：《社会信用体系建设规划纲要（2014—2020年）》，详细内容见该规划纲要第二部分"推进重点领域诚信建设"之"加快推进政务诚信建设"。

和破坏的环境正义得以纠正；而以血缘、地缘和情感为基础的传统人格信任，则对环境立法、执法、司法的需求不高，甚至在血缘、地缘和情感支撑的生态环境领域难以保证科学立法、严格执法和公正司法。

中国环境法治运行中的社会信任不足，主要体现为环境立法、执法、司法和守法不能较好地构建普遍信任、系统信任和抽象信任，导致以契约、规范、信仰为基础的现代系统信任难以完全建立，故环境法治运行中的社会信任建构，应着重推进现代系统信任的构建，进一步强化环境立法、执法、司法和守法。

从环境立法方面来看，要进一步强化现代系统信任构建所需的制度供给。加强制度建设是构建社会信任的前提。中国生态环境制度可以分为正式制度和非正式制度，前者主要包括环境法律制度、官方机构和社会组织制定的环境软法制度；后者主要包括环境文化规范和环境习俗规范构建的制度。环境立法是生态环境正式制度的主要供给来源，环境立法的结果直接产生环境法律制度，也会适当采纳规范化、系统化的环境软法制度，而环境软法制度往往会以法律制度为准绳；环境立法还可以引领非正式制度的价值取向，为非正式制度在环境治理中发挥更好作用明确方向。因此，环境立法应以"一元"即符合生态文明建设要求的环境法治精神、核心价值理念和基本制度为基本依据，加强环境法律制度的构建，整合和指引环境文化规范、习俗规范和软法规范构建正式和非正式生态环境制度，为构建现代系统信任、推动中国社会信任从传统向现代转型奠定制度基础。

从环境执法方面来看，要在贯彻落实环境法律制度过程中提升政府公信力和威望威信。"在当代中国，政府工作政府形象始终处在公众关注的焦点地位，"[1]提升政府公信力和威信威望是构建社会信任的基本路径。而环境执法主要是指政府贯彻落实环境法律规范的专门活动，不仅是要把环境法律规范的要求转化为社会现实的行动，更是要展示政府公众形象、影响公众对政府信任程度的过程。政府如果能够在环境执法中严格秉公执法，就能推动社会公众对法律、制度的信任并基于规范建立社会信任模式。因而，政府在环境执法中应当严格执法、秉公执法、带头守法，确保符合生态文明价值理念和生态人文精神的各项法律制度能够落实到环境治理的实践中，树立好政府的

---

〔1〕 马俊峰等：《当代中国社会信任问题研究》，北京师范大学出版社 2012 年版，第 221 页。

公信力和威信威望，就能助力现代系统信任的构建。

从环境司法方面来看，要在处理环境法律纠纷过程中塑造法律的公平正义形象。现代系统信任区别于传统人格信任的显著特征是基于对法律、规范、契约和信仰的信任，而不是血缘、地缘和情感的信任。而司法是贯彻落实法律的最后救济线和保障线，环境司法的结果会直接让当事人感受到法律是否公平正义，在裁判文书全面上网公开后更会影响全社会对法律是否是公平正义的形象认知。因而，环境司法要做到公平正义，要在环境司法改革中不断扩大社会组织甚至普通公民参与环境司法、直接提起相关环境诉讼的范围，让更多社会主体在环境司法中更好感受法律的公平正义，推动社会对法律的信任进而构建现代社会信任模式。

从环境守法方面来看，要在加大法治宣传教育过程中提升全社会尊法守法用法的自觉性。全民守法意识的形成是现代社会信任形成的基本标志，"真正能阻止犯罪的乃是守法的传统，这种传统又植根于一种深切而热烈的信念之中，那就是，法律不仅是世俗政策的工具，而且还是生活终极目的和意义的一部分"[1]。环境守法意识的提高需要加强法治宣传，使社会主体认知和认同环境法律制度、自觉遵守法律制度，把法律制度作为自己行为的基本依据，整个社会的信任也就能基于法律、规范、契约而建立并完成传统社会信任模式向现代社会信任模式的转型。

三、环境法治的政治信任建构

基于前文对中国环境法治信任不足的分析，环境法治的政治信任不足，主要体现为环境法治观念中的政治信任不足、环境法律制度中的政治信任不足和环境法治运行中的政治信任不足，故环境法治的政治信任建构应当从环境法治观念中的政治信任建构、环境法律制度中的政治信任建构、环境法治运行中的政治信任建构着手。

（一）环境法治观念中的政治信任建构

环境法治观念作为环境法治建设的指导思想和精神价值所在，本身就是作为政治体系范畴的意识形态的重要组成；在中国加强生态文明建设的总体

---

〔1〕　[美]伯尔曼：《法律与宗教》，梁治平译，生活·读书·新知三联书店1991年版，第43页。

布局中，环境法治观念一定程度上还占据了意识形态的主导地位。因而政治信任的建构对环境法治观念的形成和提升具有重要意义。政治信任的建构，不仅可以从整体上推动环境法治观念的形成，而且可以对中国环境法治观念中的科学主义与人文主义、人类中心主义与非人类中心、经济主义与生态主义等相互对立的文化规范从政治上进行整合，按照主流意识形态的要求即习近平生态文明思想和习近平法治思想的要求，加快形成体现生态文明价值理念和环境法治精神的环境法治观念。

构建环境法治观念中的政治信任，从党的建设层面来看，要全面从严治党，加强党的政治建设、思想建设、组织建设、作风建设、纪律建设，特别是要深入推进反腐败斗争，强化意识形态工作的价值引领和政治方向，并以之带动全社会风气的好转和人们对政治的信任，从而不断提升意识形态对政治信任建设的功能；从政府层面来看，政府要调整执政理念和环境治理理念，除了要贯彻"以人为本"的执政理念、强化政府信息公开外，[1]更要按照生态文明建设的要求树立"尊重自然、顺应自然、保护自然""发展和保护相统一""绿水青山就是金山银山""自然价值和自然资本""空间均衡""山水林田湖草沙是一个生命共同体"等理念，[2]率先贯彻符合环境法治要求的价值观念，以获取个体公民和社会对环境法治观念的认同和信赖；从社会层面来看，重点要开展公共教育，培养公共精神特别是保护环境的公共精神，鼓励公民参与公共生活，培养公民的法治规则意识、理性批判精神等，推动人的现代化。这是政治信任现代化的关键。[3]"那些先进的现代制度要获得成功，取得预期的效果，必须依赖运用它们的人的现代人格、现代品质。"[4]

（二）环境法律制度中的政治信任建构

环境法律制度是政治制度的重要组成，是政治制度在生态环境领域的重要体现，环境法律制度的认同与信任状况，直接体现政治信任的状况。同时，政治信任的状况，直接体现了以政府为主的国家机关的形象以及得到社会认

---

〔1〕 参见上官酒瑞：《变革社会中的政治信任》，学林出版社2013年版，第187~198页。

〔2〕 参见"中共中央国务院印发《生态文明体制改革总体方案》"，载《中国环境报》2015年9月22日，第1版。

〔3〕 参见上官酒瑞：《现代社会的政治信任逻辑》，上海人民出版社2012年版，第336页。

〔4〕 殷陆君编译：《人的现代化——心理·思想·态度·行为》，四川人民出版社1985年版，第5页。

可和信任的状况，也会影响到个体公民、组织中的决策者和公众对国家机关制定的环境法律制度的信任和遵守情况。环境法律制度之外存在的环境文化规范、习俗规范和非官方机构制定的软法规范，能够得到社会公众更高的认同和遵守，一定程度上表明社会公众对政府的信任不足，影响对环境法律制度的认同和遵守并导致环境法治绩效的二元结构现象的存在。

中国环境法律制度中的政治信任不足，主要体现为公众在环境治理实践中的政治参与不足，或者虽参与但存在政治无意义感，且这种政治参与没有得到相关环境法律制度的支持和保障。概言之，中国环境法律制度中的政治信任不足，集中体现在制度化不信任水平不高，因而构建中国环境法律制度中的政治信任，重点是加强政治不信任的制度化建设以及制度的支持和保障。

制度化不信任建设的根本在于构造一套适合中国国情的制度体系，健全公众表达不信任的制度化通道，即通过规范公共权力，增强政治行为的可信性，为民众施与政治信任提供激发机制，为政府维系信任形成压力机制。[1] 推进中国的制度化不信任建设，重点可以从以下方面入手：一是要加强制度的科学设计。在环境法律制度中建立健全社会公众表达不信任和提出批评建议的正式路径，也使政府等国家机关能够收集社会公众的不信任理由，以通过及时整改来提升政治信任。二是要激活制度活力。发挥好现有制度特别是环境法律制度在规范生态环境领域公共权力的作用，为公共权力的行使提供合法性，为公众参与生态环境领域的公共政策选择提供机会，为公民监督政府提供动力。三是要提高制度的执行力。在营造良好制度执行的氛围中，严格执行环境法律制度的要求，完善监督追责机制，确保环境法律制度的要求转化为环境治理的实践行为。"良法要实现善治，需要执政党自觉遵守宪法法律，需要法律实施者的守法护法，需要全社会对法治的忠诚和坚持。"[2] 四是要增强制度的供给力。借鉴人类政治制度特别是环境法律制度的文明成果，吸收环境文化规范、习俗规范和软法规范的合理因素，强调制度特别是环境法律制度的有效性和认同性；注重制度和政策出台的科学性和程序性，针对制定环境法律制度所需知识的多学科性，解决制度提供者知识的有限性，避

---

〔1〕　参见上官酒瑞："制度是信任的基石"，载《人民日报》2011年11月9日，第17版。

〔2〕　蒋熙辉："当前制度建设中亟需解决的四个问题"，载《学习时报》2011年11月21日，第5版。

免制度提供者的自利倾向，确保中国环境法律制度供给动力强劲、内容丰富、保障有力。[1]

（三）环境法治运行中的政治信任建构

环境法治运行与政治信任建构紧密相关。环境法治运行的主体即国家立法机关、执法机关、司法机关是政治信任的直接对象；环境法治运行的内容即环境法律制度是政治制度的重要组成，是政治信任的重要载体。同时，政治信任的建构和提升，意味着个体公民、组织中的决策者和公众对国家立法机关、执法机关、司法机关等国家机关的信任提高，有利于立法机关制定的环境法律规范更好地得到社会公众的认同和遵守，有利于执法机关把环境法律制度在实践中贯彻落实，有利于司法机关在具体案件中适用法律作出裁判，从而推动环境法治的有效运行，树立法律的权威，提升环境法治的绩效。

中国环境法治运行中的政治信任不足，主要体现为不同类型和不同层级的环境法治运行机关在立法、执法和司法中获得的政治信任支持存在不均衡和差异化，特别是地方环境法治运行机关获得的政治信任低于中央机关，很可能会想方设法干扰中央环境法治的有效运行来实现其对生态环境资源开发利用的目的，以致产生环境法治运行体制机制的不顺和相互衔接不畅等问题，并影响公众参与环境法治运行环节的积极性，导致环境法治绩效难以充分发挥对生态文明建设的促进作用。因而，中国环境法治运行中的政治信任建构，应重点围绕中央与地方两个层面，在环境立法、执法、司法等方面的体制机制建设中加强信任建构。

"人们对政府的信任很大程度上取决于政治制度的安排和国家的法治化程度。"[2]环境立法作为国家政治制度安排和国家法治化程度的重要标志，是政治信任建设的重要内容。但中国环境立法中存在体制机制不顺问题，因而环境立法中的信任建构重点要理顺立法体制机制，增进立法机关内部以及民众对立法机关的信任。"要进一步完善政策设计方法，使政策制定既能贯彻总体部署要求，又能充分考虑地方实际，通过建立政策互信，营造信任文化。"[3]当前特别要理顺中央与地方不同层级以及同一层级不同环境立法机关或环境

---

[1] 参见上官酒瑞：《变革社会中的政治信任》，学林出版社 2013 年版，第 163~173 页。

[2] 张维迎：《信息、信任与法律》，生活·读书·新知三联书店 2003 年版，第 14 页。

[3] 《中国环境报》评论员："建立信任文化　形成工作合力——四论着力处理好环保工作中的四个关系"，载《中国环境报》2015 年 9 月 2 日，第 1 版。

规章政策制定机关的立法事权和职责，改变行政主导环境立法的现状，建立人大主导环境立法和公众参与环境立法的体制机制。

环境执法中的信任建构主要关涉民众对环境执法机关及其工作人员和执法行为的认同与信赖。中国环境执法也主要存在体制机制不顺、执法不严、相互衔接不够和公众参与不足等问题，因而环境执法信任的重点除了明确中央与地方不同层级以及同一层级不同环境执法机关的职责，加强"上下协调和沟通，增进理解，形成全力，通过建立协作互信，营造信任文化"外，[1]还要加强政务诚信建设和社会诚信建设，特别是要加强环境和能源节约领域的信用建设，完善环境信息公开制度，建立企业环境行为信用评价制度、重点用能单位信用评价制度，强化对环评机构、能源审计节能评估机构及其从业人员的信用评价和监督等。[2]

环境司法中的信任建构在政治信任建设中具有重要地位。司法公信是社会信用体系建设的重要内容，是社会公平正义的底线。[3]中国环境司法的问题也主要体现在体制机制不顺、衔接不畅、司法不公和公众参与不足等方面，关涉民众对法院、检察院、公共安全领域、司法行政系统以及司法从业人员的信赖及其相互之间的信赖等问题，因而环境法治的司法信任要从法院公信建设、检察公信建设、公共安全领域公信建设、司法行政系统公信建设、司法从业人员信用建设以及司法公信制度建设等方面着手。[4]

总之，从积累社会资本视角建构中国环境法治的信任，应围绕环境法治观念、环境法律制度和环境法治运行等环境法治建设的关键要素，加强人际信任、社会信任、政治信任建设。环境法治的人际信任、社会信任和政治信任建构是紧密关联的。环境法治的人际信任建构，侧重从个体层面和心理学视角，满足个体公民和组织中的决策者在心理上对环境法治的需求和预期；

---

〔1〕《中国环境报》评论员："建立信任文化　形成工作合力——四论着力处理好环保工作中的四个关系"，载《中国环境报》2015年9月2日，第1版。

〔2〕上述观点参见国务院：《社会信用体系建设规划纲要（2014—2020年）》，详细内容见该规划纲要第二部分"推进重点领域诚信建设"之"全面推进社会诚信建设"中的"环境保护和能源节约领域信用建设"。

〔3〕参见国务院：《社会信用体系建设规划纲要（2014—2020年）》，详细内容见该规划纲要第二部分"推进重点领域诚信建设"之"大力推进司法公信建设"。

〔4〕参见国务院：《社会信用体系建设规划纲要（2014—2020年）》，详细内容见该规划纲要第二部分"推进重点领域诚信建设"之"大力推进司法公信建设"。

环境法治的社会信任建构，侧重从社会层面和社会学视角，推动整个社会基于血缘、地缘和情感的人格信任向基于契约、规范和信仰的普遍信任转型；环境法治的政治信任侧重从政府层面和政治学视角，提升社会公众对环境立法机关、执法机关、司法机关等国家机关的信赖，推动环境法治更好地运行和环境法律规范在环境治理实践中的实现。环境法治观念中的信任建构、环境法律制度中的信任建构和环境法治运行中的信任建构是相辅相成的。环境法治观念中的信任建构是前提，没有对环境法治观念的信任，对环境法律制度的信任和对环境法治运行的信任也难以形成；环境法律制度中的信任建构是基础，在环境法律制度中加强信任构建，才能更好地把环境法治观念中的信任固化，才能更好地为环境法治运行中的信任构建奠定基础；环境法治运行中的信任是结果，环境法治观念和环境法律制度的信任情况如何，最终都体现在环境法治运行的主要环节即环境立法、环境执法和环境司法中。环境法治的信任建构，不能忽视其中的任何一种基本类型，而要紧紧围绕提升环境法治绩效的目标，从环境法治的观念、制度和运行等层面全面加强人际信任、社会信任和政治信任的建构。

结 语

Conclusion

近年来，中国环境法治建设取得显著绩效，基本形成中国特色社会主义环境法治体，但与中国生态文明建设水平与先进国家差距较大，绿色生产和绿色生活推进艰难，生态环境恶化仍未有效控制。二者形成的反差，表明中国环境法治绩效在不同视角下呈现二元结构。基于中国环境法治研究自身的局限性，有必要引入西方国家兴起的一种全新且颇具说服力的理论范式——社会资本理论，对中国环境法治绩效二元结构的产生原因作出分析，即支撑中国环境法治促进经济社会发展特别是生态文明建设取得绩效的社会资本存在缺失；提出消解中国环境法治绩效二元结构的对策思考，即积累中国环境法治促进经济社会发展特别是生态文明建设取得绩效的社会资本。本书运用社会资本理论解释中国环境法治绩效的二元结构，有两条主线贯穿其中：一条是显性的主线，遵循的是提出问题、分析问题、解决问题的思路，在提出环境法治绩效存在二元结构问题、介绍本书分析问题的理论工具即社会资本理论的概况后，着重从社会资本的构成要素——网络、规范、信任三个视角，对中国环境法治绩效二元结构产生的原因作了分析，对消解中国环境法治绩效二元结构的对策作了思考；另一条是隐性的主线，是基于社会资本的网络、规范、信任三个基本构成要素，分别从三个视角分析问题、解决问题，隐含在具体论证中的理论逻辑和技术线路主要如下。

一、基于网络对中国环境法治绩效的解释

网络作为社会资本的核心构成，是解释中国环境法治绩效的基本视角。前文已指出微观层面的网络即公民个人之间结成的网络关系不是本书研究的社会资本，本书所指的解释中国环境法治绩效的网络主要包括宏观和中观两个层面。作为宏观层面的网络是社会结构，是环境法治建设的社会条件，也

是分析环境立法、执法、司法和法治监督等环境法治运行环节的共有宏观网络；而作为中观层面的网络是组织之间以及组织与公民之间的网络，从环境法治的运行环节来看，环境法治与网络结合后，可以转换为环境立法网络、环境执法网络、环境司法网络和环境法治监督网络等基本网络。

从网络视角解释，导致中国环境法治绩效二元结构的重要原因之一是网络缺陷。前文已论述，中国环境法治的网络缺陷在环境立法网络中，表现为纵向网络突出而横向网络特别是公民参与网络不足，影响了环境法律制度的权威和社会公众的认同；权威关系异化，致使权力机关和行政机关在环境立法网络中错位；强关系突出而弱关系不足，影响了环境立法的民主协商或理性商谈。中国环境法治的网络缺陷在环境执法和司法网络中，表现为封闭性不足和"结构洞"过多，影响了环境执法的严格与环境司法的公正；权威关系不足与权威关系过度并存，影响了环境执法与环境司法的公信力；纵横向网络与强弱关系的结构不尽合理，影响了环境执法与环境司法的绩效。中国环境法治的网络缺陷在环境法治监督网络中，表现为纵向网络中的强关系突出，容易排斥圈外人而失去监督的作用；横向网络中的弱关系不足，致使环境法治的监督作用难以有效发挥；"结构洞"过多，致使信息难以在网络内传递而减弱监督效果。

从网络视角分析，消解中国环境法治绩效的二元结构，需要通过优化网络来投入和积累中国环境法治的社会资本。前文已论述，优化中国环境法治的网络，需要通过加强环境立法横向网络的构建、矫正环境立法网络异化的权威关系、强化环境立法网络的弱关系，来推动环境立法网络的优化；需要通过强化环境执法和司法网络的封闭性建设、防止环境执法和司法网络的"结构洞"、加强环境执法和司法的横向网络和弱关系建设，来推动环境执法和司法网络的优化；需要通过强化环境法治公开和社会监督、弱化纵向网络中的强关系，搭建环境法治监督网络的信息桥、强化横向网络中的弱关系，加强环境法治监督协同、减少环境法治监督网络的"结构洞"，来推动环境法治监督网络的优化。

二、基于规范对中国环境法治绩效的解释

规范作为社会资本的核心构成，也是解释中国环境法治绩效的基本视角。作为社会资本的规范的外延较为宽广，包括正式规范与非正式规范两个层面。

由于法律规范是一种正式规范，加强法律规范建设是环境法治本身的题中之义，不宜再作为一种社会资本来支撑环境法治取得更高绩效，因而本书所指的解释中国环境法治绩效的规范，包括所有非正式规范和除去法律规范之外的其他正式规范，主要包括前文已论述的环境文化规范、环境习俗规范和环境软法规范。

从规范视角解释，导致中国环境法治绩效二元结构的重要原因之一是规范冲突。前文已论述，中国环境法治规范的冲突，在环境文化规范层面主要体现为其内部的科学主义与人文主义、人类中心主义与非人类中心主义、经济主义与生态主义的冲突及其与支撑环境法治建设的环境法律规范之间的冲突，影响了环境法治观念的形成和环境法律制度的权威，影响了环境立法、执法、司法、守法和法治监督等环境法治的运行，最终对环境法治绩效产生消极作用，影响环境法治对促进经济社会发展特别是生态文明建设作用的发挥；在环境习俗规范层面主要体现为不同习俗规范内部的冲突及其与环境法律规范的冲突，且由于环境习俗规范已深深嵌入一定地域和具体的环境法治网络之中，得到一定地域和网络成员的认同，容易形成一种力量抵制国家制定的环境法律规范，进而影响环境法律制度的权威和实施效果；在环境软法规范层面主要体现为环保NGO等社会组织制定的自治规范和自律规范内部的冲突、国家机关和执政党等官方机构制定的环境政策和签署的环境行政协议内部的冲突以及前述两种不同类型的环境软法规范之间的冲突，这种冲突主要来自不同行业、不同地方以及中央与地方之间的利益博弈和权力冲突，致使影响国家制定的环境法律规范的权威和认同，进而影响环境法治的绩效。

从规范视角分析，消解中国环境法治绩效的二元结构，需要通过整合规范来投入和积累中国环境法治的社会资本。前文已论述，整合中国环境法治的规范，需要在环境文化规范自身融合创新的基础上，从环境法治观念、环境法律制度、环境法治运行三个层面推动环境文化规范与环境法治的整合；需要在对环境习俗规范现代价值梳理和选择的基础上，从"自上而下"和"自下而上"两种不同路径推动环境习俗规范与环境法治的整合；需要在对环境软法规范系统化和规范化的基础上，从环境法治观念、环境法律制度、环境法治运行三个层面推动环境软法规范与环境法治的整合。

三、基于信任对中国环境法治绩效的解释

信任作为社会资本的核心构成要素，是一定环境法治网络和环境法治规范有效运行的重要支撑和保障，也是解释中国环境法治绩效的基本视角。前文已指出，从信任视角解释和提升中国环境法治绩效、消解环境法治绩效的二元结构，重点要分析环境法治的人际信任、社会信任和政治信任。

从信任视角解释，导致中国环境法治绩效二元结构的重要原因之一是信任不足问题。中国环境法治的信任不足，主要表现为在环境法治观念、环境法律制度、环境法治运行中的人际信任不足、社会信任不足和政治信任足。从人际信任层面来看，中国环境法治观念的冲突、环境法律制度的权威不够、环境法治的运行不畅，一定程度上可归因于不同群体对环境法治的心理需求和预期的信任不足，可归因于社会转型过渡期的社会信任从传统人格信任向现代系统信任的转型脱节，可归因于社会转型、变革、变化中的不同层面、不同领域中的政治信任流失。

从信任视角分析，消解中国环境法治绩效的二元结构，需要通过建构信任来投入和积累中国环境法治的社会资本。建构中国环境法治的信任，需要从环境法治观念、环境法律制度、环境法治运行三个层面，围绕满足个体公民和组织中的决策者在心理上对环境法治的需求和预期，建构人际信任；结合当代中国社会正从传统人格信任向现代系统信任转型的现状，建构社会信任；紧扣提升社会公众对环境立法机关、执法机关、司法机关等国家机关的信赖，建构政治信任。

总之，社会资本核心构成的网络、规范和信任，都可以作为基本视角分别对环境法治的绩效作出解释，分析中国环境法治绩效产生二元结构的原因并提出消解中国环境法治绩效二元结构的对策思考。作为社会资本核心构成的网络、规范和信任，三者紧密相关、相辅相成、有机结合。网络是规范和信任的平台载体，一定的规范和信任都源自一定网络而形成并通过网络予以传递；规范是网络和信任的重要保障，一定网络内部的秩序建立和有效运行以及一定信任的建立和传递都有赖于规范的推动和保障；信任是网络和规范的有效"润滑剂"，一定网络的高效运行和规范的有效实施都有赖于信任的积极助推。因此，解释和消解中国环境法治绩效的二元结构，不能仅仅关注社会资本中的某种构成要素，而要将前述的作为社会资本核心构成的网络、规

范和信任有机结合，从其整体构成社会资本的视角对环境法治绩效产生二元
结构问题查找原因，并从整体社会资本投入和积累视角消解中国环境法治绩
效的二元结构。唯此，才能更好地发挥社会资本的黏合剂作用，推动物质资
本与人力资本在我国环境法治建设中发挥更大的作用，并通过环境法治的良
性运行来提升环境法治的绩效，消解中国环境法治二元结构，助推中国生态
文明建设取得更加突出的成绩！

一、中文著作

1. 中共中央办公厅法规局：《中国共产党党内法规体系（2021 年 7 月）》，人民出版社 2021 年版。

2. 本书编写组编著：《党的十九届四中全会〈决定〉学习辅导百问》，党建读物出版社、学习出版社 2019 年版。

3. 吕忠梅主编：《超越与保守——可持续发展视野下的环境法创新》，法律出版社 2003 年版。

4. 吕忠梅：《沟通与协调之途：公民环境权的民法保护》，法律出版社 2021 年版。

5. 吕忠梅等：《长江流域立法研究》，法律出版社 2021 年版。

6. 金瑞林、汪劲：《中国环境与自然资源立法若干问题研究》，北京大学出版社 1999 年版。

7. 蔡守秋：《基于生态文明的法理学》，中国法制出版社 2014 年版。

8. 蔡守秋主编：《环境资源法教程》，高等教育出版社 2004 年版。

9. 蔡守秋主编：《环境政策学》，科学出版社 2009 年版。

10. 蔡守秋：《人与自然关系中的伦理与法》，湖南大学出版社 2009 年版。

11. 王树义等：《环境法前沿问题研究》，台湾元照出版有限公司 2012 年版。

12. 汪劲：《环境法治的中国路径：反思与探索》，中国环境科学出版社 2011 年版。

13. 汪劲主编：《环保法治三十年：我们成功了吗——中国环保法治蓝皮书（1979—2010）》，北京大学出版社 2011 年版。

14. 汪劲编著：《日本环境法概论》，武汉大学出版社 1994 年版。

15. 汪劲：《环境法学》，北京大学出版社 2018 年版。

16. 陈泉生等：《环境法哲学》，中国法制出版社 2012 年版。

17. 孙笑侠主编：《法理学》，清华大学出版社 2008 年版。

18. 周珂：《生态环境法论》，法律出版社 2001 年版。

19. 张梓太等：《环境法法典化研究》，北京大学出版社 2008 年版。

20. 张祥伟：《中国环境法研究整合路径之探析》，中国政法大学出版社 2014 年版。

21. 李惠斌、杨雪冬主编：《社会资本与社会发展》，社会科学文献出版社 2000 年版。

22. 卜长莉：《社会资本与社会和谐》，社会科学文献出版社 2005 年版。

23. 燕继荣：《投资社会资本——政治发展的一种新维度》，北京大学出版社 2006 年版。

24. 梁莹：《社会资本与公民文化的成长——公民文化成长与培育中的社会资本因素探析》，中国社会科学出版社 2011 年版。

25. 林聚任等：《社会信任和社会资本重建——当前乡村社会关系研究》，山东人民出版社 2007 年版。

26. 郑也夫：《信任论》，中国广播电视出版社 2001 年版。

27. 郭毅、罗家德主编：《社会资本与管理学》，华东理工大学出版社 2007 年版。

28. 邓正来：《哈耶克法律哲学的研究》，法律出版社 2002 年版。

29. 张维迎：《信息、信任与法律》，三联书店 2003 年版。

30. 曹荣湘选编：《走出囚徒困境——社会资本与制度分析》，上海三联书店 2003 年版。

31. 汪太贤、艾明：《法治的理念与方略》，中国检察出版社 2001 年版。

32. 张恒山主编：《共和国六十年法学论争实录：法理学卷》，厦门大学出版社 2009 年版。

33. 李龙主编：《依法治国方略实施问题研究》，武汉大学出版社 2002 年版。

34. 李龙主编：《人本法律观研究》，中国社会科学出版社 2006 年版。

35. 刘军：《社会网络分析导论》，社会科学文献出版社 2004 年版。

36. 方然：《"社会资本"的中国本土化定量测量研究》，社会科学文献出版社 2014 年版。

37. 费孝通：《乡土中国 生育制度》，北京大学出版社 1998 年版。

38. 颜士鹏：《中国当代社会转型与环境法的发展》，科学出版社 2008 年版。

39. 赵晓丽：《产业结构调整与节能减排》，知识产权出版社 2011 年版。

40. 俞可平：《增量民主与善治》，社会科学文献出版社 2005 年版。

41. 崔卓兰等：《地方立法实证研究》，知识产权出版社 2007 年版。

42. 柯坚：《环境法的生态实践理性原理》，中国社会科学出版社 2012 年版。

43. 肖建华：《生态环境政策工具的治道变革》，知识产权出版社 2010 年版。

44. 韦森：《文化与制序》，上海人民出版社 2003 年版。

45. 韦森：《经济学与哲学：制度分析的哲学基础》，上海人民出版社 2005 年版。

46. 章海荣编著：《生态伦理与生态美学》，复旦大学出版社 2005 年版。

47. 梁治平：《清代习惯法：社会与国家》，中国政法大学出版社 1996 年版。

48. 罗豪才等：《软法与公共治理》，北京大学出版社 2006 年版。

49. 王人博、程燎原：《法治论》，山东人民出版社 2003 年版。

50. 叶俊荣：《环境政策与法律》，中国政法大学出版社 2003 年版。

51. 李瑜青等：《人文精神与法治文明关系研究》，法律出版社 2007 年版。

52. 王继恒：《环境法的人文精神论纲》，中国社会科学出版社 2014 年版。

53. 陶蕾：《论生态制度文明建设的路径——以近 40 年中国环境法治发展的回顾与反思为基点》，南京大学出版社 2014 年版。

54. 杨朝霞：《生态文明观的法律表达——第三代环境法的生成》，中国政法大学出版社 2019 年版。

55. 何爱国主编：《当代中国生态文明之路》，科学出版社 2012 年版。

56. 徐亚文主编：《西方法理学新论——解释的视角》，武汉大学出版社 2010 年版。

57. 尹绍亭：《云南山地民族文化生态的变迁》，云南教育出版社 2009 年版。

58. 吕志祥等：《藏区生态法研究——从藏族传统生态文明的视角》，中央民族大学出版社 2013 年版。

59. 程燎原：《从法制到法治》，法律出版社 1999 年版。

60. 夏勇主编：《法理讲义——关于法律的道理与学问》，北京大学出版社 2010 年版。

61. 张文显：《二十世纪西方法哲学思潮研究》，法律出版社 1996 年版。

62. 尹伊君：《社会变迁的法律解释》，商务印书馆 2003 年版。

63. 张康之：《行政伦理的观念与视野》，中国人民大学出版社 2008 年版。

64. 梁剑琴：《环境正义的法律表达》，科学出版社 2011 年版。

65. 袁方主编：《社会研究方法教程》，北京大学出版社 2004 年版。

66. 曹孟勤：《人性与自然：生态伦理哲学基础反思》，南京师范大学出版社 2004 年版。

67. 袁翔珠：《石缝中的生态法文明：中国西南亚热带岩溶地区少数民族生态保护习惯研究》，中国法制出版社 2010 年版。

68. 苏力：《道路通向城市：转型中国的法治》，法律出版社 2004 年版。

69. 苏力：《法治及其本土资源》，中国政法大学出版社 2004 年版。

70. 翟学伟、薛天山主编：《社会信任：理论及其应用》，中国人民大学出版社 2014 年版。

71. 丁香桃：《变化社会中的信任与秩序——以马克思人学理论为视角》，浙江大学出版社 2013 年版。

72. 马俊峰等：《当代中国社会信任问题研究》，北京师范大学出版社 2012 年版。

73. 上官酒瑞：《现代社会的政治信任逻辑》，上海人民出版社 2012 年版。

74. 上官酒瑞：《变革社会中的政治信任》，学林出版社 2013 年版。

75. 罗豪才、宋功德：《软法亦法：公共治理呼唤软法之治》，法律出版社 2009 年版。

76. 陈志武：《为什么中国人勤劳而不富有》，中信出版社 2008 年版。

77. 杨鸿烈：《中国法律思想史》，中国政法大学出版社 2004 年版。

78. 高家伟：《欧洲环境法》，工商出版社 2000 年版。

79. 程倩：《论政府信任关系的历史类型》，光明日报出版社 2009 年版。

80. 冉冉：《中国地方环境政治：政策与执行之间的距离》，中央编译出版社 2015 年版。

81. 人民出版社编：《〈中共中央关于全面推进依法治国若干重大问题的决定〉辅导读本》，人民出版社 2019 年版。

82. 中共中央宣传部：《习近平新时代中国特色社会主义思想学习问答》，学习出版社、人民出版社 2021 年版。

83. 中共中央文献研究室编：《习近平关于全面依法治国论述摘编》，中央文献出版社 2015 年版。

84. 严耕主编：《生态文明绿皮书：中国省域生态文明建设评价报告（ECI2016）》，社会科学文献出版社 2017 年版。

85. 张文显：《法哲学范畴研究》，中国政法大学出版社 2001 年版。

86. 汪全胜：《法律绩效评估机制论》，北京大学出版社 2010 年版。

87. 孟华：《政府绩效评估：美国的经验与中国的实践》，上海人民出版社 2006 年版。

88. 郭道晖主编：《当代中国立法》，中国民主法制出版社 1998 年版。

89. 罗美富等主编：《英国绩效审计》，中国时代经济出版社 2005 年版。

90. 中国大百科全书总编辑委员会《社会学》编辑委员会、中国大百科全书出版社编辑部编：《中国大百科全书》（社会学卷），中国大百科全书出版社 1991 年版。

二、中译本著作

1. ［美］伯尔曼：《法律与宗教》，梁治平译，生活·读书·新知三联书店 1991 年版。

2. ［美］西奥多·W·舒尔茨：《论人力资本投资》，吴珠华等译，北京经济学院出版社 1990 年版。

3. ［美］丹尼尔·贝尔：《资本主义文化矛盾》，赵一凡等译，生活·读书·新知三联书店 1989 年版。

4. ［美］丹尼尔·贝尔：《后工业社会的来临——对社会预测的一项探索》，高铦等译，新华出版社 1997 年版。

5. ［美］詹姆斯·S. 科尔曼：《社会理论的基础》，邓方译，社会科学文献出版社 1999 年版。

6. ［法］皮埃尔·布尔迪厄：《文化资本与社会炼金术——布尔迪厄访谈录》，包亚明译，上海人民出版社 1997 年版。

7. ［美］弗兰西斯．福山：《信任——社会道德与繁荣的创造》，李宛蓉译，远方出版社 1998 年版。

8. ［美］罗伯特·D. 帕特南：《使民主运转起来：现代意大利的公民传统》，王列、赖海榕译，江西人民出版社 2001 年版。

9. ［美］帕萨·达斯古普特、伊斯梅尔·撒拉格尔丁：《社会资本——一个多角度的观点》，张慧东等译，中国人民大学出版社 2005 年版。

10. ［美］丹尼斯 C. 缪勒：《公共选择理论》，杨春学等译，中国社会科学出版社 1999
年版。

11. ［美］林南：《社会资本——关于社会结构与行动的理论》，张磊译，上海人民出版社
2005 年版。

12. ［美］罗伯特·C·埃里克森：《无需法律的秩序——邻人如何解决纠纷》，苏力译，中
国政法大学出版社 2003 年版。

13. ［美］戴维·波普诺：《社会学》，李强等译，中国人民大学出版社 2007 年版。

14. ［美］安德鲁·肖特：《社会制度的经济理论》，陆铭、陈钊译，上海财经大学出版社
2003 年版。

15. ［美］道格拉斯·C. 诺思：《制度、制度变迁与经济绩效》，杭行译，格致出版社、上
海三联书店、上海人民出版社 2008 年版。

16. ［美］埃里克·A·波斯纳：《法律与社会规范》，沈明译，中国政法大学出版社 2004
年版。

17. ［古希腊］亚里士多德：《政治学》，吴寿彭译，商务印书馆 1965 年版。

18. ［德］哈贝马斯：《在事实与规范之间：关于法律和民主法治国的商谈理论》，童世骏
译，生活·读书·新知三联书店 2014 年版。

19. ［日］青木昌彦：《比较制度分析》，周黎安译，上海远东出版社 2001 年版。

20. ［英］马歇尔：《经济学原理》，朱志泰译，商务印书馆 1964 年版。

21. ［法］阿尔贝特·史怀泽：《敬畏生命》，陈泽环译，上海社会科学院出版社 1992
年版。

22. ［美］康芒斯：《制度经济学》，于树生译，商务印书馆 1962 年版。

23. ［美］凡勃伦：《有闲阶级论——关于制度的经济研究》，蔡受百译，商务印书馆 1964
年版。

24. ［美］H. W. 埃尔曼：《比较法律文化》，高鸿钧等译，清华大学出版社 2002 年版。

25. ［美］马克·斯劳卡：《大冲突：赛博空间和高科技对现实的威胁》，黄锫坚译，江西
教育出版社 1999 年版。

26. ［英］汤因比、［日］池田大作：《展望二十一世纪——汤因比与池田大作对话录》，荀
春生等译，国际文化出版公司 1985 年版。

27. ［德］马克思·韦伯：《经济与社会》，林荣远译，商务印书馆 1997 年版。

28. ［德］鲁道夫·冯·耶林：《为权利而斗争》，胡宝海译，中国法制出版社 2004 年版。

29. ［美］R. M. 昂格尔：《现代社会中的法律》，吴玉章、周汉华译，译林出版社 2001
年版。

30. ［英］约翰·奥斯丁：《法理学的范围》，刘星译，中国法制出版社 2002 年版。

31. ［英］哈特：《法律的概念》，张文显等译，中国大百科全书出版社 1996 年版。

32. ［英］韦恩·莫里森：《法理学——从古希腊到后现代》，李桂林等译，武汉大学出版社 2003 年版。

33. ［德］卡尔·拉伦茨：《法学方法论》，陈爱娥译，商务印书馆 2003 年版。

34. ［美］马克·格兰诺维特：《镶嵌：社会网与经济行动》，罗家德译，社会科学文献出版社 2007 年版。

35. ［德］尼克拉斯·卢曼：《信任：一个社会复杂性的简化机制》，瞿铁鹏、李强译，上海人民出版社 2005 年版。

36. ［英］安东尼·吉登斯：《现代性的后果》，田禾译，译林出版社 2000 年版。

37. ［美］罗德里克·M. 克雷默、汤姆·R. 泰勒编：《组织中的信任》，管兵等译，中国城市出版社 2003 年版。

38. ［德］柯武刚、史漫飞：《制度经济学：社会秩序与公共政策》，韩朝华译，商务印书馆 2000 年版。

39. ［美］加布里埃尔·A·阿尔蒙德、西德尼·维巴：《公民文化——五国的政治态度和民主》，马殿君等译，浙江人民出版社 1989 年版。

40. ［英］弗里德利希·冯·哈耶克：《法律、立法与自由》，邓正来等译，中国大百科全书出版社 2000 年版。

41. ［美］马克·E. 沃伦编：《民主与信任》，吴辉译，华夏出版社 2004 年版。

42. ［美］西里尔·E. 布莱克编：《比较现代化》，杨豫、陈祖洲译，上海译文出版社 1996 年版。

43. ［澳］菲利普·佩迪特：《共和主义：一种关于自由与政府的理论》，刘训练译，江苏人民出版社 2006 年版。

44. ［波兰］彼得·什托姆普卡：《信任：一种社会学理论》，程胜利译，中华书局 2005 年版。

45. ［美］西奥多·H·波伊斯特：《公共与非营利组织绩效考评：方法与应用》，肖鸣政等译，中国人民大学出版社 2005 年版。

三、中文期刊论文

1. 习近平："推动我国生态文明建设迈上新台阶"，载《求是》2019 年第 3 期。

2. 陈菲："张德江在广东调研并出席全国地方立法研讨会时强调　发挥人大立法主导作用加快形成完备的法律规范体系"，载《中国人大》2015 年第 18 期。

3. 周强："形成高效的法治实施体系"，载《求是》2014 年第 22 期。

4. 吕忠梅、吴一冉："中国环境法治七十年：从历史走向未来"，载《中国法律评论》2019 年第 5 期。

5. 吕忠梅："中国生态法治建设的路线图"，载《中国社会科学》2013 年第 5 期。

6. 吕忠梅等："中国环境司法现状调查——以千份环境裁判文书为样本"，载《法学》2011年第4期。

7. 吕忠梅："论生态文明建设的综合决策法律机制"，载《中国法学》2014年第3期。

8. 吕忠梅："生态文明建设的法治思考"，载《法学杂志》2014年第5期。

9. 吕忠梅："监管环境监管者：立法缺失及制度构建"，载《法商研究》2009年第5期。

10. 蔡守秋、敖安强："生态文明建设对法治建设的影响"，载《吉林大学社会科学学报》2011年第6期。

11. 蔡守秋："我国环境法治建设的指导思想与生态文明观"，载《宁波大学学报（人文科学版）》2009年第2期。

12. 蔡守秋："确认环境权，夯实环境法治基础"，载《环境保护》2013年第16期。

13. 蔡守秋："厦门PX事件——环境民主和公众参与的力量"，载《中国环境法治》2008年第1期。

14. 王树义、周迪："生态文明建设与环境法治"，载《中国高校社会科学》2014年第2期。

15. 王树义："论生态文明建设与环境司法改革"，载《中国法学》2014年第3期。

16. 孙佑海："如何使环境法治真正管用？——环境法治40年回顾和建议"，载《环境保护》2013年第14期。

17. 孙佑海："'十一五'环境法治回顾与'十二五'展望"，载《环境保护》2011年第23期。

18. 孙佑海："生态文明建设需要法治的推进"，载《中国地质大学学报（社会科学版）》2013年第1期。

19. 汪劲："环保法治30年：中国的成就与问题"，载《环境保护》2008年第21期。

20. 汪劲、王明远："中国的环境法治——任重而道远"，载《清华法治论衡》2005年第2期。

21. 汪劲："中国环境法治三十年——回顾与反思"，载《中国地质大学学报（社会科学版）》2009年第5期。

22. 汪劲："中国环境法治失灵的因素分析——析执政因素对我国环境法治的影响"，载《上海交通大学学报（哲学社会科学版）》2012年第1期。

23. 王灿发："环境法的辉煌、挑战及前瞻"，载《政法论坛》2010年第3期。

24. 王灿发："论生态文明建设法律保障体系的构建"，载《中国法学》2014年第3期。

25. 王灿发等："我国环境立法的困境与出路——以松花江污染事件为视角"，载《中州学刊》2007年第1期。

26. 周珂、梁文婷："中国环境法制建设30年"，载《环境保护》2008年第21期。

27. 周珂："生态文明建设与环境法制理念更新"，载《环境与可持续发展》2014年第2期。

28. 张梓太、郭少青："结构性陷阱：中国环境法不能承受之重——兼议我国环境法的修改"，载《南京大学学报（哲学·人文科学·社会科学版）》2013 年第 2 期。

29. 马骧聪："论我国环境资源法体系及健全环境资源立法"，载《现代法学》2002 年第 3 期。

30. 王曦："环保主体互动法制保障论"，载《上海交通大学学报（哲学社会科学版）》2012 年第 1 期。

31. 曹明德："从'环保风暴'看环境法治存在的问题"，载《华东政法学院学报》2005 年第 4 期。

32. 曹明德、黄琰童："国外环保法立法经验借鉴"，载《环境保护》2013 年第 17 期。

33. 曹明德："中国环保非政府组织存在和发展的政策法律分析"，载《清华法治论衡》2013 年第 3 期。

34. 文正邦、曹明德："生态文明建设的法哲学思考——生态法治构建刍议"，载《东方法学》2013 年第 6 期。

35. 杜群："司法在中国环境法治中的作用 基于对典型环境污染侵权案件的观察"，载《法律适用》2012 年第 5 期。

36. 常纪文："三十年中国环境法治的理论与实践"，载《中国地质大学学报（社会科学版）》2009 年第 5 期。

37. 徐祥民、胡中华："环境法学研究 30 年：回顾与展望"，载《法学论坛》2008 年第 6 期。

38. 付子堂："形成有力的法治保障体系"，载《求是》2015 年第 8 期。

39. 蒋洪强等："新形势下生态环保人才队伍建设路径探讨"，载《环境保护》2014 年第 11 期。

40. 葛道顺："中国社会组织发展：从社会主体到国家意识——公民社会组织发展及其对意识形态构建的影响"，载《江苏社会科学》2011 年第 3 期。

41. 周青："近年来中国民间环保组织的活动特点"，载《环境教育》2011 年第 2 期。

42. 钭晓东："从规范冲突到协同共生：环境法治进程中的普适性难题及破解"，载《中国高校社会科学》2014 年第 2 期。

43. 竺效："论生态文明法治建设的六大环节和重点"，载《环境保护》2013 年第 13 期。

44. 周红云："社会资本理论述评"，载《马克思主义与现实》2002 年第 5 期。

45. 赵星："我国环境行政执法对刑事司法的消极影响与应对"，载《政法论坛》2013 年第 2 期。

46. 肖金明："中国环境法治的变革与转型"，载《中国行政管理》2009 年第 11 期。

47. 张俊哲、王春荣："论社会资本与中国农村环境治理模式创新"，载《社会科学战线》2012 年第 3 期。

48. 谢岳、葛阳："社会资本重建中的政治命题"，载《上海交通大学学报（哲学社会科学版）》2006 年第 3 期。

49. 刘振国："民间组织管理的相关政策以及民间组织如何建立双赢的合作伙伴关系"，载《中华环保联合会会刊》2009 年第 11 期。

50. 李保平："从习惯、习俗到习惯法——兼论习惯法与民间法、国家法的关系"，载《宁夏社会科学》2009 年第 2 期。

51. 郑毅："论习惯法与软法的关系及转化"，载《山东大学学报（哲学社会科学版）》2012 年第 2 期。

52. 姜明安："软法的兴起与软法之治"，载《中国法学》2006 年第 2 期。

53. 江必新："论软法效力　兼论法律效力之本源"，载《中外法学》2011 年第 6 期。

54. 马波："环境法'软法'渊源形态之辨析"，载《理论月刊》2010 年第 5 期。

55. 罗豪才、宋功德："认真对待软法——公域软法的一般理论及其中国实践"，载《中国法学》2006 年第 2 期。

56. 罗豪才、周强："软法研究的多维思考"，载《中国法学》2013 年第 5 期。

57. 马长山："社会资本、民间社会组织与法治秩序"，载《环球法律评论》2004 年第 3 期。

58. 卢风："论环境法的思想根据"，载《清华法治论衡》2010 年第 1 期。

59. 吕世伦、孙文凯："赫克的利益法学"，载《求是学刊》2000 年第 6 期。

60. 张明新："民间法与习惯法：原理、规范与方法——全国首届民间法、习惯法学术研讨会综述"，载《山东大学学报（哲学社会科学版）》2006 年第 1 期。

61. 王晶宇："国家中心主义及其法理学倾向"，载《法制与社会发展》2012 年第 4 期。

62. 杨海坤、张开俊："软法国内化的演变及其存在的问题——对'软法亦法'观点的商榷"，载《法制与社会发展》2012 年第 6 期。

63. 张钧："法律多元理论及其在中国的新发展"，载《法学评论》2010 年第 4 期。

64. 严存生："法的合法性问题研究"，载《法律科学（西北政法学院学报）》2002 年第 3 期。

65. 张娟："公共领域、商谈民主与政治合法性——哈贝马斯'重建性'合法性对传统合法性理论的重建"，载《湖北行政学院学报》2011 年第 4 期。

66. 冯忠良："关于行为规范及其接受的认识——行为规范及其接受规律探索之一"，载《北京师范大学学报》1992 年第 1 期。

67. 柯坚："生态实践理性：话语创设、法学旨趣与法治意蕴"，载《法学评论》2014 年第 1 期。

68. 徐忠麟："生态文明与法治文明的融合：前提、基础和范式"，载《法学评论》2013 年第 6 期。

69. 张超、严煤："政府信用与民众信任"，载《社会》2002 年第 11 期。

70. 马新福、杨清望："法律信任初论"，载《河北法学》2006 年第 8 期。

71. 姜起民、解维升："法律信仰命题质疑与法律信任生成的路径选择"，载《中国海洋大学学报（社会科学版）》2012 年第 5 期。

72. 郭春镇："从'神话'到'鸡汤'——论转型期中国法律信任的建构"，载《法律科学（西北政法大学学报）》2014 年第 3 期。

73. 陈满雄："提高制度执行力"，载《中国行政管理》2007 年第 11 期。

74. 张建伟、崔巍："论中国环境司法制度的构建"，载《清华法治论衡》2015 年第 1 期。

75. 钱水苗、孙海萍："论环境司法与执法协同保障的完善——以浙江省的实践为例"，载《中国环境法治》2013 年第 1 期。

76. 刘海鸥："环境污染犯罪案件中行政执法与刑事司法衔接的问题与对策"，载《中国环境法治》2014 年第 2 期。

77. 李启家："'环境法学的发展与改革'研讨会纪要"，载《清华法治论衡》2014 年第 3 期。

78. 皮里阳："论我国第二代环境法的主要特征"，载《清华法治论衡》2014 年第 3 期。

79. 王曦、罗文君："论环境管理失效的制度原因"，载《清华法治论衡》2010 年第 1 期。

80. 李伟民、梁玉成："特殊信任与普遍信任：中国人信任的结构与特征"，载《社会学研究》2002 年第 3 期。

81. 翟学伟："社会流动与关系信任——也论关系强度与农民工的求职策略"，载《社会学研究》2003 年第 1 期。

82. 张康之："论组织化社会中的信任"，载《河南社会科学》2008 年第 4 期。

83. 张清："社会资本、权力与法治"，载《吉林大学社会科学学报》2007 年第 2 期。

84. 苗梅华："'社团式'社会资本网络关系的型塑与法治秩序"，载《黑龙江社会科学》2007 年第 1 期。

85. 徐进："信任法理的生成、发展及对我国法的启示"，载《浙江学刊》2013 年第 2 期。

86. 马麟："信任：一个新的法的基本价值——以行动中的法的维度思考"，载《理论观察》2006 年第 2 期。

87. 张文宏："中国社会网络与社会资本研究 30 年（上）"，载《江海学刊》2011 年第 2 期。

88. 张文宏："中国社会网络与社会资本研究 30 年（下）"，载《江海学刊》2011 年第 3 期。

89. 李文钊、蔡长昆："政治制度结构、社会资本与公共治理制度选择"，载《管理世界》2012 年第 8 期。

90. 熊美娟："社会资本与政治信任——以澳门为例"，载《武汉大学学报（哲学社会科学版）》2011 年第 4 期。

91. 汪明亮："基于社会资本解释范式的刑事政策研究"，载《中国法学》2009 年第 1 期。

92. 邓正来："'生存性智慧'与中国发展研究论纲"，载《中国农业大学学报（社会科学版）》2010 年第 4 期。

93. 郑方辉、尚虎平："中国法治政府建设进程中的政府绩效评价"，载《中国社会科学》2016 年第 1 期。

94. 仲理峰、时勘："绩效管理的几个基本问题"，载《南开管理评论》2002 年第 3 期。

95. 徐阳："地方政府绩效评估：概念、要素与模式"，载《重庆社会科学》2017 年第 7 期。

96. 卢扬帆："国家治理绩效：概念、类型及其法治化"，载《行政论坛》2018 年第 1 期。

97. 张骐："法律实施的概念、评价标准及影响因素分析"，载《法律科学（西北政法学院学报）》1999 年第 1 期。

98. 尚虎平、李逸舒："一种概念界定的工具：原子图谱法——以'绩效'、'政府绩效'、'政府绩效评估'概念为例"，载《甘肃行政学院学报》2011 年第 4 期。

99. 盛明科："中国政府绩效管理的研究热点与前沿解析——基于科学知识图谱的方法"，载《行政论坛》2017 年第 2 期。

100. 黄竹胜："法律评价的重新解释"，载《法学论坛》2002 年第 4 期。

101. 谢晖："论法律实效"，载《学习与探索》2005 年第 1 期。

102. 刘爱龙："我国区域法治绩效评估体系建构运行的特征、困境和出路"，载《法学评论》2016 年第 6 期。

103. 周尚君："国家建设视角下的地方法治试验"，载《法商研究》2013 年第 1 期。

104. 卢扬帆："地方法治的绩效及其评价机制初探"，载《学术界》2017 年第 8 期。

105. 陈积敏、江林升："企业环境信息公开法治路径建构"，载《社会科学家》2020 年第 10 期。

106. 孙岩等："中国环境信息公开的政策变迁：路径与逻辑解释"，载《中国人口·资源与环境》2018 年第 2 期。

107. 杜辉："环境司法的公共治理面向——基于'环境司法中国模式'的建构"，载《法学评论》2015 年第 4 期。

108. 章楚加："环境治理中的人大监督：规范构造、实践现状及完善方向"，载《环境保护》2020 年第 Z2 期。

四、中文学位论文

1. 王彬辉："论环境法的逻辑嬗变——从'义务本位'到'权利本位'"，武汉大学 2005 年博士学位论文。

2. 王继恒："环境法的人文精神论纲"，武汉大学 2011 年博士学位论文。

3. 郭武："论环境习惯法的现代价值"，武汉大学 2012 年博士学位论文。

4. 解铭："中国环境立法理念批判"，武汉大学 2012 年博士学位论文。

5. 曹树青："区域环境治理法律机制研究"，武汉大学 2012 年博士学位论文。

6. 周杰："环境影响评价制度中的利益衡量研究"，武汉大学 2012 年博士学位论文。

7. 夏少敏："环境软法研究"，武汉大学 2015 年博士学位论文。

8. 冯汝："环境法私人实施研究"，武汉大学 2015 年博士学位论文。

9. 伍德志："信任与法治"，武汉大学 2012 年博士学位论文。

10. 何立华："中国的信任问题研究"，武汉大学 2010 年博士学位论文。

11. 史根洪："嵌入视角下司法信任的研究"，武汉大学 2010 年博士学位论文。

12. 胡俞："人际信任论"，武汉大学 2011 年博士学位论文。

13. 曾俊森："政府信任论"，武汉大学 2013 年博士学位论文。

14. 郑艾林："社会资本形成及其变迁的因素分析"，华中科技大学 2011 年博士学位论文。

15. 尹保红："政府信任危机研究"，中共中央党校 2010 年博士学位论文。

16. 杨东柱："社会资本研究——基于社会哲学层次的一种解读"，中共中央党校 2009 年博士学位论文。

17. 周治伟："政治信任研究——兼论当代政府公信力"，中共中央党校 2007 年博士学位论文。

18. 倪霞："现代社会中的信任"，北京师范大学 2005 年博士学位论文。

19. 白春阳："现代社会信任问题研究"，中国人民大学 2006 年博士学位论文。

20. 胡静："环境法的正当性与制度选择"，中国政法大学 2007 年博士学位论文。

21. 李丹："环境立法的利益分析——以废旧电子电器管理立法为例"，中国政法大学 2007 年博士学位论文。

22. 杨喜平："社会资本视野下的司法公信力"，复旦大学 2008 年博士学位论文。

23. 唐琪："一致与冲突：信任类型与市民社会结构研究"，上海交通大学 2013 年博士学位论文。

24. 王开宇："生态权研究"，吉林大学 2012 年博士学位论文。

25. 毛高杰："社会资本与农村纠纷解决"，吉林大学 2012 年博士学位论文。

26. 张俊哲："农村环境治理问题研究——以社会资本为视角"，吉林大学 2012 年博士学位论文。

27. 黄晓东："社会资本视域下的政府治理问题研究"，吉林大学 2009 年博士学位论文。

28. 董才生："社会信任的基础：一种制度的解释"，吉林大学 2004 年博士学位论文。

29. 郭慧云："论信任"，浙江大学 2013 年博士学位论文。

30. 卓光俊："我国环境保护中的公众参与制度研究"，重庆大学 2012 年博士学位论文。

31. 杜辉："环境治理的制度逻辑与模式转变"，重庆大学 2012 年博士学位论文。

32. 李旭东："法律规范理论之重述——司法阐释的角度"，南京师范大学 2006 年博士学位论文。

33. 欧运祥："法律的信任：法理型权威的合法性基础"，东南大学 2010 年博士学位论文。

五、外文著作及论文

1. Ronald Burt, *Structrual Holes*, Harvard University Press, 1992.

2. Tom Schuller et al., "Social Capital: A Review and Critique", in Tom Schuller et al. eds., *Social Capital: Critical Perspectives*, Oxford University Press, 2000.

3. Francis Snyder, "Soft law and Institutional Practice in the European Community", in Stephen Martin, *The Construction of Europe: Essays in Honor of Emile Noël*, Kluwer Academic Publishers, 1994.

4. Pilipp Heck et al., *The Jurisprudence of Interests*, M. Magdalena Schoch translated and edited, Harvard Universtity Press, 1948.

5. Eugen Ehrlich, *Fundamental Principles of the Sociology of Law*, Harvard University Press, 1936.

6. Barbara A. Misztal, *Trust in Modern Societies: The Search for the Bases of Social Order*, Polity Press, 1996.

7. T. Parsons, E. Shils, *Toward a General Theory of Action*, Harvard University Press, 1951.

8. Margaret Levi, "A State of Trust", in *Trust and Governance*, edited by Valerie Braithwaite, Margaret Levi, Russell Sage Foundation, 1998.

9. Fred Bosselman, "The Choice of Customary Law", in Peter Orebech et al., *The Role of Customay Law in Sustainable Development*, Cambridge University Press, 2005.

10. N. Luhmann, "Famililiarity, Confidence, Trust: Problems and Alternative", in *Trust: Making and Breaking Cooperative Relations*, edited by D. Gambetta, Basil Blackwell, 1998.

11. Smelser, N. J. (ed.), *Handbook of Sociology*, Sage Publications, 1988.

12. Philippe Bourgois, *In Search of Respect: Selling Crack in El Barrio*, Cambridge University Press, 1995.

13. Granovertter, "Economic Action and Social Structure: The Problem of Embeddedness", *American Journal of Sociology*, Vol. 91, No. 3., 1985.

14. Pilippe C. Schmitter, "Still the Century of Corporatism?", *The Review of Politics*, Vol. 36, No. 1., 1974.

15. *Webster's Third New International Dictionary*, 4th, Merriam Co, 1976.

16. Max Weber, *Max Weber on Law in Economy and Society*, Harvard University Press, 1954.

17. Lon L. Fuller, *The Morality of Law*, Yale University Press, 1969.

18. Alejandro Portes, "Social Capital: Its Origins and Applications in Modern Sociology", *Annual Review of Sociology*, Vol. 24, 1998.

19. Hosmer, "Trust: The Connecting link Between Organizational Theory and Philosophical Ethics", *Academy of Manangement Review*, Vol. 20, No. 2., 1995.

20. Francis Fukuyama, "Social Capital and Civil Society", The Institute of Public Policy, George Mason University, October 1, 1999.

21. Richard A. Posner, "Social Norms and the Law: An Economic Approach", *American Economic Review*, Vol. 87, No. 2., 1997.

22. Mark S. Granovetter, "The Strength of Weak Ties", *American Journal of Sociology*, Vol. 78, No. 6., 1973.

23. Sally Engle Merry, "Legal Pluralism", *Law and Society Review*, Vol. 22, No. 5., 1988.

24. Boaventura de Sousa Santos, "Law: A Map of Misreading. Toward a Postmodern Conception of Law", *Journal of Law and Society*, Vol. 14, No. 3., 1987.

25. Elinor Ostrom, T. K. Ahn, "A Social Science Perspective On Social Capital: Social Capital and Collective Action", *Revista mexicanao/esociologia*, Vol. 65, No. 1., 2001.

26. K. Arrow: "Gifts and Exchanges", *Philosophy & Public Affairs*, Vol. 1, 1975.

27. Arthur H. Miller, "Political Issues and Trust in Government: 1964−1970", *American Political Science Review*, Vol. 68, No. 3., 1974.

28. Kenneth Newton, "Trust, Social Capital, Civil Society, and Democracy", *International Political Science Review*, Vol. 22, No. 2., 2001.

29. James S. Coleman, "Social Capital in the Creation of Human Capital", *American Journal of Sociology*, Vol. 94, 1988.

30. James S. Coleman, "The Creation and Destruction of Social Capital, Implications for the Law", *Notre Dame Journal of law, Ethics & Public Policy*, Vol. 3, Issue 3, 1988.

31. Robert D. Putnam, "The Prosperous Community: Social Capital and Public Life", *The American Prospect*, Vol. 13, No. 4., 1993.

32. Ricardo D. Stanton−Salazar, Sanford M. Dornbusch, "Social Capital and the Reproduction of Inequality: Informaiton Networks among Mexicanorigin High School Students", *Sociology of Education*, Vol. 68, No. 2., 1995.

33. Paul Epstein, et al., "Engaging Citizens in Achieving Results that Matter: A Model for Effective 21st Century Government", *paper presented at the Center for Accountability and Performance's Symposium on Leadership of Results−Oriented Management in Government*, February 11, 2000.

34. Michael Armstrong, Angela Baronl, *Performance Management*, The Cromwell Press, 1998.

35. Michael C. Jensen, Kevin J. Murphy, "Performance Pay and Top-management Incentives",

Journal of Political Economy，Vol. 98，No. 2.，1990.

六、网络报刊等其他资料

1. "徐绍史主任接受新闻媒体联合采访，解读〈关于加快推进生态文明建设的意见〉"，载国家发改委网站 http://xwzx. ndrc. gov. cn/xwfb/201505/t20150506_ 690812. html，最后访问日期：2015 年 10 月 1 日。

2. "全国环境违法处理情况统计表（1997－2012 年）"，载环境保护部官方网站 http:// www. zhb. gov. cn/zwgk/hjtj/qghjtjgb/，最后访问日期：2015 年 1 月 13 日。

3. "湖北省 2007－2010 年共拿出 2 亿元用于环保执法装备"，载 http://hjj. mep. gov. cn/ dwgl/201407/t20140731_ 285886. htm，最后访问日期：2015 年 5 月 24 日。

4. "武汉大学环境法研究所"公众号："大家关心的环境公益诉讼到底进行的咋样了，让大数据来告诉您吧！"，2015 年 6 月 14 日。

5. 中共中央、国务院：《关于加快推进生态文明建设的意见》（中发〔2015〕12 号），2015 年 4 月 25 日发布。

6. 中共中央、国务院：《法治政府建设实施纲要（2021—2025 年）》，2021 年 8 月 11 日发布。

7. 国务院：《社会信用体系建设规划纲要（2014—2020 年）》，2014 年 6 月 14 日发布。

8. 国务院办公厅：《关于加强环境监管执法的通知》，（国办发〔2014〕56 号），2014 年 11 月 12 日发布。

9. 环境保护部：《2013 中国环境状况公报》，2014 年 5 月 27 日发布。

10. 环境保护部：《2014 中国环境状况公报》，2015 年 5 月 19 日发布。

11. 环境保护部：《"十二五"全国环境保护法规和环境经济政策建设规划》（环发〔2011〕129 号），2011 年 11 月 1 日发布。

12. 最高人民法院：《关于全面加强环境资源审判工作　为推进生态文明建设提供有力司法保障的意见》，（法发〔2014〕11 号），2014 年 6 月 23 日发布。

13. 2015 年环保部与中国法学会等联合召开的"生态环境法治保障研讨会"资料——《生态环境法治保障最佳事例集》。

14. 2015 年环保部与中国法学会等联合召开的"生态环境法治保障研讨会"资料——《生态环境法治保障征文集》。

15. 武汉大学承办第二届海峡两岸环境法研讨会资料——《环境司法的理论与实践——第二届海峡两岸环境法研讨会论文集》。

16. 2006 年《全国环境统计公报》。

17. 2006 年《最高人民法院工作报告》。

18. 国务院新闻办公室："2014 年中国人权事业的进展"，载《人民日报》2015 年 6 月 9

日，第 9 版。

19. 沈春耀："适应全面依法治国新形势　进一步加强和改进立法工作"，载《法制日报》2017 年 9 月 12 日，第 9 版。

20. 上官酒瑞："制度是信任的基石"，载《人民日报》2011 年 11 月 9 日，第 17 版。

21. 公丕祥："试论司法在国家治理和社会管理中的作用"，载《人民法院报》2013 年 1 月 23 日，第 5 版。

22. 王尔德："专访国务院发展研究中心资源与环境政策研究所研究员王亦楠：如何化解环境类群体性事件？"，载《21 世纪经济报道》2014 年 5 月 13 日，第 2 版。

23. 蒋熙辉："当前制度建设中亟需解决的四个问题"，载《学习时报》2011 年 11 月 22 日，第 5 版。

24. 宋茜："全省环境质量总体良好"，载《江西日报》2015 年 6 月 5 日，第 A2 版。

25. "环保投入需要有力财政制度保障"，载《中国环境报》2013 年 8 月 15 日，第 2 版。

26. 季英德、王学鹏："监察网络化，执法精细化，覆盖无盲区　滕州创新环境监管模式"，载《中国环境报》2014 年 7 月 17 日，第 7 版。

27. 王学鹏："山东莱芜加密环境监测网络，划定管理权限，网格化实现环境监管全方位"，载《中国环境报》2015 年 5 月 13 日，第 7 版。

28. 张建亭："九江五大行动打击违法行为"，载《中国环境报》2015 年 5 月 22 日，第 7 版。

29. 曹俊、冯永强："天帮忙人努力，人的力量有多大？"，载《中国环境报》2015 年 5 月 4 日，第 2 版。

30. 王昆婷："环境保护部公布 2014 年 12369 环保热线举报案件处理情况　解决了一批影响群众健康的环境问题"，载《中国环境报》2015 年 5 月 20 日，第 1 版。

31. 李拉、陈祖洪："用司法力量保护绿色家园"，载《中国环境报》2015 年 4 月 1 日，第 8 版。

32. 《中国环境报》评论员："建立信任文化　形成工作合力——四论着力处理好环保工作中的四个关系"，载《中国环境报》2015 年 9 月 2 日，第 1 版。